FOREIGN TRADE

外贸业务风险防范指南

赵永秀　编著

全国百佳图书出版单位

 化学工业出版社

·北京·

内容简介

《外贸业务风险防范指南》一书从国际贸易风险及防范体系、国际贸易术语风险防范、国际贸易合同风险防范、客户信用风险防范、货物运输环节风险防范、国际结算收汇风险防范、外贸企业外汇风险防范和贸易壁垒风险防范8章进行阐述。

本书采用图文解读的方式，让读者在轻松阅读中了解外贸业务中的风险并加以防范。本书尽量做到注意实操性，以精确、简洁的方式描述重要知识点，尽可能地满足读者希望快速了解和防范外贸业务风险的需求。

本书可供外贸业务人员自学，可作为各类院校国际贸易及相关专业的学生自我提升的学习手册和指导手册，还可以作为相关行业岗位培训、团队学习的参考资料。

图书在版编目（CIP）数据

外贸业务风险防范指南 / 赵永秀编著 . —北京：
化学工业出版社，2023.5
（外贸经理人的 MBA 工具书）
ISBN 978-7-122-43113-4

Ⅰ.①外…　Ⅱ.①赵…　Ⅲ.①对外贸易 – 业务管理 –
风险管理 – 指南　Ⅳ.① F740.4-62

中国国家版本馆 CIP 数据核字（2023）第 042385 号

责任编辑：刘　丹　陈　蕾　　　　　　　　　　　　装帧设计：溢思视觉设计 E-mail: isstudio@126.com ／ 程超
责任校对：刘曦阳

出版发行：化学工业出版社（北京市东城区青年湖南街13号　邮政编码100011）
印　　装：三河市延风印装有限公司
787mm×1092mm　1/16　印张14¼　字数279千字　2023年8月北京第1版第1次印刷

购书咨询：010-64518888　　　　售后服务：010-64518899
网　　址：http://www.cip.com.cn
凡购买本书，如有缺损质量问题，本社销售中心负责调换。

定　　价：78.00元　　　　　　　　　　　　　　　　　　　　　　　版权所有　违者必究

前言
PREFACE

随着全球经济整体回暖、外需逐步恢复，我国部分企业的外贸订单持续增加，对外贸易持续增长，实现规模和市场份额双提升。同时，我国系统性惠企政策也为"稳外贸"提供了有力的支撑。各地进一步深化"放管服"改革，简化通关手续，优化作业流程，全面推进两步申报、绿色通道、免到场查验等便利措施，通关效率大大提升。各部门加大金融、保险、财税支持力度，帮助外贸企业渡难关、降成本、保市场、保订单，有力地促进了出口贸易的发展。

围绕"稳外贸"工作目标，我国各级政府部门、外贸企业不断策划线上线下活动，开展线上培训，及时发布外贸政策、外贸业务知识、国际贸易形势及风险提示等，大力推动外贸企业和电商企业健康蓬勃发展，也助力外贸企业开拓国外市场，实现国际国内双循环发展。

我国提出的《关于加快发展外贸新业态新模式的意见》指出，新业态、新模式是我国外贸发展的有生力量，也是国际贸易发展的重要趋势。加快发展外贸新业态新模式，有利于推动贸易高质量发展，培育参与国际经济合作和竞争新优势，对服务构建新发展格局具有重要作用。

为了促进我国外贸健康持续创新发展，我们可以运用新技术新工具赋能外贸发展。例如，推广数字智能技术应用；完善跨境电商发展支持政策，扩大跨境电子商务综合试验区试点范围；培育一批优秀海外仓企业，鼓励传统外贸企业、跨境电商和物流企业等参与海外仓建设；完善覆盖全球的海外仓网络，提高海外仓数字化、智能化水平，促进中小微企业"借船出海"，带动国内品牌、双创产品拓展国际市场空间等。

在政府的支持下，我国外贸企业迎来了很多发展机遇，同时也遇到了更大的挑战。为了帮助外贸企业管理者更好地完成本职工作，充分发挥外贸企业人员在企业发展中的作用，我们组织编写了"外贸经理人的MBA工具书"丛书。

《外贸业务风险防范指南》一书从国际贸易风险及防范体系、国际贸易术语风险防范、国际贸易合同风险防范、客户信用风险防范、货物运输环节风险防范、国际结算收汇风险防范、外贸企业外汇风险防范和贸易壁垒风险防范8章进行阐述。

本书采用图文解读的方式，让读者在轻松阅读中了解外贸业务中的风险并加以防范。本书尽量做到注重实操性，以精确、简洁的方式描述重要知识点，尽可能地满足读者希望快速了解和防范外贸业务风险的需求。

本书可以作为外贸业务人员自学和日常管理工作的指导手册，可作为各类院校国际贸易及相关专业的学生自我充电、自我提升的学习手册，还可以作为相关培训机构开展岗位培训、团队学习的参考资料。

由于笔者水平有限，书中难免出现疏漏之处，敬请读者批评指正。

编著者

目录
CONTENTS

第一章　国际贸易风险及防范体系

　　对外出口贸易业务的实际操作通常需要业务洽谈、合同签订、货物交接、支付结算这样一个基本流程链。在这一过程中，既可能产生业务流程链外的风险，也可能产生业务流程链中的风险。为防范风险，外贸企业必须对外贸业务中可能产生的风险进行详尽分析，并据此建立风险防范体系。

第二章　国际贸易术语风险防范

　　贸易术语在进出口业务中的地位就如同大厦的基石，它规定了买卖双方的权利与义务。对进出口商来讲，选择不同的贸易术语就意味各自承担着不同的义务，也承担着相应的风险。

第三章　国际贸易合同风险防范

在国际贸易合同商谈中，合同（订单）条款的订立直接影响到买卖双方的利益。在国际贸易实务中，应尽量避免易产生纠纷的"风险条款"。制定合理的条款，最大限度地避免国际贸易风险，是签订国际贸易合同成败的关键。

第四章 客户信用风险防范

近年来随着我国外贸出口的进一步加快发展，客户信用风险问题日益凸显。外贸企业客户信用风险管理上的欠缺造成的出口信用风险，如国际市场买家拖欠、拒收和破产等问题，已成为外贸企业发展的瓶颈。外贸企业应制定信息政策，指导和协调各机构业务活动，对从客户资信调查、付款方式的选择、信用限额的确定到款项回收等环节实行全面的监督和控制，以保障应收款项安全、及时回收。

第五章　货物运输环节风险防范

在国际贸易中85%以上的货物是通过海洋运输来实现的，而运输过程中确有许多意料不到的风险。如何防范国际货物运输中的风险或怎样把风险降到最低点，这是从事国际贸易相关人员最关心的事情，也是迫切需要解决的棘手问题。

第六章　国际结算收汇风险防范

国际贸易市场的竞争日趋激烈，除了价格竞争之外，选择结算方式也成了一种重要竞争手段，且每一种结算方式都有其潜在的风险和"陷阱"。安全足额收汇是每个商品出口企业的追求，但是出口收汇结算方式选择不当，往往会给商品出口企业的收汇带来极大的风险，如何化解收汇风险确保安全收汇，多年来一直是从事商品出口的企业以及处理国际结算的外汇银行关注的重点。

第七章　外贸企业外汇风险防范

外汇风险无处不在，其大小在一定程度上取决于企业经营管理活动。当汇率波动十分剧烈、企业面临较大外汇风险时，如果企业能够对汇率的未来趋势进行正确预测，并采取一系列规避外汇风险的有效措施，就可以免遭或降低外汇风险所带来的损失。

第八章　贸易壁垒风险防范

贸易壁垒又称贸易障碍，是指外国或地区的政府实施或支持实施的具有阻碍和扭曲贸易效果的贸易政策和措施。贸易壁垒是对国外商品劳务交换所设置的人为限制，主要是指一国对外国商品劳务进口所实行的各种限制措施。

01
第一章

国际贸易风险及防范体系

【导言】

　　对外出口贸易业务的实际操作通常需要业务洽谈、合同签订、货物交接、支付结算这样一个基本流程链。在这一过程中，既可能产生业务流程链外的风险，也可能产生业务流程链中的风险。为防范风险，外贸企业必须对外贸业务中可能产生的风险进行详尽分析，并据此建立风险防范体系。

第一节　国际贸易风险的种类和应对措施

国际贸易风险是国际贸易双方因一些不确定因素影响而发生的超出预期的成本开支和意外损失。

一、国际贸易风险产生的原因和特点

（一）国际贸易风险产生的原因

国际贸易风险产生的原因如下。

1. 从客观上讲

国际贸易存在于一定时域内，会受到自然界和其他因素的影响而产生风险，比如因自然灾害、政治环境、经济政策等因素影响而发生的风险。

2. 从主观上讲

信息不对称是贸易双方风险产生的主要原因，一般来说，进口商对所买商品信息的掌握程度不如出口商对所卖商品信息掌握程度，因此，卖方总是可以凭借信息优势获得更多盈利。

贸易欺诈也是发生国际贸易风险的重要原因之一，所造成的损失往往难以挽回。

（二）国际贸易风险的特点

国际贸易风险有如图 1-1 所示特点。

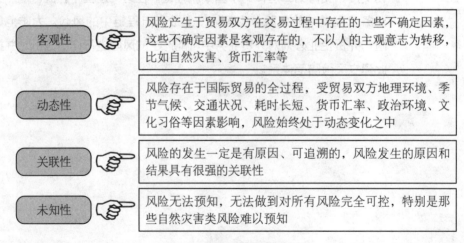

客观性	风险产生于贸易双方在交易过程中存在的一些不确定因素，这些不确定因素是客观存在的，不以人的主观意志为转移，比如自然灾害、货币汇率等
动态性	风险存在于国际贸易的全过程，受贸易双方地理环境、季节气候、交通状况、耗时长短、货币汇率、政治环境、文化习俗等因素影响，风险始终处于动态变化之中
关联性	风险的发生一定是有原因、可追溯的，风险发生的原因和结果具有很强的关联性
未知性	风险无法预知，无法做到对所有风险完全可控，特别是那些自然灾害类风险难以预知

图 1-1　国际贸易风险的特点

二、国际贸易风险的种类

国际贸易风险复杂多样，动态变化。就单一国际贸易而言，可能存在多种贸易风险，一些风险相互促进、一些风险相互削弱，但每一种风险都有影响力和破坏力，需要对它们进行认真分析和研究。贸易风险主要有以下几种。

（一）政治风险

政治风险是由于东道国政治环境或东道国与其他国家政治关系的变化而给国外企业和外国投资者的经济利益带来不确定性。政治风险包括以下内容。

（1）战争和内乱。

（2）政局或经济变化的需要，政府所颁布的国有化或没收与征用政策，且不代替原工程业主履行义务。

（3）拒付债务，即政府项目财力枯竭时的"无赖"做法。

（4）国际制裁与禁运。

（5）对外关系，即国际关系不稳定可能潜藏的战争等风险。此类风险在国际工程项目中是比较常见的，一旦发生，将对企业造成不可估量的损失。

（二）汇率风险

国际贸易双方使用不同国家的货币，都会受到国际金融市场波动的影响，货币会发生升值或贬值。一般来讲，国际贸易双方从达成交易合同到交易完成需要较长的时间，交易无法实现即时到账。在较长时间的贸易过程中，货币汇率会随金融市场波动而上下浮动，出现交易货币升值或贬值，导致发生交易风险。

（三）合同风险

一份贸易合同，贯穿整个外贸业务过程，因此合同具有总揽全局的地位。合同风险涉及的范围很广，在国际贸易中，合同风险多种多样，根据引起风险的原因来划分，主要有合同法律效力风险、交货与合同不符风险以及合同欺诈风险，如图1-2所示。

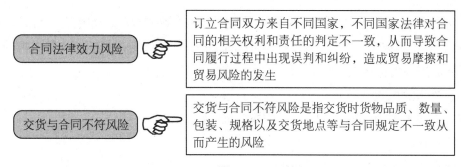

图 1-2

3

合同欺诈风险　贸易方采取欺诈的手段，通过盗用知名产品商标、谎称专利发明产品、假冒国际品牌、伪造产品质量合格证等方式，骗得外贸企业信任并签订贸易合同后，单方面不履行约定，或以假代真、以次充好、拿钱跑路，使企业遭受严重经济损失

图 1-2　合同风险的分类

（四）政策风险

国际贸易双方所在国家，会从本国自身利益出发，制定和出台贸易保护政策，采取高关税、限定配额等经济手段，或对进口产品采取反倾销政策，这些政策出台具有不可预测性、即时性的特点，一旦政策出台，将对相关企业造成很大冲击。另外，贸易国政局态势、安全环境、法治能力等也是产生国际贸易风险的重要方面，还有双方国家文化、宗教、民俗等方面存在较大差异，经济开放的观念和程度不同，产权保护意识、消费者权益观念不一致等，都会导致国际贸易风险的发生。

（五）价格风险

国际贸易同样遵循市场规律，价格由供给和需求关系来决定。出口企业所处的国际市场环境更多属于垄断竞争类型，企业对国际市场不具备定价权，价格大多受国际市场供求关系、生产要素价格变化等因素影响。从供给和需求的关系来讲，供给增多，需求减少，价格就会下降，如果外贸企业不能及时调整市场价格，商品将会出现滞销积压问题；从生产要素价格变化来讲，如果原材料价格上涨，生产成本将会增加，商品价格同样会上涨，商品销量将会因价格上涨而减少，商品利润空间可能被压缩。另外，价格因素还会受某国宏观经济水平的影响，进口国消费水平和物价水平将一定程度影响出口国商品的价格。

（六）货运风险

国际贸易货物运输风险主要表现为自然风险、意外事故风险、提单风险。

1. 自然风险

国际贸易风险中还包括因遭遇不可测自然力而导致的风险，如地震、台风、海啸、火灾、水灾等自然灾害，自然风险具有不可抗性，灾害难以预测，一旦发生，其可控性较小，灾害所造成的损失也难以估量。

2. 意外事故风险

意外事故表现为运输工具搁浅、碰撞、沉没和失踪等。

3. 提单风险

海运提单的主要风险有以下四种。

（1）倒签和预借提单。已装船提单应在货物全部装上船后签发，签发的日期必须是真实的，因为提单的签发日期即视作装运日期。如果提单在货物装船后签发，签发日期却早于实际装船日期，便构成倒签提单。如果在货物尚未全部装船或货物已由承运人接管但尚未开始装船的情况下签发了提单，便构成预借提单。倒签提单或预借提单，托运人的目的都是为了使提单签发日期符合信用证规定，顺利结汇，但对收货人来说则构成合谋欺诈，可能使收货人蒙受重大损失。对此，各国法律和海运习惯都是不允许的。

（2）伪造提单。提单是信用证所要求的主要单据，在信用证业务中，只要单据符合信用证的要求，银行即凭单付款，而不审查单据的来源及其真实性。一些不法商人即利用信用证"单据交易、严格相符"的特点伪造提单，以骗取货款，可能货物根本没有装船，或以次充好，蒙骗客户。

（3）以保函换取清洁提单。在国际贸易中，经常会出现这种情况：承运人欲对表面状况不良的装运货物签发不清洁提单，由于银行不接受不清洁提单，托运人不能凭此结汇，因而往往向承运人出具保函（Letter of Indemnity），让承运人签发清洁提单，并保证赔偿承运人因签发清洁提单而遭受的损失，以此来换取清洁提单，顺利结汇。

可见，出具保函是出于国际贸易的需要，从某种意义上讲托运人和承运人都能得到一定的方便和好处，但实际上对承运人来讲却潜伏着很大的风险。一旦收货人持清洁提单向承运人索赔，承运人必须赔付收货人。但承运人持保函向托运人追偿时，是否能得到补偿，则取决于托运人的信誉和要补偿的理由是否与保函中所保事项完全一致。且承运人没有按照货物的实际情况签发提单，已违背了民事活动诚信的原则，往往构成与托运人串通，对善意收货人进行欺诈，如承运人提请诉讼，根据法律，任何有欺诈性的合同、协议或保证都不具有法律上的约束力，因此法院不会以保函为依据来判决保函项下发生的货损货差的责任方，承运人因收货人或提单持有人赔偿而遭受的损失不能向托运人追偿。

（4）无提单放货。海运提单是物权凭证，货物运到目的港后，承运人有义务将货物交给正本提单持有人。然而在实际业务中，有时会发生货物先于运输单据到达的情况，在与日本、韩国、中国香港及东南亚等近洋地区的贸易中屡见不鲜。由于收货人手头没有正本提单，无法及时提货转卖或销售，会产生货物压仓费用、品质变化、市场价格波动等一系列问题。碰到这种情况，习惯上都是通过担保提货的方式予以解决的，即由收货人向船公司提供一份经银行会签的书面保函，要求在没有物权凭证的情况下先提货，日后补交提单。但如果承运人将货物交给非正本提单持有人，有可能造成错误交货，构成对提单持有人的侵权。在无提单放货过程中，提取货物的不一定是买卖合同的买方，有可能被冒领，提货人往往不易查明，也有船方偷货的可能。因此无提单交货风险是很大的，船务代理凭保函放货，而不是凭提单放货，这是一种揽险自危的行为。

（七）其他贸易风险

突发全球大流行疫情会对国际贸易活动产生严重的影响。例如疫情会造成国际市场需求大幅减少，外贸企业面临出口订单延迟或取消等风险。多数外贸企业在订单需求前期会购置大量原材料，因取消订单导致产品无法变现，而且部分国外客户又要求延长已履约货款的支付时限，从而加大了企业资金压力。同时，受疫情影响，国际水、陆、空货运线路缩减，国际海运费、码头费等物流费用上涨严重，导致出口产品运输不及时，企业承担的海运费成本急剧增加。

另外，市场的过度或恶意竞争，以及战争或外交的影响，可能导致贸易条件突变，从而可能产生合同被毁、货物拒收、货款损失等连锁风险。

三、国际贸易风险的应对措施

经济全球化的大背景下，国家之间的贸易合作日益加深，外贸企业面临的国际贸易风险变得更加严峻复杂。外贸企业在对外贸易过程中，要坚持稳中求进的发展思路，既不能盲目夸大贸易风险的不可抗性，也不能盲目乐观置风险于不顾，要积极强化贸易风险整体可控的认识，不断提升风险研判和防范能力，学会科学分析国际贸易中所面临的风险，最大程度实现贸易风险的规避和止损。

（一）开展国际贸易市场调研

市场调研是企业挖掘市场潜力、开辟和占领市场的重要手段，加强市场调研对外贸企业开展国际贸易至关重要。国际贸易市场调研的内容如图1-3所示。

①	加强对贸易国政治局势、经济政策、安全环境、法律制度等方面的研究，科学预判可能出现的政治、经济、社会、安全等方面风险，做好贸易风险防范预案
②	加强对贸易国相关产业发展态势、相似产品质量水平、消费者群体、商品保障服务等方面的研究，切实掌握外贸企业出口产品的市场环境和竞争力优势，最大限度实现贸易增值
③	开展对贸易运输能力、交通状况、储存设施、货运分流、销售服务等环节的风险评价，科学分析贸易风险点，制定风险操作预案，切实增强贸易流转安全性、可控性

图1-3　国际贸易市场调研的内容

（二）做好交易企业资信调查

交易企业是开展国际贸易的主体，其信用水平直接影响贸易风险发生的概率。因此，做好贸易企业资信调查，建立客户信誉评价机制，对防范贸易风险十分重要。交易企业资信调查的内容如图1-4所示。

内容一	查对企业营业执照的真实性，注册登记信息的完整性、可信度，企业法人身份的真实性，是否有委托人，是否拥有法人的正式授权，是否拥有合法的进出口许可证等
内容二	实地查看企业运营状况，查对企业生产运营能力，生产销售业绩，企业经营和财务现状，是否具备履行合约的资金支持
内容三	查看交易企业的信用状况，是否存在违约、违法记录，企业的信用评级，企业评价度和行业声誉等
内容四	查看企业文化、价值观念、经营准则、员工素质和企业愿景等。了解企业主的精神气质和办事风格，企业主对本企业的裁决力如何，了解企业是否拥有上层公司和下属公司，其上下游企业和产品链经营状况如何，相互之间是怎样的利益关系

图1-4　交易企业资信调查的内容

（三）科学使用保险工具

我国企业在进行国际贸易过程中，可以科学选择一些保险工具规避和减少国际贸易风险。

1.选择运输保险

运输是国际贸易过程中耗时最长、易发风险的阶段。购买运输保险，对运输中发生风险所造成的损失，保险公司会进行赔付，从而可以有效降低企业损失。购买保险时要根据货物的易损风险程度，选择相关的保险种类，要保存好保单、运输契约、货物发票、检验报告等单据，以备出现风险遭受损失时提供给保险公司理赔。

2.选择出口信用险

出口信用险由国家为外贸企业提供风险保障和财政支持，属于一种非营利性的保险业务。政府承保外贸企业在出口过程中，因进口商的商业风险或进口国的政治风险而遭受的损失，是一种信用保险。国家为外贸企业在对外贸易、投资等经济活动提供风险保障，保证外贸企业能够及时收到货物资金，最大限度地支持外贸企业开展对外贸易。

3.选择国际保理

通过国际保理达成一种出口商与保理商之间的契约关系，实现结算、管理、担保、融资为一体的综合业务服务，出口商将货物销售合同中约定的应收货款转让给保理商，保理商负责对进口商账款回收和催款，为出口商提供预付融资，实现出口商的资金运转和流通，缩短贸易运作周期，实现更快的订单接替和企业增值。

4.开具银行保函

一些大型设备出口企业在设备出口前，会要求进口商开具银行保函，银行保函依据国际贸易合同开出，具有独立法律效力，如果进口商在收到货物后不能按合同支付货款，出口企业可向为其担保的银行提出索赔，由银行无条件代替进口商支付，从而可以有效规避风险。

5.选择备用信用证

在一些国家和地区银行保函业务还不普遍，出口商可以选择备用信用证，该项业务在商业银行应用普遍，开证商业银行根据进口商的请求，对出口商开立承诺承担某项义务的凭证。在进口商未履行其应履行义务时，出口商可按照备用信用证的规定要求由开证行付款。

（四）灵活选择计价货币

汇率风险是外贸企业重点关注的风险之一。目前，许多国家普遍采用浮动汇率，汇率会随着国际金融市场的变化而波动，汇率变动对国际贸易双方的预期产生较大影响。因国际贸易交货期比较长，计价货币在达成合同到交货付款期间可能出现较大幅度的起伏，直接影响贸易双方的经济利益。在实际贸易中，从有益于自身利益来讲，对于外贸企业出口贸易，可采用硬币计价交易，对于外贸企业进口，可采用软币来计价交易。如果无法达成对外贸企业有利的交易货币的话，外贸企业可依据汇率变动，相应调整对外报价，也可争取建立保值条款，避免汇率风险带来的经济损失。

（五）提高贸易产品竞争力

价格战一直是国际贸易市场竞争的有力武器，但随着世界各国人均 GDP 不断提升，民众生活层次和消费理念不断提升，产品档次和质量受到各国消费者的青睐，产品竞争力成为国际贸易市场上的最大因素。拥有先进制造业、核心技术、智能技术、信息技术优势的国家，对国际贸易都设立了严格的技术贸易壁垒，只有产品质量达到这些国家制定的标准，才能将产品出口到这些国家。因此，外贸企业要不断增强自主创新能力，把发展的主动权牢牢掌握在自己手里，努力打造"中国制造"品牌，积极参与国际相关标准的制定，力争在全球经济竞争中占据主动，不断拓展外贸企业实力和国际市场占有率。

第二节　企业贸易风险识别与分析

风险识别，即企业在财产、责任和人身损失刚出现或出现之前，就系统地、连续地发现它们。

识别风险有助于了解某一特定风险可能会在什么情况下发生。风险识别的目的有两个：一是用于衡量风险的大小；二是提供最适当的风险管理对策。

一、风险识别的方法

风险识别在整个风险管理中占有重要位置，只有正确认识风险，才能衡量风险。常用的识别风险的方法有如图 1-5 所示的几种。

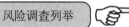 风险调查列举　由风险管理人员对企业、单位可能面临的风险逐一列出，并根据不同的标准进行分类

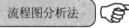 流程图分析法　将风险主体按照生产经营的过程和日常活动内在的逻辑联系绘成流程图，并针对流程过程中关键环节和薄弱环节调查风险、识别风险。通过对流程图分析，能够有效地揭示整个经营过程中潜在损失的动态分布，找出影响全局的"瓶颈"，并识别可能存在的风险

 资产状况分析法　按照企业的资产负债表及损益表、财产目录等财务资料，风险管理人员经过实际的调查研究，对企业财务状况进行分析，发现其潜在的风险

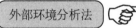 外部环境分析法　外部环境因素及其变化是经济实体内部风险产生的主要原因之一。在分析各种外部因素时，还要从经营管理的内部环境和外部环境出发，识别有关的不确定因素

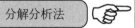 分解分析法　将一复杂的事物分解为多个比较简单的事物，将大系统分解为具体的组成要素，从中分析可能存在的风险及潜在损失的威胁

失误树分析法　以图解表示的方法来调查损失发生前种种失误事件的情况，或对各种引起事故的具体原因进行分析、判断，了解哪些失误最可能导致损失风险发生

图 1-5　风险识别的方法

二、风险分析

风险分析是风险识别的细化工作，为风险的评估和控制提供更详细的依据和基础。风险评估指管理中具体预计风险因素发生的概率，可能对金融机构造成损失或收益的大小，进而尽可能定量地确定金融机构的受险程度。

（一）风险分析的方法

风险分析的方法主要有如表1-1所示的三种。

表1-1　风险分析的方法

序号	方法	具体说明
1	风险逻辑法	从最直接的风险开始，层层深入地分析导致风险产生的原因和条件。这种方法的运用，可以有条理、合乎逻辑地把风险分析进行到底
2	目标体系法	财务报表中各科目的比率、国民经济增长指标、资金流动指标等都是风险分析的常用工具，还常常以图表形式把需要分析的内容、指标的计算和含义集中表示出来
3	风险清单法	尽可能全面地列出金融机构所有的资产、所处环境、每一笔资产或负债的有关风险，尽可能找出导致风险发生的所有潜在因素及其风险程度。风险清单的具体格式必须包括：本机构的全部资产，包括有形资产和无形资产；经营所需的基础设施，如公共事业、公路、铁路、水源条件等；危险源，包括可保风险和不可保风险；一切导致风险损益的其他风险因素

（二）风险评估的内容

风险评估的内容包括两方面：一是给出风险发生的概率；二是预测风险结果。

对风险损失的严重性进行评估时，应注意如图1-6所示的几点。

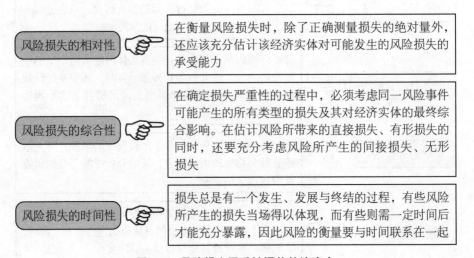

风险损失的相对性　在衡量风险损失时，除了正确测量损失的绝对量外，还应该充分估计该经济实体对可能发生的风险损失的承受能力

风险损失的综合性　在确定损失严重性的过程中，必须考虑同一风险事件可能产生的所有类型的损失及其对经济实体的最终综合影响。在估计风险所带来的直接损失、有形损失的同时，还要充分考虑风险所产生的间接损失、无形损失

风险损失的时间性　损失总是有一个发生、发展与终结的过程，有些风险所产生的损失当场得以体现，而有些则需一定时间后才能充分暴露，因此风险的衡量要与时间联系在一起

图1-6　风险损失严重性评估的注意点

进行风险分析所使用的概率分析方法主要有累积频率分析法、时间序列预测法、主观概率法三种方法（图1-7）。

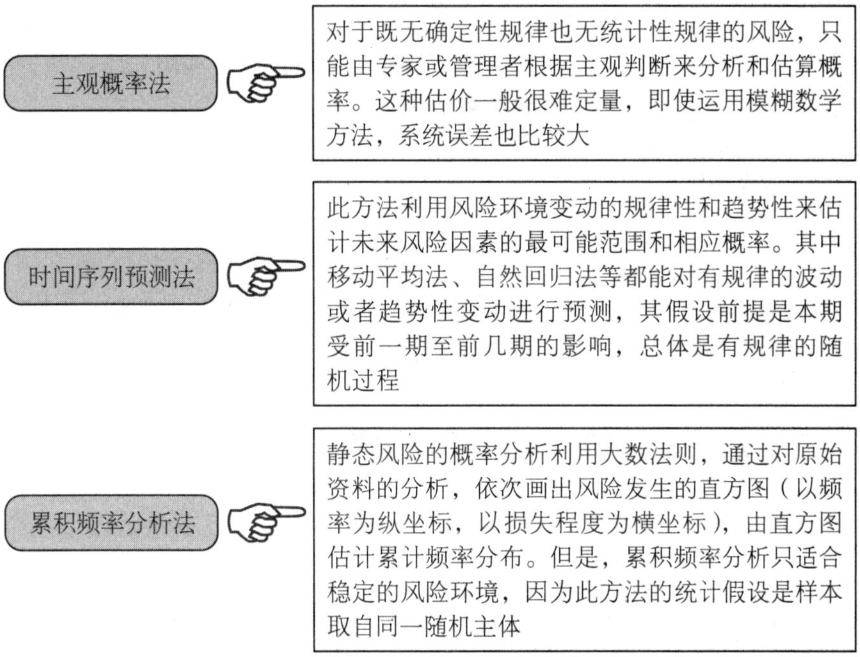

主观概率法	对于既无确定性规律也无统计性规律的风险，只能由专家或管理者根据主观判断来分析和估算概率。这种估价一般很难定量，即使运用模糊数学方法，系统误差也比较大
时间序列预测法	此方法利用风险环境变动的规律性和趋势性来估计未来风险因素的最可能范围和相应概率。其中移动平均法、自然回归法等都能对有规律的波动或者趋势性变动进行预测，其假设前提是本期受前一期至前几期的影响，总体是有规律的随机过程
累积频率分析法	静态风险的概率分析利用大数法则，通过对原始资料的分析，依次画出风险发生的直方图（以频率为纵坐标，以损失程度为横坐标），由直方图估计累计频率分布。但是，累积频率分析只适合稳定的风险环境，因为此方法的统计假设是样本取自同一随机主体

图 1-7 概率分析方法

第三节 企业对外贸易风险防范体系的构建

一、建立风险管理的组织体系

企业信用风险管理组织体系一般由信用风险管理决策机构、信用管理专业部门、相关业务部门组成。

（一）信用风险管理决策机构

这一机构主要由企业经营层中的有关成员组成。决策机构应聘请部分熟悉进出口业务及相关法律的法律业务工作者、涉外银行中熟悉国际贸易结算的行家、有关涉外部门的专业工作者参加，以提高决策质量。决策机构的主要职责是：审查批准企业的信用政策和风险管理策略；审批高风险的大额交易事项；审批处理重要信用风险事项的处理方案等。

（二）信用管理专业部门

应借鉴发达国家信用管理的成功经验，在企业内部设立信用管理的专职部门。其主要职责包括：负责客户资信的调查、分析、评估，建立和管理客户信用档案；负责建立、管理企业的信用管理信息系统；制订企业的信用政策；审查业务部门与客户签订的合约；监督业务部门操作流程；对应收账款进行跟踪监控和追收等。

（三）相关业务部门

企业的市场销售、财务等业务部门是企业信用风险管理组织体系的重要组成部分，在日常工作中，不仅要认真执行企业的信用风险管理的各项规定，还必须积极配合、支持信用管理部门的工作，及时、主动地向信用管理部门报告、反馈有关信息。

二、建立信息情报系统，降低市场风险

信用风险信息系统可包括若干子系统，但从内容上看，至少包括以下三个方面的信息。

（1）与事前控制相关的信息，如客户资信情况资料、客户所在国家（地区）的相关信息、有关中间机构的相关信息、与本企业主营商品相关的国际及国内市场行情等。

（2）与事中控制相关的信息，如业务进行过程中各环节的实施状况、交易过程中出现的问题、客户及相关中间机构等方面的最新动态等。

（3）与事后控制相关的信息，如债务人的财务状况变化情况、债权特征的变化情况、债务追讨的进展情况等。

 相关链接 ‹ ⋯⋯⋯⋯⋯⋯⋯⋯⋯⋯⋯⋯⋯⋯⋯⋯⋯⋯⋯⋯⋯⋯⋯⋯⋯⋯⋯

建立客户信息调查体制

在外贸业务往来中，出口企业要建立资信调查体制，确认客户的付款能力，特别是合同交易金额较大的，更应重视调查客户的资信情况。资信调查的内容主要包括公司名称、地址、电话、成立日期、性质、业务范围、注册资本等。对客户特别是主要客户，必须要有一个专门部门负责档案管理，按照业务往来中客户的付款情况和信用情况，建立、评定客户的信用等级。

受各种国际经济环境变化的影响，许多企业会出现问题，因此要加强对新老客户的资信调查，包括客户的政治背景、资金状况、经营范围、经营能力和信用状况等。

调查的途径通常分为三种：第一种是通过我国驻外使（领）馆的商务机构进行调查；第二种是通过我国境内的银行进行调查；第三种是委托国内外的专业咨询和资信调查机构进行调查。

三、完善信用管理体系，弱化信用风险

中小企业可以考虑增设信用管理部门，从规范客户资信管理体系入手，多角度、多方位、动态了解客户状况，统一整理、分析客户信息资源，评定客户资信类型或等级，并随所掌握信息的变化及时更新评估结果，尽量做到知己知彼。

要完善客户信用控制体系，对不同资信类型或等级的客户应在预付款、信贷担保、货款拖欠时间等方面予以不同的对待。

同时，要努力提高对应收货款的管理水平，不但要落实货款结算的责任与任务，还要重视应收货款的流动性以及对实际成本的核算，通过事前防范、事中控制和事后追款进行全程风险控制，防止坏账形成或陷入贸易骗局。

另外，外贸企业可根据具体贸易业务情况，选择出口信用、出口保理业务或是承兑交单项下的银行保兑业务等方式来降低信用部门造成的收汇风险。

四、严格依法规办事，遵循国际贸易惯例

为整顿和规范国际贸易市场经济秩序，保护国家和企业的利益，更好地与国际经济接轨，国家制定了一系列的出口法律、法规。在国际贸易活动中，只要企业能够严格执行和正确运用这些法律法规，企业的贸易就会做得更加规范有序，就能积极有效地防范贸易风险。同时依据国际法规、国际贸易惯例，对对方的操作行为进行甄别，在此基础上分析评估此项业务的风险大小，最后决策运作与否。国际贸易惯例是在国际贸易长期实践的基础上逐渐形成和发展起来的，由国际性组织或商业团体制定的有关国际贸易的通则、准则和规则，也是国际贸易法律的重要渊源。

（一）紧跟形势，与时俱进

国际贸易的风险控制应根据市场和业务发展与变化的情况，重新对风险进行识别和度量，不断寻找、发现和更新风险应对措施，以保证业务的进行和不断发展扩大。企业应依靠科技进步，重视科技成果在生产中的运用，不断开拓新产品，在提高产品的质量、档次和深度上下功夫，积极推行国际标准，提高产品档次。提高产品档次，也是规避技

术性贸易壁垒带来的政策风险的一种有效手段。

（二）投保出口信用保险

出口信用保险是国家为了鼓励推动本国的出口贸易，为众多出口企业承担由于境外发生商业风险和国家政治风险而引起的收汇损失的补偿措施。出口业务中货物的运输多数是运输路途远、运输时间长、程序复杂、环节众多，是一些固有风险或恶意风险的密集段。所以，在运输途中对货物进行适当、及时的保险是十分必要的。

出口企业在出口货物、技术和服务以及海外投资等相关外经贸活动中，向中国出口信用保险公司提出投保申请，保险公司出具保险凭证，当国外债务人发生商业风险或其国家发生政治风险，导致出口企业的应收账款难以收回时，中国出口信用保险公司将按照保险单规定负责赔偿经济损失。

五、制定国际贸易风险管理的制度

外贸企业需要制定国际贸易风险管理的制度，主要包括以下两类。

（一）客户资信管理制度

客户资信调查和风险调研是防范国际结算风险的前提条件。外贸企业应建立一整套的客户资信管理制度，包括客户资信调查、客户资信档案、客户信用分析、客户资信评级制度、赊销业务预算与报告制度、客户信用申请制度、信用限额审核制度、交易决策的信用审批制度。

（二）风险监督控制制度

外贸企业应针对国际结算风险因素建立宏观与微观相结合的风险监控体制。通过相关信息平台收集整理全球经济发展动态、各国贸易政策、外汇管理、海关制度、国际金融市场动态等宏观信息。从与客户交易磋商开始，到签订销售合同，直到收回货款为止，都要加强国际结算风险管理，实施全过程、全方位的风险监控。

六、建立严格的合同评审制度

合同是每一笔业务的展开、延伸和终结。严格的合同评审制度是企业效益和信誉的保证。根据客户的资信情况，慎重选择适当的收汇方式、价格条款，对于防范企业风险是十分必要的。

（一）合同评审的内容

对所有合同的评审均应在合同签订前进行，合同评审的内容主要包括以下几点。

（1）是否符合国家的有关法律、法规和国际贸易规则。

（2）客户资信情况：是否老客户、有否逾期应收账款。

（3）收汇方式：账期、后 T/T 的审批。

（4）效益预测：外销单价、外销净价、工厂收购价、美元成本。

（5）价格条款：是 FOB、CFR，还是 CIF❶。

（6）客户要求：数量、质量、交期、装运、目的港、配额。

（7）商标使用情况（定牌商标要有客户授权）。

（二）合同评审的方法及权限

外销业务人员根据客户要求及其他业务资料制作合同，然后会同管理员填写评审记录表送交部门经理审核、协调并签署意见。达到一定金额的合同，须企业分管副总审核并签署意见。

> **小提示**
>
> 在合同的履行过程中，出现了在订立合同时无法估计到的问题时，需对合同的内容进行修改，并评审。

（三）合同评审中具体应注意的事项

（1）价格风险、价格条款尽量选装货港交货，用 CIF 条款；价格条款中可增加货币综合保值条款，如汇率变动条款、价格调整条款、计价货币与结算货币调整条款。

（2）坚持付款方式用信用证，严格履行信用证条款，防止软条款，不用 D/P 付款，以防货在目的港无法控制。

（3）交货装运条款争取选用 CIF 装货港交货条款，由卖方订舱租船，以保留货物所有权、处置权；有些货物要有浮动幅度，以免违约。

（4）质检条款，要规定质检机构，数量、质量提出异议的时间期限。

（5）不可抗力条款准确明白。

（6）争议条款最好规定用仲裁条款，在中国国际经济贸易仲裁委员会及华南分会或

---

❶ 相关术语的定义将在第二章进行详细介绍。

上海分会仲裁，方便、经济、快捷，全球 140 多个国家有效。

> **小提示**
>
> 　　外贸业务人员要及时跟踪合同的执行情况，谨防对方利用合同中任何条款的变更欺诈行骗。一旦发生意外情况，也应处变不惊，认真调查、科学分析，以最小的代价化解合同风险。

七、建立安全收汇风险管理制度

安全收汇风险管理制度要侧重重大风险的防范，应从公司的管理角度上宏观把握，避免欺诈、钱货两空等情况的发生。具体事项包括以下几个方面。

（一）收汇风险的合同审查与评估制度

1.规定业务员必须上报进行评估、审批的合同

业务员必须上报进行评估、审批的合同通常包括如下内容。

（1）第一笔贸易往来的合同。

（2）外商指定承运人并制定货代的合同。

（3）D/A 支付方式的合同，或者合同履行中的 D/P 改 D/A 方式，因单证不符信用证方式改 D/A 方式的合同。

（4）贸易金额超过 ×× 万美元的合同。

（5）采用外商提供样本的贸易合同。

（6）需要出口信用保险等来保障安全的合同。

（7）其他认为有必要审查的合同。

2.风险评估

根据风险大小制定风险级别低、中、高三种制度，重大合同附律师意见书。审查内容如图 1-8 所示。

内容一	对方履行能力方面，如对方资信的有关资料和调查
内容二	合同主体方面，包括买卖方公司名字与盖章、签字是否相符，外贸代理权的授权书
内容三	合同形式与条款方面，审查业务条款与法律条款的法律效力和经济安全性

图 1-8　审查内容

（二）收汇跟踪督查制度

收汇跟踪督查制度主要包含以下三个制度，如图1-9所示。

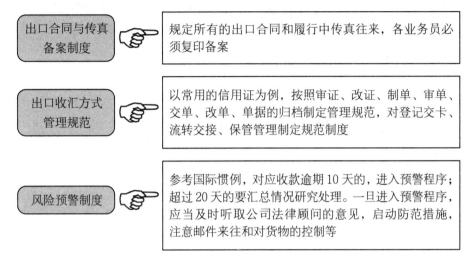

图1-9　收汇跟踪督查制度

（三）业务员风险防范培训与责任制度

外贸企业最好每年针对新情况、新问题对业务员收汇风险防范进行培训；请有关专家、律师等对实践中的问题和趋势进行探讨，掌握新的动态。此外，还要注意业务员的道德品质管理，把好用人关，建立过错责任奖惩制度，并和个人利益挂钩。

八、加强外贸人员的素质建设

（一）直接引进高素质的风险管理人才

在欧美等发达国家，风险管理人才素质较高，能够对对外贸易风险最大限度地管理与防范。直接引进高素质的风险管理人才，吸纳专业人才，特别是风险管理人才，弥补风险防范管理人才的缺乏，优化风险管理人才结构，使其以较高素质和能力适应复杂多变的外贸出口需求，更有助于外贸出口企业获利，促进对外经济贸易的健康发展。

（二）加强外贸人员的专业素质建设

建立和完善培养、培训体系，采用安排进修、专家讲座、中短期培训等方式对本企业现有员工进行强化培训，通过专业的外贸知识培训提升企业员工的专业素养。在客户开发、信用评估、合约签订、资金安排、组织货源、租船订舱、跟踪货款等诸多环节中，做到专业操作，各个交易流程相互协调，避免贸易流程受到阻碍。

（三）开展专门的风险防范管理教育

通过宣传教育的形式，对国际贸易从业人员开展专门的风险防范管理教育，使其树立牢固的风险防范意识，熟悉对外贸易过程中潜在的可能风险，掌握贸易流程中规避风险的基本技术和方法，使企业内上至领导决策层下至普通员工都树立起风险防范意识，时刻做好抵御、防范外贸风险的心理准备和措施准备。

02

第二章

国际贸易术语
风险防范

【导言】..

　　贸易术语在进出口业务中的地位就如同大厦的基石，它规定了买卖双方的权利与义务。对进出口商来讲，选择不同的贸易术语就意味各自承担着不同的义务，也承担着相应的风险

第一节　国际贸易术语概述

一、国际贸易术语的定义

国际贸易术语（International Commercial Terms, 简写为 "Incoterms"），又称价格术语、价格条件，所有术语由三个英文字母组成，是在长期的国际贸易实践中形成的，用来表示商品的价格构成，说明货物交接过程中有关的风险、责任和费用划分的专门用语。贸易术语具有双重性，一方面用来确定交货条件，即说明买卖双方在交接货物时各自承担的责任、风险和费用；另一方面用来表示该商品的价格构成因素。

为了明确交易双方各自承担的责任、费用、风险，当事人在商谈交易、订立合同时，必须要考虑以下几个问题。

（1）卖方在何地以何种方式完成交货？

（2）货物灭失或损坏的风险如何划分？何时由卖方转移给买方？

（3）由哪方负责租船订舱及办理货运保险？

（4）由哪方负责办理进口 / 出口清关手续？

（5）运费、卸货费、保险费等相关费用如何划分？

（6）买卖双方需要提交哪些单据？

在实际交易中，以上这些问题都必须在合同中明确下来。贸易术语正是为了解决这些问题，在长期的国际贸易实践中逐渐产生与发展起来的。在国际贸易中，确定一种商品的成交价，不仅取决于其本身的价值，还要考虑商品从产地（或启运地）运往最终目的地的过程中，涉及的清关手续、费用、风险如何划分等一系列问题。

二、11个贸易术语解释

贸易术语按照适用的运输方式分为两类，第一类，适合海运及内河航运的贸易术语，包括 FAS、FOB、CFR、CIF；第二类，适用任何运输的贸易术语，包括 EXW、FCA、CPT、CIP、DAP、DPU 和 DDP。Incoterms® 2020 通则（即 2020 版《国际贸易术语解释通则》）根据卖方承担的义务，将这 11 个贸易术语划分为 4 组，如表 2-1 所示。

表 2-1　11 个贸易术语划分为 4 组

组别	名称	Incoterms® 2020 解释
E 组（发货）	EXW（Ex Works）：工厂交货	当卖方在其所在地或其他指定的地点将货物交给买方处置时，即完成交货。卖方不办理出口清关手续或将货物装上任何运输工具。该术语是卖方承担责任最小的术语，买方必须承担在卖方所在地受领货物的全部费用和风险
F 组（主要运费未付）	FCA（Free Carrier）：货交承运人	在采用装运地或是装运港交货而主要运费未付的情况下，要求卖方将货物交至买方指定的承运人时，应采用 F 组术语。交货地点的选择对于在该地点的装货和卸货的义务产生影响，根据不同的交货地点确定了不同的贸易术语。卖方在装运国或发货国完成合同履行，因此依据 F 组术语签订的销售合同属于装运合同
F 组（主要运费未付）	FAS（Free Along Side）：船边交货	
F 组（主要运费未付）	FOB（Free on Board）：船上交货（装运港）	
C 组（主要运费已付）	CFR（Cost and Freight）：成本加运费	在采用装运地或装运港交货而主要运费已付的情况下，采用 C 组术语。C 组术语要求卖方按照通常条件自付费用订立运输合同。卖方支付运费运至的地点，应在每一项术语后指明。C 组术语的销售合同，同 F 组术语一样，属于装运合同
C 组（主要运费已付）	CIF（Cost Insurance and Freight）：成本、保险费加运费	
C 组（主要运费已付）	CPT（Carriage Paid to）：运费付至	
C 组（主要运费已付）	CIP（Carriage and Insurance Paid to）：运费加保险费付至	
D 组（货到）	DAP（Delivered at Place）：目的地交货	卖方将货物运至边境或进口国内的约定目的地。卖方必须承担货物运至该目的地之前的全部风险和费用。D 组术语属于到货合同
D 组（货到）	DPU（Delivered at Place Unloaded）：卸货地交货	
D 组（货到）	DDP（Delivered Duty Paid）：完税后交货（指定目的地）	

（一）EXW 贸易术语

1. 定义

EXW 术语全称为 Ex Works（……named place of delivery），即工厂交货（……指定交货地点）。根据 Incoterms® 2020 解释，工厂交货是指卖方在其所在地或其他指定地点（如工场、工厂或仓库）将货物交给买方处置时，即完成交货。卖方不负责将货物装上任何前来接收货物的运输工具，需要办理清关时，卖方也无需办理清关手续。EXW 术语是卖方承担责任义务最少的术语，买方则承担自卖方所在地提取货物至目的地所需要的一切费用和风险。如果卖方在装载货物中处于优势地位，使用由卖方承担装载费用与风险的 FCA 术语通常更合适（图 2-1）。

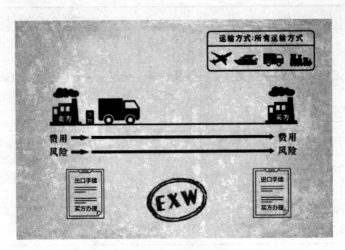

图 2-1　EXW 贸易术语图示

2. 适用运输方式

EXW 术语适用于铁路运、公路运、空运、海运、内河航运或者多式联运等运输方式
（图 2-2）。

PURCHASE ORDER

Document no	**Div** 1
Creation date	31.03.2021
Contract Num	
Date modification	01.04.2021
Buyer	
Telephone	
E-mail	
Fax	
Terms of payment	Payable within 60 days Invoice date
Delivery conditions	EXW Shenzhen

EXW贸易术语

图 2-2　EXW 术语的标识

3. 买卖双方的主要义务

买卖双方的主要义务如表 2-2 所示。

表 2-2　买卖双方的主要义务

EXW 卖方主要义务	EXW 买方主要义务
1. 提供符合销售合同约定的货物和商业发票或电子记录	1. 按照销售合同约定支付货物价款 2. 当卖方完成交货时，买方必须提取货物

EXW 卖方主要义务	EXW 买方主要义务
2. 在指定交货地或位于该地的约定点（如有），将未装载在任何接收货物的运输工具上的货物交由买方处置 3. 负责完成交货（货物交给买方处置）前的灭失或损坏的一切风险 4. 如适用，应买方要求并由其承担风险和费用，协助买方获取出口国、过境国、进口国需要的海关手续有关的单据或信息，包括许可证、安检、清关、装运前检验和其他官方授权 5. 向买方发出买方提取货物所需的任何通知	3. 负责完成交货（货物交给买方处置）后货物灭失或损坏的一些风险 4. 负责自付费用签订运输合同或安排从指定交货地起的货物运输 5. 如适用，需要自付费用办理出口国、过境国、进口国需要的清关手续，包括许可证、安检、清关、装运前检验和其他官方授权 6. 当有权决定在约定交货期限内的时间及 / 或指定地点的提货点时，给予卖方充分通知

（二）FCA 贸易术语

1. 定义

FCA 术语全称为 Free Carrier（...named place of delivery），即货物交承运人（……指定交货地点）。根据 Incoterms® 2020 的解释，货物交承运人是指卖方在卖方所在地或其他指定地点将货物交给买方指定的承运人或其他人，或以取得已经如此交付货物的方式交货（适用于链式销售）。"承运人"指在运输合同中，承诺通过铁路运、公路运、空运、海运、内河航运或上述运输的联合方式履行运输或由他人履行运输的个人或组织（图 2-3）。

注：（1）"取得"一词适用于商品贸易中常见的交易链中的链式销售，以满足在大宗商品销售中对已装船货物作转售交易的需要。

（2）链式销售是指在大宗货物交易过程中，销售链始端的卖方先将货物装上船，然后再寻找合适的买方，出售尚在运输途中的货物，而买方还可以继续寻找新的买方，同一批货物在运输途中可以几易其主，多次被转卖。在这种交易中，整个交易就像环环相扣的链条，前一环的买方就是后一环的卖方。

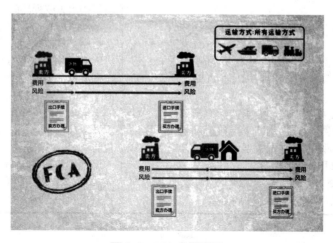

图 2-3　FCA 术语图示

2. 适用运输方式

FCA 术语适用于铁路运、公路运、空运、海运、内河航运或者多式联运等运输方式（图 2-4）。

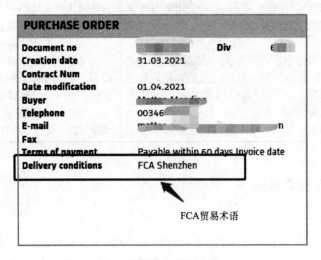

图 2-4 FCA 术语在合同中的标识

3. 买卖双方的主要义务

买卖双方的主要义务如表 2-3 所示。

表 2-3 FCA 术语中买卖双方的主要义务

FCA 卖方主要义务	FCA 买方主要义务
1. 提供符合销售合同（订单）约定的货物和商业发票或电子记录或与商业发票具同等效力的电子单证，以及合同可能要求的证明货物符合合同规定的其他证件	1. 按照销售合同（订单）约定支付货款
2. 在卖方所在地或其他指定地点将货物交给买方指定的承运人或其他人，或以取得已如此交付货物的方式交货	2. 当卖方完成交货时，买方必须提取货物
3. 负责完成交货（货物交给承运人）前货物灭失或损坏的一切风险	3. 负责完成交货（货物交给承运人）后货物灭失或损坏的一切风险
4. 负责自付费用向买方提供已交货的通常证明，应买方要求并由其承担风险和费用，协助买方获取运输单据	4. 负责自付费用订立运输合同或安排从指定交货地开始的货物运输
5. 如适用，需要办理出口国要求的所有出口清关手续并支付费用；应买方要求并由其承担风险和费用，协助买方获取任何过境国或进口国需要的清关手续有关的单据，包括安全要求和装运前检验	5. 如适用，需要办理任何过境国和进口国要求的所有手续并支付费用；应卖方要求并由其承担风险和费用，协助卖方获取出口国需要的清关手续有关的单据及 / 或信息，包括安全要求和装运前检验
6. 就其已完成交货或买方指定的承运人或其他人未在约定期限内提货的情况，给予买方充分通知	6. 通知卖方关于指定的承运人或其他人的名称、收取货物的时间、使用的运输方式和在指定交货地的收货点

（三）FAS 贸易术语

1. 定义

FAS 全称为 Free Along Side（...named port of shipment），即船边交货（……指定装运港）。根据 Incoterms® 2020 的解释，船边交货是指卖方在指定的装运港将货物交到船边（如置于码头或驳船上）时，即完成交货。货物灭失或损坏的风险在货物交到船边时发生转移，同时买方承担自那时起货物灭失或损坏的一切风险（图 2-5）。

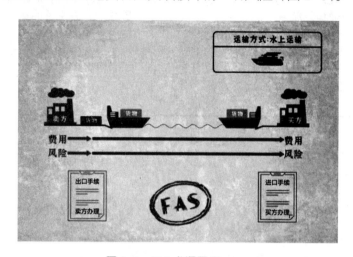

图 2-5　FAS 术语图示

2. 适用运输方式

FAS 术语仅适用于海运或内河航运，它在散装货物（例如石油或谷物）中很受欢迎（图 2-6）。

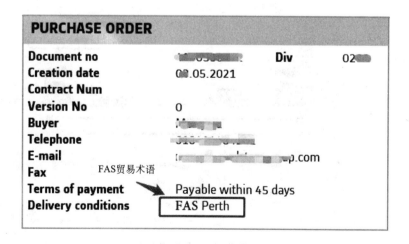

图 2-6　FAS 术语在合同中的标识

3. 买卖双方的主要义务

买卖双方的主要义务如表 2-4 所示。

表 2-4　FAS 术语中买卖双方的主要义务

FAS 卖方主要义务	FAS 买方主要义务
1. 提供符合销售合同（订单）规定的货物；在合同规定的时间和装运港口将货物交到买方所派船只的旁边，并及时通知买方 2. 承担货物交到装运港船边前的一切费用和风险 3. 负责取得出口许可证或其他官方文件，办理货物出口清关 4. 提交商业发票或通常的交货凭证，或具有同等效力的电子凭证	1. 负责订立运输合同并支付运费，将船名、装货地点、装货时间及时通知卖方 2. 受领卖方交付的货物，按合同规定支付货款 3. 承担受领货物后的一切费用和风险 4. 负责货物进口清关

（四）FOB 贸易术语

1. 定义

FOB 全称为 Free on Board（...named port of shipment），即船上交货（……指定装运港），习惯称为"装运港船上交货"，也称"离岸价"，是国际贸易业务中常用的贸易术语之一。根据 Incoterms® 2020 的解释，船上交货是指卖方在合同中约定的日期或期限内，将货物运到合同规定的装运港口，并交到买方指定的船上或以取得已经如此交付货物的方式交付，即完成交货义务。货物灭失或损坏的风险在货物交到船上时发生转移，同时买方承担自那时起的一切费用（图 2-7）。

图 2-7　FOB 术语图示

2. 适用运输方式

FOB 术语适用于海运或内河航运（图 2-8）。

图 2-8　FOB 术语的标识

3. 买卖双方的主要义务

FOB 术语下，要注意交货地点、风险转移界限、办理运输和保险的义务、进出口清关的责任、移交与货物有关的单据和适用的运输方式等要点，FOB 术语下买卖双方的主要义务如表 2-5 所示。

表 2-5　FOB 术语下买卖双方的主要义务

FOB 卖方主要义务	FOB 买方主要义务
1. 提供符合销售合同（订单）约定的货物和商业发票，或具有同等效力的电子凭证 2. 负责在合同约定的日期或买方通知的约定期限内的交货时间，在指定的装运港将货物交至买方指定的船舶上或以取得已在船上交付货物的方式交货 3. 负责货物在装运港装上船为止的货物灭失或损坏的一切风险 4. 负责自付费用向买方提供已交货的通常证明，除非上述证明是运输单据，否则，应买方要求并由其承担风险和费用，协助买方获取运输单据 5. 如适用，需要办理出口国要求的所有出口清关手续并支付费用；应买方要求并由其承担风险和费用，协助买方获取任何过境国或进口国需要的清关手续有关的单据及／或信息，包括安全要求和装运前检验 6. 就其已完成交货或船舶未在约定时间内提货，给予买方充分通知	1. 按照销售合同（订单）约定支付货款 2. 当卖方完成交货时，买方必须提取货物 3. 承担货物自装上船之后的货物灭失或损坏的一切风险 4. 负责自付费用订立从指定的装运港起的货物运输合同 5. 如适用，需要办理任何过境国和进口国要求的所有手续并支付费用；应卖方要求并由其承担风险和费用，协助卖方获取出口国需要的清关手续有关的单据，包括安全要求和装运前检查 6. 就任何运输相关的安全要求、船舶的名称、装货地点以及约定时限内所选择的交货时间给予卖方充分的通知

（五）CFR 贸易术语

1. 定义

CFR 全称为 Cost and Freight（ ...named port of destination），成本加运费（……指定

目的港）。它是国际贸易实践中最常用的贸易术语之一。根据 Incoterms® 2020 的解释，成本加运费是指卖方在船上交货或以取得已经如此交付货物的方式（适用于链式销售）交货，货物灭失或损坏的风险在货物交到船上时转移，卖方即被视为已履行交货义务，而无论货物是否实际以良好状态、约定数量到达目的地，或是否确实到达目的地。在 CFR 术语下，卖方对买方没有购买保险的义务，建议买方自行为货物购买一定的保险（图 2-9）。

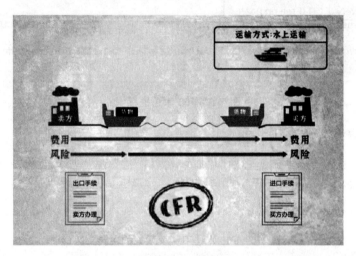

图 2-9　CFR 术语提示

2. 适用运输方式

CFR 术语适用于海运或内河航运（图 2-10）。

QUANTITY CONTRACT

Document no	████0001199█　　Div　　████
Creation date	21.07.2020
Version No	0
Modification date	21.07.2020
Buyer	████████████
Telephone	████████████
E-mail	████████████oup.com
Fax	
Procurement agent	████████████
Telephone	
E-mail	████████████s@al████.com
Fax	
Terms of payment	Payable within 60 days Invoice date
Delivery conditions	CFR Los Angeles

CFR贸易术语 →

图 2-10　CFR 术语在合同中的标识

3. 买卖双方主要义务

买卖双方主要义务如表 2-6 所示。

表 2-6　CFR 术语下买卖双方主要义务

CFR 卖方主要义务	CFR 买方主要义务
1.提供符合销售合同（订单）约定的货物和商业发票，或具有同等效力的电子凭证 2.负责在合同规定的日期或期限内，将货物装上船或以取得已在船上交付货物的方式交货 3.签订或取得运输合同，租船订舱，支付货物运至目的港的运费将货物自交货地内的约定交货点（如有），运送至指定目的港，或位于该港内的任何交货地点（如已约定） 负责货物在装运港交到船上之前的货物灭失或损坏的一切风险 4.负责自付费用向买方提供运至约定目的港的运输单据 5.需要办理出口国要求的所有出口清关手续并支付费用 6.应买方要求并由其承担风险和费用，协助买方获取任何过境国或进口国需要的清关手续有关的单据，包括安全要求和装运前检查 7.向买方发出已完成交货的通知	1.按照销售合同约定支付货款 2.当卖方完成交货时，买方必须提取货物，并在指定目的港从承运人处收到货物 3.承担货物自装上船之后的货物灭失或损坏的一切风险 4.需要办理任何过境国和进口国要求的所有手续并支付费用；应卖方要求并由其承担风险和费用，协助卖方获取出口国需要的清关手续有关的单据及／或信息，包括安全要求和装运前检查 5.当有权决定运输时间及／或指定目的港的收货点时，给予卖方充分通知

（六）CIF 贸易术语

1.定义

CIF 的全称为 Cost，Insurance and Freight（...named port of destination），即成本、保险费加运费（……指定目的港）。它是国际贸易实践中最常用的贸易术语。根据 Incoterms® 2020 的解释，成本、保险费加运费是指卖方将货物装上船或以取得已经如此交付货物的方式（如链式销售）交货，货物灭失或损失的风险在货物交到船上时发生转移，这时卖方即被视为已履行交货义务，而无论货物是否实际以良好状态、约定数量到达目的地，或是否确实到达目的地。卖方负责运输,并支付必要的成本和运费,以将货物运至指定的目的港(图 2-11)。

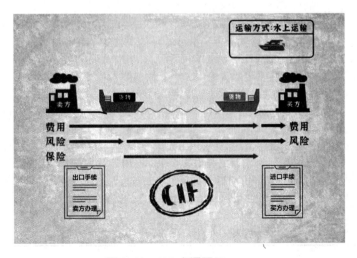

图 2-11　CIF 术语图示

2.适用运输方式

CIF 术语适用于海运或内河航运（图 2-12）。

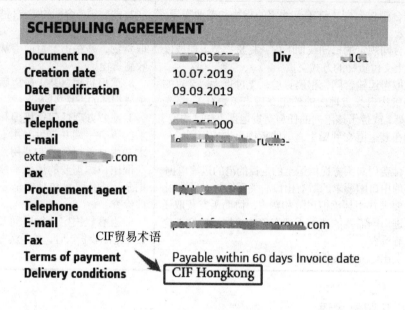

SCHEDULING AGREEMENT

Document no	0036 Div 101
Creation date	10.07.2019
Date modification	09.09.2019
Buyer	
Telephone	55000
E-mail	ruelle-
	ext...p.com
Fax	
Procurement agent	PAU
Telephone	
E-mail	p...maroup.com
Fax	CIF贸易术语
Terms of payment	Payable within 60 days Invoice date
Delivery conditions	CIF Hongkong

图 2-12　CIF 术语在合同中的标识

3.买卖双方主要义务

买卖双方主要义务如表 2-7 所示。

表 2-7　CIF 术语下买卖双方主要义务

CIF 卖方主要义务	CIF 买方主要义务
1. 提供符合销售合同（订单）约定的货物和商业发票，或具有同等效力的电子凭证 2. 负责在合同约定的日期或期限内将货物装上船或以取得已在船上交付货物的方式交货 3. 负责货物在装运港上船为止的货物灭失或损坏的一切风险 4. 签订或取得运输合同，负责租船订舱，支付至目的港的运费将货物自交货地内的约定交货点运送至指定目的港，或位于该港内的任何交货点（如已约定） 5. 自付费用取得运输保险 6. 负责自付费用向买方提供运至约定目的港的运输单据 7. 需要办理出口国要求的所有出口清关手续并支付费用；应买方要求并由其承担风险和费用，协助买方获取任何过境国或进口国需要的清关手续有关的单据及 / 或信息，包括安全要求和装运前检验 8. 交货后，及时向买方发出已完成交货的通知	1. 按照销售合同约定支付货款 2. 接受卖方提供的与合同相符的单据 3. 卖方完成交货时，买方必须提取货物，并在指定目的港从承运人处收取货物 4. 承担货物自装上船之后的货物灭失或损坏的一切风险 5. 需要办理任何过境国和进口国要求的所有手续并支付费用；应卖方要求并由其承担风险和费用，协助卖方获取出口国需要的清关手续有关的单据，包括安全要求和装运前检验

（七）CPT 贸易术语

1. 定义

CPT 全称为 Carriage Paid to（...named place of destination），即运费付至（……指定目的地）。根据 Incoterms® 2020 的解释，运费付至是指卖方在约定日期或期限内，将货物交付给与其订立运输合同的承运人，或以取得已经如此交付货物的方式（适用于链式销售）交货（图 2-13）。

如果还使用接运的承运人将货物运至约定目的地，则风险自货物交给第一承运人时转移。

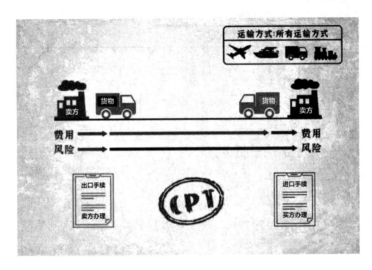

图 2-13　CPT 术语图示

2. 适用运输方式

CPT 术语适用于铁路运、公路运、空运、海运、内河航运或者多式联运等运输方式。

3. 买卖双方的主要义务

买卖双方的主要义务如表 2-8 所示。

表 2-8　CPT 术语下买卖双方的主要义务

CPT 卖方主要义务	CPT 买方主要义务
1. 提供符合销售合同（订单）约定的货物和商业发票或具有同等效力的电子凭证 2. 负责在合同约定的日期或期限内，将货物交付给与其订立运输合同的承运人，或以取得已经如此交付货物的方式（适用于链式销售）交货 3. 负责完成交货（货物交给承运人）前货物灭失或损坏的一切风险	1. 按照销售合同约定支付货款 2. 卖方完成交货时，买方必须提取货物，并在指定目的地或该地方内约定地点从承运人处收取货物 3. 承担完成交货（货物交给承运人）后，货物灭失或损坏的一切风险 4. 需要办理任何过境国和进口国要求的

续表

CPT 卖方主要义务	CPT 买方主要义务
4.签订或取得运输合同，将货物自交货地内的约定交货点运送至指定目的地 5.负责自付费用向买方提供订立的运输合同下的运输单据 6.负责自付费用向买方提供运至约定目的港的运输单据 7.需要办理出口国要求的所有出口清关手续并支付费用；应买方要求并由其承担风险和费用，协助买方获取任何过境国或进口国需要的清关手续有关的单据及 / 或信息，包括安全要求和装运前检验 8.交货后，及时向买方发出已完成交货的通知	所有手续并支付费用；应卖方要求并由其承担风险和费用，协助卖方获取出口国需要的清关手续有关的单据及 / 或信息，包括安全要求和装运前检验 5.当有权决定发货时间及 / 或指定目的港的收货点时，给予卖方充分通知

（八）CIP 贸易术语

1.定义

CIP 全称为 Carriage and Insurance Paid to（...named place of destination），即运费和保险费付至（……指定目的地）。根据 Incoterms® 2020 的解释，运费和保险费付至是指卖方在约定日期或期限内，将货物交给与其订立运输合同的承运人，或以取得以已经如此交付货物的方式（适用于链式销售）交货，卖方必须办理买方货物在运输途中遭遇灭失或损坏的风险的保险，即为买方签订从交货点起至少到目的点的货物灭失或损坏的保险合同，并支付保险费（图 2-14）。

如果还使用接运的承运人将货物运至约定目的地，则风险自货物交给第一承运人时转移。

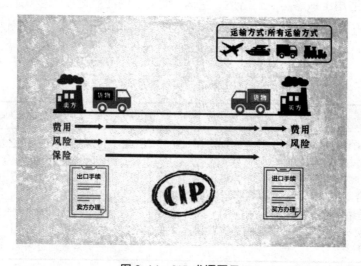

图 2-14　CIP 术语图示

2. CIP 术语适用范围

CIP术语适用于铁路运、公路运、空运、海运、内河航运或者多式联运等运输方式（图2-15）。

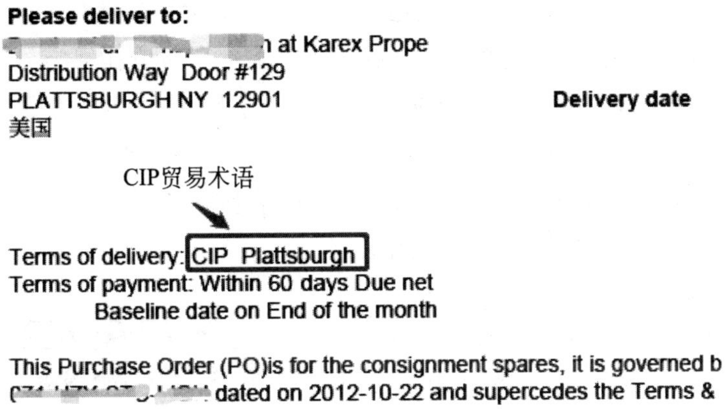

Please deliver to:
```
[          ] at Karex Prope
Distribution Way  Door #129              Delivery date
PLATTSBURGH NY  12901
美国
```
CIP贸易术语

Terms of delivery: CIP Plattsburgh
Terms of payment: Within 60 days Due net
                Baseline date on End of the month

This Purchase Order (PO)is for the consignment spares, it is governed b
[   ] dated on 2012-10-22 and supercedes the Terms &

图 2-15　CIP 术语在合同中的标识

3. CIP 术语下买卖双方的主要义务

CIP 术语与 CPT 术语比较，卖方增加了办理货物运输保险并支付保险费的义务，卖方提交的单据中增加了保险单据；买方的义务相应减少，其他买卖双方的义务类似，如表2-9所示。

表 2-9　CIP 术语下买卖双方的主要义务

CIP 卖方的主要义务	CIP 买方的主要义务
1.提供符合销售合同（订单）约定的货物和商业发票或具有同等效力的电子凭证 2.负责在合同约定的日期或期限内，将货物交付给与其订立运输合同的承运人，或以取得已经如此交付货物的方式（适用于链式销售）交货 3.负责完成交货（货物交给承运人）前货物灭失或损坏的一切风险 4.签订或取得运输合同，将货物自交货地内的约定交货点运送至指定目的地 5.负责自付费用向买方提供订立的运输合同下的运输单据 6.负责自付费用向买方提供运至约定目的港的运输单据 7.按照合同的约定投保货物运输险，并支付保险费 8.需要办理出口国要求的所有出口清关手续并支付费用；应买方要求并由其承担风险和费用，协助买方获取任何过境国或进口国需要的与清关手续有关的单据及/或信息，包括安全要求和装运前检验	1.按照销售合同约定支付货款 2.卖方完成交货时，买方必须提取货物，并在指定目的地或该地方内约定地点从承运人处收取货物 3.承担完成交货（货物交给承运人）后，货物灭失或损坏的一切风险 4.需要办理任何过境国和进口国要求的所有手续并支付费用；应卖方要求并由其承担风险和费用，协助卖方获取出口国需要的与清关手续有关的单据及/或信息，包括安全要求和装运前检验 5.当有权决定发货时间及/或指定目的港的收货点时，给予卖方充分通知

（九）DAP 贸易术语

1. 定义

DAP 全称为 Delivered at Place（…named place of destination），即目的地交货（……指定目的地）。根据 Incoterms® 2020 的解释，目的地交货是指卖方在指定目的地的约定地点（如有），将还在抵达的运输工具上的可供卸载的货物交由买方处置，或以取得已如此交付货物的方式（适用于链式销售）交货，卖方承担将货物运送到指定目的地的一切风险（图 2-16）。

DAP 是 Incoterms® 2010 新添加的术语，取代了 DAF（边境交货）、DES（目的港船上交货）和 DDU（未完税交货）三个术语。

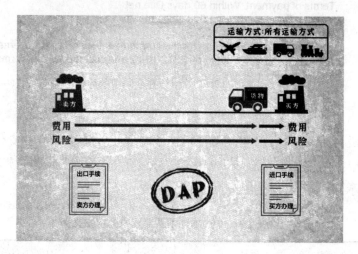

图 2-16　DAP 术语图示

2. 适用运输方式

DAP 术语适用于铁路运、公路运、空运、海运、内河航运或者多式联运等运输方式（图 2-17、图 2-18）。

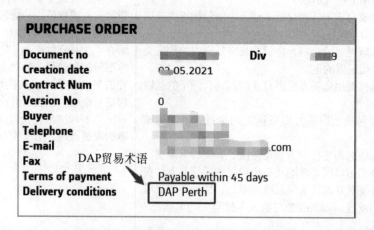

图 2-17　DAP 术语在合同中的标识（1）

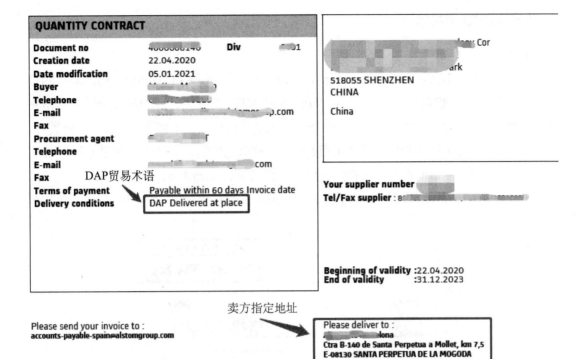

图 2-18　DAP 术语在合同中的标识（2）

3.DAP 术语下买卖双方的主要义务

DAP 术语下买卖双方的主要义务如表 2-10 所示。

表 2-10　DAP 术语下买卖双方的主要义务

DAP 卖方主要义务	DAP 买方主要义务
1. 提供符合销售合同（订单）约定的货物和商业发票，或具有同等效力的电子凭证 2. 负责在合同约定的日期或期限内，在指定目的地的约定地点（如有），以将放置在抵达的运输工具上并做好卸货准备的货物交由买方处置，或以取得已经如此交付货物的方式交货 3. 负责在目的地完成交货前货物灭失或损坏的一切风险 4. 签订运输合同或安排运输，将货物运送至指定目的地或指定目的地内的约定交货点（如有） 5. 负责自付费用向买方提供所要求的任何单据，以便买方能够接管货物，例如，使买方得以在目的地受领货物的提单或通常的运输单证 6. 需要办理出口国和任何过境国（除进口国之外）要求的所有出口和过境清关手续并支付费用；应买方要求并由其承担风险和费用，协助买方获取进口国需要的与清关手续有关的单据及 / 或信息，包括安全要求和装运前检验 7. 负责向买方发出领取货物所需的任何通知	1. 负责按照销售合同支付货款 2. 当卖方完成交货时，买方必须提取货物 3. 承担在目的地领取货物后货物灭失或损坏的一切风险及费用 4. 需要办理进口国要求的所有手续并支付费用；应卖方要求并由其承担风险和费用，协助卖方获取出口国和过境国需要的与清关手续有关的单据及 / 或信息，包括安全要求和装运前检验

（十）DPU 贸易术语

1. 定义

DPU 全称为 Delivered at Place Unloaded（...named place of destination），即目的地卸货后交货（……指定目的地）。根据 Incoterms® 2020 的解释，目的地卸货后交货是指卖方在指定目的地的约定地点（如有），将货物从抵达的运输工具上卸下并交由买方处置时，即完成交货，卖方承担将货物运至指定目的地以及卸载货物的一切风险和费用（图 2-19）。

DPU 是 Incoterms® 2020 新增的一种术语，代替 Incoterms® 2010 中的 DAT 术语（运输终端交货），修改的主要原因是为了强调目的地可以是任何地方，而不仅仅是运输终端。

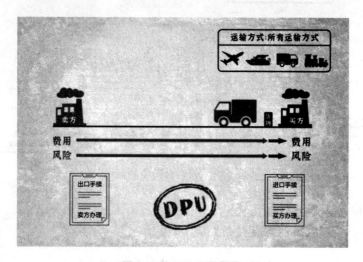

图 2-19　DPU 术语图示

2. 适用运输方式

DPU 术语适用于铁路运、公路运、空运、海运、内河航运或者多式联运等运输方式（图 2-20）。

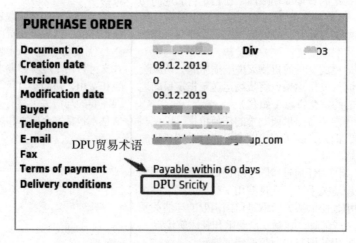

图 2-20　DPU 术语在合同中的标识

3.DPU 术语下买卖双方的主要义务

DPU 术语下，买卖双方的义务同 DAP 术语基本相同，唯一的区别是卸货由哪一方负责。DAP 术语下，卖方不负责卸货，DPU 术语下，卖方要负责目的地的卸货。所以，Incoterms® 2020 把 DAP 术语的顺序调整到 DPU 术语之前，DPU 术语下买卖双方的主要义务如表 2-11 所示。

表 2-11　DPU 术语下买卖双方的主要义务

DPU 卖方主要义务	DPU 买方主要义务
1.提供符合销售合同（订单）约定的货物和商业发票，或具有同等效力的电子凭证 2.负责在合同约定的日期或期限内，在指定目的地的约定地点（如有），将货物从抵达的运输工具上卸下并交由买方处置时，即完成交货 3.负责在目的地完成交货前货物灭失或损坏的一切风险 4.签订运输合同或安排运输，将货物运送至指定目的地或指定目的地内的约定交货点（如有） 5.负责自付费用向买方提供所要求的任何单据，以便买方能够接管货物，例如，使买方得以在目的地受领货物的提单或通常的运输单证 6.需要办理出口国和任何过境国（除进口国之外）要求的所有出口和过境清关手续并支付费用；应买方要求并由其承担风险和费用，协助买方获取进口国需要的与清关手续有关的单据及 / 或信息，包括安全要求和装运前检验 7.负责向买方发出领取货物所需的任何通知	1.负责按照销售合同支付货款 2.当卖方完成交货时，买方必须提取货物 3.承担在目的地领取货物后货物灭失或损坏的一切风险及费用 4.需要办理进口国要求的所有手续并支付费用；应卖方要求并由其承担风险和费用，协助卖方获取出口国和过境国需要的与清关手续有关的单据及 / 或信息，包括安全要求和装运前检验

（十一）DDP 贸易术语

1.定义

DDP 全称为 Delivered Duty Paid（...named place of destination），即完税后交货（……指定目的地）。根据 Incoterms® 2020 的解释，完税后交货是指卖方在指定目的地的约定地点（如有），将仍处于抵达运输工具上，但已完成进口清关且已做好卸货准备的货物交买方处置时，即完成交货，卖方必须承担将货物运至指定目的地的一切风险和费用，并且有义务办理货物出口、过境和进口清关手续，支付所有出口和进口税费和办理所有海关手续（图 2-21）。

DDP 术语是 11 种贸易术语中卖方承担的责任最大、负担费用最多的一个术语，是唯一一个需要卖方办理进口清关手续的术语。若卖方不能直接或间接地取得进口许可证或办理进口清关手续，则不应使用此术语，可以考虑使用 DAP 或是 DPU 术语。与

EXW 术语相反，DDP 术语是卖方承担义务、风险及费用最大的术语，相应地，货物成交价格也最高。

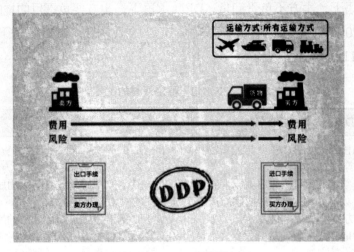

图 2-21　DDP 术语图示

2.适用运输方式

DDP 术语适用于铁路运、公路运、空运、海运、内河航运或者多式联运等运输方式（图2-22）。

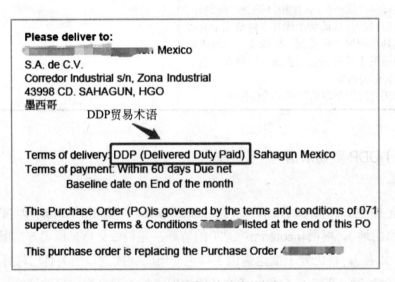

图 2-22　DDP 术语在合同中的标识

3.DDP 术语下买卖双方的义务

DDP 术语下买卖双方的义务如表 2-12 所示。

表 2-12　DDP 术语下买卖双方的义务

DDP 卖方主要义务	DDP 买方的主要义务
1．提供符合销售合同（订单）约定的货物和商业发票或具有同等效力的电子凭证 2．负责在合同约定的日期或期限内，承担一切风险和费用，将货物运至指定的进口国目的地，将在运输工具体上尚未卸下，但做好卸货准备的货物交给买方处置时，即完成交货 3．负责在指定目的地完成交货前货物灭失或损坏的一切风险 4．负责签订运输合同，将货物运送至合同约定的进口国目的地或指定目的地内的约定交货点（如有） 5．需要办理出口国、过境国和进口国要求的所有出口、过境和进口清关手续并支付费用卖方承担最大的责任，等于是送货上门 6．负责向买方发出领取货物所需的任何通知	1．负责按照合同规定支付货款 2．应卖方要求，并由其负担风险和费用，给予卖方一切协助，帮助卖方在需要办理海关手续时，取得货物进口所需的进口许可证或其他官方许可 3．承担按照合同规定交货之时起货物灭失或损坏的一切风险

三、Incoterms 2000、Incoterms® 2010 和 Incoterms® 2020 比较

（一）Incoterms 2000 中贸易术语

Incoterms 2000 将其包含的贸易术语按照起始字母的不同分为 E、F、C、D 四个组，13 种贸易术语。这种分类和排序反映了卖方对买方承担的责任由小到大的程度，在买卖双方选择贸易术语以确定自己承担的责任时显得很重要，如表 2-13 所示。

表 2-13　Incoterms 2000 中贸易术语

分类	名称	交货地点及风险转移	运输合同	保险合同	风险转移	出口清关	进口清关	运输方式
E 组	EXW：工厂交货	卖方工厂	买方	买方	交货时	买方	买方	各种运输
F 组	FCA：货交承运人	货交承运人（买方指定）	买方	买方	交货时	卖方	买方	海运、内河航运
F 组	FAS：船边交货	指定装运港船边	买方	买方	交货时	卖方	买方	海运、内河航运
	FOB：船上交货（装运港）	指定装运港船上	买方	买方	装运港船舷	卖方	买方	海运、内河航运
C 组	CFR：成本加运费	装运港船上	卖方	买方	装运港船舷	卖方	买方	海运、内河航运
	CIF：成本、保险费加运费	装运港船上	卖方	卖方	装运港船舷	卖方	买方	海运、内河航运
	CPT：运费付至	货交第一承运人	卖方	买方	交货时	卖方	买方	各种运输
	CIP：运费加保险费付至	货交第一承运人	卖方	卖方	交货时	卖方	买方	各种运输

续表

分类	名称	交货地点及风险转移	运输合同	保险合同	风险转移	出口清关	进口清关	运输方式
D 组	DAF：边境交货	边境指定地点	卖方	卖方	交货时	卖方	买方	各种运输
	DEQ：码头交货（目的港）	指定目的港码头	卖方	卖方	交货时	卖方	买方	海运、内河航运
	DES：船上交货（目的港）	指定目的港船上	卖方	卖方	交货时	卖方	买方	海运、内河航运
	DDU：完税后交货（指定目的地）	指定目的地（卸完货）	卖方	卖方	交货时	卖方	买方	各种运输
	DDP：完税后交货（指定目的地）	指定目的地（不卸货）	卖方	卖方	交货时	卖方	卖方	各种运输

（二）Incoterms® 2010 中贸易术语

Incoterms® 2010 根据贸易术语适用的运输方式分为两类，11 种贸易术语，删除了 Incoterms 2000 中的 DAF、DES、DEQ 和 DDU 四种术语，增加了两种术语，分别是 DAT（运输终端交货）和 DAP（目的地交货）。这种分类方法是为了帮助国际贸易从业者正确选择与运输方式相对最适合的术语，即什么样的运输方式应该选择什么样的贸易术语。如表 2-14 所示。

表 2-14　Incoterms® 2010 中贸易术语

分类	名称	交货地点	运输合同	保险合同	风险转移	出口清关	进口清关
仅适用于海运和内河航运	FOB：船上交货（装运港）	指定装运港船上	买方	买方	装运港船舷	卖方	买方
	FAS：船边交货	指定装运港船边	买方	买方	交货时	卖方	买方
	CFR：成本加运费	指定装运港船上	卖方	买方	装运港船舷	卖方	买方
	CIF：成本、保险费加运费	指定装运港船上	卖方	卖方	装运港船舷	卖方	买方
适用于任何运输方式	EXW：工厂交货	卖方工厂	买方	买方	交货时	买方	买方
	FCA：货交承运人	货交承运人（买方指定）	买方	买方	交货时	卖方	买方
	CPT：运费付至	货交第一承运人	卖方	买方	交货时	卖方	买方
	CIP：运费加保险费付至	货交第一承运人	卖方	卖方	交货时	卖方	买方
	DAT：运输终端交货	指定港口或目的地的运输终端	卖方	买方	交货时	卖方	买方
	DAP：目的地交货	指定目的地	卖方	买方	交货时	卖方	买方
	DDP：完税后交货（指定目的地）	指定目的地	卖方	卖方	交货时	卖方	卖方

（三）Incoterms® 2020 中贸易术语

Incoterms® 2020 中贸易术语数量依然是 11 个，也是按适用的运输方式分为两类。将 DAT 术语改为 DPU，并排在 DAP 之后，如表 2-15 所示。

表 2-15　Incoterms® 2020 中贸易术语

分类	名称	交货地点	运输合同	保险合同	风险转移	出口清关	进口清关
仅适用于海运和内河航运	FOB：船上交货（装运港）	指定装运港船上	买方	买方	装运港船舷	卖方	买方
	FAS：船边交货	指定装运港船边	买方	买方	交货时	卖方	买方
	CFR：成本加运费	指定装运港船上	卖方	买方	装运港船舷	卖方	买方
	CIF：成本、保险费加运费	指定装运港船上	卖方	卖方	装运港船舷	卖方	买方
适用于任何运输方式	EXW：工厂交货	卖方工厂	买方	买方	交货时	买方	买方
	FCA：货交承运人	货交承运人（买方指定）	买方	买方	交货时	卖方	买方
	CPT：运费付至	货交第一承运人	卖方	买方	交货时	卖方	买方
	CIP：运费加保险费付至	货交第一承运人	卖方	卖方	交货时	卖方	买方
	DAP：目的地交货	指定目的地	卖方	买方	交货时	卖方	买方
	DPU：卸货地交货	指定目的地	卖方	买方	交货时	卖方	买方
	DDP：完税后交货（指定目的地）	指定目的地	卖方	卖方	交货时	卖方	卖方

（四）Incoterms® 2020 的适用范围

Incoterms® 通则仅适用于销售合同（订单），不适用于运输合同、保险合同、结算合同等。货物是指有形货物，不包括无形货物，如计算同软件、电影、音乐、电子读物等。Incoterms® 通则所规定的内容，如关于运输或运输单据（A4/B4 和 A6/B6 条款），关于保险的内容（A5/B5 条款），并不会约束承运人或保险人，或者任何所涉及的银行。Incoterms® 通则规定的买卖双方的义务、风险和费用的划分，包括办理运输与保险、办理进出口清关手续、转移货运风险以及提供履行各项义务的凭证等，但其本身不是一份完整的销售合同，不处理以下事项：销售合同是否存在，所售货物的规格，货款支付的时间、地点、方式或币种，可供寻求的销售合同的违约救济，延迟或其他违反合同义务导致的后果、造成的影响，征收关税，进出口禁令，不可抗力，知识产权或违约情况下解决纠纷的方式、地点或法律；Incoterms® 通则不涉及所售货物的财产／权力／所有权的转移问题。贸易术语在传统上被用于货物跨越国界的国际销售合同，然而无关税区的扩大使得原本存在的边界通关手续没有实际意义。因此 Incoterms® 2010 和 Incoterms® 2020 都确认贸易术语对国际和国内货物销售合同均适用。

最后，惯例在适用的时间效力上不存在"新法取代旧法"的说法，Incoterms® 2020 的生效并不意味着以前版本的 Incoterms® 通则自动作废，当事人在使用贸易术语时，一定要注明适用哪个版本的 Incoterms® 通则。另外，Incoterms® 通则作为惯例，对当事人没有强制约束力，只有被并入销售合同，才成为合同的一部分。

第二节 贸易术语风险防范对策

一、谨慎挑选合适的贸易术语

在我国出口业务中，出口企业要根据交易的具体情况，慎重选择适当的贸易术语。这对防范收汇风险、提高经济效益是十分必要的。

出口企业在挑选贸易术语时，应该考虑以下因素，如图 2-23 所示。

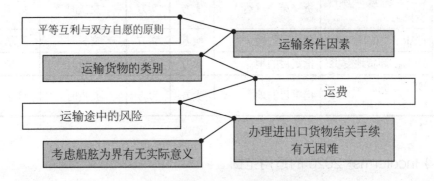

图 2-23　在挑选贸易术语时应考虑的因素

（一）平等互利与双方自愿的原则

在国际贸易中，对于按何种贸易术语成交，买卖双方应本着平等互利的原则，从方便贸易与促进成交的角度出发，在彼此自愿的基础上商订，不宜强加于人。一般来讲，在装运地或装运港交货情况下，是否按带保险的条件成交，需根据国际贸易的一般习惯做法。原则上，应尊重买方的意见，由买方选择。

（二）运输条件因素

2020 年《国际贸易术语解释通则》对每种贸易术语适用于何种运输方式，都做了明确具体的规定。因此,买卖双方采用何种贸易术语,首先应顾及采用何种运输方式。此外,买卖双方还应顾及本身的运输力量以及安排运输有无困难。在本身有足够运输能力或安排运输无困难的情况下,可争取按由自身安排运输的条件成交（如按 FCA、FAS 或 FOB 进口,按 CIP、CIF 或 CFR 出口）。否则,应酌情争取按由对方安排运输的条件成交（如按 FCA、FAS 或 FOB 出口,按 CIP、CIF 或 CFR 进口）。

（三）运输货物的类别

国际贸易中的货物品种众多,不同类别的货物具有不同的特点,它们在运输方面各有不同的要求。所以,安排运输的难易不同,运费开支大小也有差异。这是选择贸易术语时应顾及的因素。另外,成交量的大小也直接涉及安排运输是否有困难、经济上是否合算。当成交量太小,又无班轮通航的情况下,负责安排运输的一方势必会增加运输成本,所以选用贸易术语时,也应予以考虑。

（四）运费

运费是货价构成因素之一,在选取贸易术语时,应顾及货物经由路线的运费收取情况与运价变动趋势。一般地讲,当运价看涨时,为了避免承担运价上涨的风险,可以选取由对方安排运输的贸易术语成交,如按 C 组中的某种术语进口,按 F 组中的某种术语出口。在运价看涨的情况下,如因某种原因不得不采用由自身安排运输条件成交,则应将运价上涨的风险考虑到货价中去,以避免承担运价变动而引起的风险损失。

（五）运输途中的风险

在国际贸易中,交易的商品一般需要通过长途运输。货物在运输过程中可能遇到各种自然灾害、意外事故等风险,特别是当遇到战争,抑或正常的国际贸易遭到人为障碍与破坏的时期和地区,运输途中的风险会更大。因此,买卖双方洽商交易时,必须根据不同时期、不同地区、不同运输路线及运输方式的风险情况,并结合购销意图来选用适当的贸易术语。

（六）办理进出口货物结关手续有无困难

在国际贸易中,关于进出口货物的结关手续,有些国家规定只能由结关所在国的当事人安排或代为办理。因此,买卖双方为了避免承担办理进出口结关手续有困难的风险,在洽谈交易之前,必须了解有关政府当局关于办理进出口货物的具体规定,以便酌情选用适当的贸易术语。例如,当某出口国政府当局规定,买方不能直接或间接办理出口结关手续,则不宜按 EXW 术语成交,而应选 FCA 术语成交。

（七）考虑船舷为界有无实际意义

在装运港交货条件下，按照一般传统的解释，关于货物费用与风险的划分，以装运港船舷为界。但按 2020 年《国际贸易术语解释通则》规定，如要求卖方在船舶到港前即将货物交到货站，或采用滚装、滚卸或集装箱运输时，费用与风险以船舷为界来划分已失去实际意义，在此情况下，就不宜采用 FOB、CFR 或 CIF 术语成交，而应选用相应的 FCA、CPT 或 CIP 术语来取代更为适宜。

随着国际贸易运输方式的发展变化，即集装箱、多式联运和滚装船运输的广泛发展，以及很多处于内陆的国家或者地区、省份对外贸易的增多，常用贸易术语 FCA、CPT、CIP 将有取代 FOB、CFR、CIF 的趋势。因此，在实际业务中，应有意识地去使用 FCA、CPT、CIP，而不是在应该用 FCA、CPT、CIP 时，仍不恰当地使用 FOB、CFR、CIF，使买卖双方的责任无法真正明确下来，特别是增大了卖方的责任、风险、费用，为日后合同的履行埋下了隐患。

2020 年《国际贸易术语解释通则》将 DAT 更名为 DPU。对于进出口商来说，尤其是欧盟成员国之间的进出口货物贸易，可多采用 D 组的术语以便更加明晰风险和费用，毕竟在 C 组的术语中始终存在两个临界点，即风险和费用的临界点分别在装运地和目的地。国际商会也多次强调 FOB、CFR 和 CIF 术语越发不如 FCA、CPT 和 CIP 等术语更加实用，尤其是在集装箱带来的多式联运条件下，后三种术语更加方便当事人对货物的交接。

总结而言，2020 年《国际贸易术语解释通则》中的两类 11 个术语的选择要领如表 2-16 所示。

表 2-16　国际贸易术语的选择要领

类别	术语	选择说明
第一类：适用于任何运输方式	CIP（Carriage and Insurance Paid）运费 / 保险费付至目的地	如卖方除承担 CPT 所必须履行的义务外，还愿意承担到目的地的最低保险时，可考虑选择 CIP
	CPT（Carriage Paid T）运费付至目的地	如卖方除承担 FCA 所必须履行的义务外，还愿意签订到目的地的运输合同时，可考虑选择 CPT
	DAP（Delivered At Place）目的地交货	如卖方欲在目的地指定地点交货，且愿意承担货物运送到该地点的费用（卸货费除外）和风险时，可考虑选择 DAP
	DPU（Delivered at Place Unloaded）目的地卸货后交货	如卖方除承担 DAP 所必须履行的义务外，还愿意承担货物运送到该地点从运输工具上卸货产生的费用时，可考虑选择 DPU

类别	术语	选择说明
第一类: 适用于任何运输方式	DDP（Delivered Duty Paid）完税后交货	如卖方除承担 DAP 所必须履行的义务外，还愿意承担货物的进口报关和有关关税时，可考虑选择 DDP
	EXW（Ex Works）工厂交货	如卖方仅想使其责任限于在其所在地或另一指定地点将货物置于买方处置之下，而不承担任何其他义务包括不承担出口清关手续时，可考虑使用 EXW
	FCA（Free Carrier）货交承运人	如卖方愿意自己办理出口清关，且在承运人指定地点将货物交付于买方处置之下时，应考虑使用 FCA
第二类: 适用于海运和内河航运	CFR（Cost and Freight）成本加运费	如卖方除承担 FOB 所必须履行的义务外，还愿意承担费用提供到指定目的港的运输合同时，应考虑使用 CFR
	CIF（Cost, Insurance and Freight）成本保险费加运费	如卖方除承担 CFR 所必须履行的义务外，还愿意承担到指定目的港的最低保险时，应考虑使用 CIF
	FAS（Free Alongside Ship）装运港船边交货	如卖方愿意在装运港船边交货或者获得所要交付的货物时，应考虑使用 FAS
	FOB（Free On Board）装运港船上交货	如卖方愿意在装运港船上交货或者获得所要交付的货物时，应考虑使用 FOB

二、投保陆运险

投保陆运险可以消除从发货人仓库到装运港之间的保险盲区。以 FOB 和 CFR 的价格条款成交的合同，应由卖方投保。根据国际惯例的规定，货物的风险是从货物在装上指定船舶以后才转移给买方的，也就是说买方只对在装上指定船舶以后的货物所发生的损失负赔偿责任。

> **小提示**
>
> 如果风险发生在装运港发货人的仓库和货物在装运港越过指定船舶之前，比如货物运往装运港的途中，或者装船过程中货物跌落海中等，买卖双方无法从保险公司获得赔偿，这一段就成为保险"盲区"。

为了避免保险"盲区"，有效保护被保险人的利益，以 FOB 和 CFR 价格条款成交的合同，卖方可以在装船前单独向保险公司投保"装船前险"，也称国内运输险，即陆运险。一旦发生上述损失时，卖方即可以从保险公司获得赔偿，尤其是卖方所在地距离装运港比较远的情况。

不过，这会增加卖方的资金负担，卖方对外报价时要把这一部分费用考虑进去。同时卖方也可以考虑改变长期使用的 FOB 贸易术语，而改用国际多式联运的贸易术语 FCA，货物风险在货物交第一承运人时就会转移，尤其交货地点在内陆城市而非海港。

三、卖方出立单据时严守合同或者信用证的要求

对于在采用 FOB、CIF、CFR 出口时出现的履行风险，卖方在出立各项单据时，要严格遵守合同或者信用证才可以规避这类风险。在国际贸易中通常卖方凭单交货，买方凭单付款。买方往往可以以单据与合同或信用证不一致拒绝付款。尤其是采用商业信用的托收或者货到后付款时，货发出后卖方就会陷入被动的地位，因此，卖方最好优先采取信用证结算方式降低风险。

外贸企业一定要仔细审核信用证或者合同中海运提单收发货人的记载，同时对于买方不能及时备好船舶而导致需要推迟信用证规定的最迟装船日期或延展有效期时，不能仅凭买卖双方所达成的协议，而要有开证银行出具的正式的修改通知书方能生效。

四、买方委托卖方代为办理租船订舱手续所采用的术语

买方委托卖方代为办理租船订舱手续时，最好采用 CIF、CFR 术语。

由于在 FOB 术语下，船货的衔接中出现的问题往往比较严重。采用 L/C 方式结算时，当买方委托卖方代为办理租船、订舱手续，船货的衔接一般没有问题，也可以采用 FOB。当对方指定船舶或者安排货代时，就需要在信用证中规定买方指定的船舶最迟到达装运港的日期。同时，双方最好多沟通，买方租船、订舱完成后及时向卖方发出催装通知；卖方货备妥后，也要向对方发出备妥通知，从而避免错过规定的装运日期，或者议付超过信用证的有效期等情况。

> **小提示**
>
> 相对于 FOB 术语，在 CIF、CFR 术语下，卖方可根据自己的备货情况，灵活选择多家船公司的货船及时进行装运，这样船货衔接的风险要小很多，并且还可以节省码头的仓储费用，缩短收汇时间。

五、卖方自己委托货运代理

对于买方指定货代可能出现的无单放货的风险，在可能的情况下，最好由卖方自己委托货运代理租船订舱，这样不仅手续简单、费用较低，而且出现无单放货的概率较小。

当买方提出一定要指定货代时，卖方可向客户转达我国商务部通过各有关外经贸委（厅、局）向各外贸企业和货代业发出的《关于规避无单放货风险的通知》，通知要求出口方不能接受未经外经贸部批准在华经营国际货运代理的货代企业或者境外货运代表处安排运输。

小提示

若对方仍坚持指定货代，则提单必须委托国内货代签发，从而掌握货物的控制权，并向发货人出具保函，使发货人的货权得到保障。

因为国内货代签发自己的或境外货代的提单，则该货代就成为无船承运人。若查到国外的货代不是合法存在或合法经营，国内的货代公司也无法逃脱承运人的责任。当出口方不能自己指定货运代理时，外贸企业也应采取相应的预防措施，如向国际咨询机构进行资信调查，要求买方配合让境外货代公司出具担保，企业内部加强审核把关。

同时，为了规避国内、国外货代公司联合欺诈出口方，需要各地货代协会对会员单位做出规定，不准借权经营、代开发票，或者规定境外货代办事处"上船前"的操作，由发货人委托国内货代办理，以规避过多的费用支出。

六、在货物发出后仍能控制货物的所有权

卖方一定要在货物发出后仍能够控制货物的所有权（一般仅限于海洋运输）。处理提单要非常谨慎，不能接受对方作为提单托运人的要求。当对方不是采用预付时，既不要做成记名提单，也不要做成凭收货人指示的提单，而应该做成空白抬头或者凭发货人或开证行指示转让的提单。

这样对于提单背书转让的权利就保留在卖方或者银行的手中，对方不付款或者不承兑的话，就很难获得物权凭证在内的各项单据，从而无法提供正本提单去办理提货手续。

第三节　常用贸易术语的风险防范

一、FOB术语下的风险防范

（一）FOB术语下的风险

FOB（装运港船上交货）一直是出口业务中被广泛采用的贸易术语。我国目前FOB

条件下的贸易合同已达 60% ~ 70%，有些外资企业几乎达到 80%，而且还有上升的趋势。服装业采用 FOB 出口的份额超过 90%。

出口中采用 FOB 报价有如下优势。

（1）FOB 术语赋予卖方的义务比较少，便于出口企业操作。

（2）FOB 报价可以规避运价风险。

（3）FOB 报价下出口企业无办理运输和保险的责任。

然而，FOB 贸易术语对于出口企业来讲也同时蕴含着巨大的风险，如图 2-24 所示。

 FOB 贸易术语要求买方负责租船订舱，从目前 FOB 的实际使用情况看，买方指定船公司的少，绝大部分是指定境外货运代理。对卖方来讲，在 FOB 价格术语下将货物交给买方指定的货运代理人有可能遭受财货两空的风险

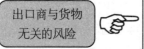 采用 FOB 出口时，由于进口商负责签订运输合同，所以往往要求在提单的托运人栏里注明进口商的名称。这样的话，在整个提单中找不到出口商与货物有任何关系。这样的提单一旦签发，出口商的风险非常大

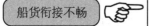 FOB 报价条件下由买方租船或订舱，而卖方必须在合同规定的装运港和装运期内将货物备妥装船，易产生船货衔接不好的问题。比如买方延迟派船，或因各种情况导致装船期延迟，这样会使卖方增加仓储等费用的支出，或因此造成卖方利息损失，特别是经营食品、农产品、保质期短的产品，出口商所备的货物可能因交货时间的推迟而腐烂变质，质量标准降低，无法检测合格。如果使用的是信用证结算方式，延误装期还易造成不符点交单

图 2-24　FOB 术语的风险

 **实例**

我国某粮油进出口公司与国外一家公司签订了一份出口油籽的合同。合同采用 FOB 价格术语，买方需于 2 月份派船到港接货。合同还规定："如果在此期间内不能派船接货，卖方同意保留 28 天，但仓储、利息、保险等费用皆由买方承担。"3 月 1 日，卖方在货物备妥后电告买方尽快派船接货。但是，一直到 3 月 28 日，买方仍未派船接货。于是卖方向买方提出警告，声称将撤销合同并保留索赔权。买方在没有与卖方进行任何联系的情况下，直到 5 月 5 日才将船只派到港。这时卖方拒绝交货并提出损失赔偿，买方则以未订到船只为由拒绝赔偿损失。

（二）FOB 术语下的风险对策

FOB 术语是海上运输最早出现的国际贸易术语，也是目前国际贸易中普遍应用的贸易术语之一。但专家指出，FOB 对出口商的风险更大，有可能造成货款两空的结局。外贸企业在使用 FOB 术语时应采取以下风险防范措施，如图 2-25 所示。

图 2-25　使用 FOB 术语时应采取的风险防范措施

1. 争取选择 CFR 或 CIF 术语

作为出口商，在洽谈合同时，应尽力争取选择 CFR 或 CIF 术语。如果双方无法达成协议，必须选择 FOB 术语时，应对进口商资信进行调查。若发现进口商资信不好，宁可放弃合同也不能选择 FOB 术语。选择 FOB 术语，要避免无单放货的事情发生，要有此种风险意识，通过有效手段控制货物所有权。经营易腐、易烂的产品时，一定不要选择 FOB 术语，以免失去对生产或备货进度的控制。

2. 由出口方租船订舱

由出口方租船订舱可有效控制货物的所有权，同时有利于船货衔接。

3. 尽量避免接受指定的境外货代或无船承运人

如外商坚持 FOB 条款并指定船公司、境外货代或无船承运人安排运输，可接受知名的船公司，尽量避免接受指定的境外货代或无船承运人。如果外商坚持指定境外货代或无船承运人，为不影响出口，必须严格按程序操作，对指定的境外货代或无船承运人的信誉要进行严格调查，了解是否有我国合法代理人向交通部办理无船承运人资格的手续，同时货主要求我国的货代或无船承运人出具保函，承诺被指定境外货代或无船承运人安排运输的货物到达目的港后必须凭正本提单放货，否则要承担无单放货的赔偿责任。只有这样，一旦出现无单放货，才能有依据进行索赔。

4. 结汇成功后分批出口

外商资信不明的，即使先前双方有贸易来往，在 FOB 贸易条款下，出口企业尽可能结汇成功后继续分批出口。尽量避免结汇未成而多次集中出口。

5. 从提单内容角度，控制无单放货的风险

在提单的 "consignee" 一栏，不要做记名提单，要填 "to order"，由出口商来支配货放给谁。另外，在海运实务中，在提单尚未收到，货物已到达目的港或承运人代理仓

库的现象比较普遍，为减少船舶滞港或减少仓储费用，出口方也可以要求货代企业签发在目的港放货的保函，以避免无单放货。

6.先收全款再发货

对欠发达地区，尽可能做到先收全款再发货。如果不能发货前收全款，预付款尽量预留出足够的费用。

二、CIF术语下的风险防范

（一）CIF 术语下的风险

在出口业务中，CIF 术语对于出口商来说优于 FOB，然而，CIF 术语也存在许多方面的弊端。伴随着集装箱运输和国际多式联运业务的开展，CIP 贸易术语较 CIF 有很多优势。

美国某贸易公司（以下简称进口方）与我国某内陆进出口公司（以下简称出口方）签订合同购买一批日用瓷器，价格条件为 CIF，支付条件为不可撤销的跟单信用证，信用证中规定出口方需要提供清洁已装船提单等有效单证。出口方随后与某运输公司（以下简称承运人）签订运输合同。出口方将货物备妥，装上承运人派来的货车。途中由于驾驶员的过失发生了车祸，耽误了时间，错过了信用证规定的装船日期。最终出口方做出让步，受震荡的两箱降价 2.5%，其余降价 1.5%，为此受到货价、利息等有关损失共计 15 万美元。事后，出口方作为托运人又向承运人就有关损失提出索赔。对此，承运人同意承担有关仓储费用和两箱震荡货物的损失，利息损失只赔 50%，但对于货价损失不予赔偿，认为这是由于出口方单方面与进口方的协定所致，与己无关。出口方却认为货物降价及利息损失的根本原因都在于承运人的过失，坚持要求其全部赔偿。经多方协商，承运人最终赔偿各方面损失共计 5.5 万美元。出口方实际损失 9.5 万美元。

在国际贸易中，卖方在采用 CIF 贸易术语时，要承担以下风险。

1.CIF 术语要承担风险转移滞后与实际控制权转移的风险

在采用 CIF 术语签订贸易合同时，出口方同时以托运人身份与运输公司即承运人签订运输合同。在出口方向承运人交付货物，完成运输合同项下的交货义务后，并不意味着已完成了合同项下的交货义务，出口方仍要承担从交货到货物越过船舷之前的一切风险和损失。而在货物交由承运人接管后，托运人已经丧失了对货物的实际控制权。这就存在损害出口方权益的隐患，尤其是深处内陆地区的企业，从该地区经陆路运输到装运港口越过船舷，中间要经过很长时间，相应地就增大了各种风险发生的概率。当然在此期间货物如发生损失，出口方向进口方承担责任后，可依据运输合同再向承运人索赔，挽回损失。但是对于涉及有关诉讼的费用、损失责任承担费用很可能无法达成协议，再加上时间耗费，出口方很可能得不偿失。

2.无法尽快交单结汇，延长收款时间

根据 2020 年《国际贸易术语解释通则》的规定，CIF 条件下出口方应准备可转让提单、不可转让海运单或内河运输单据以交单付款，这与其仅适合于水上运输方式相对应。尤其是对于沿海地区企业非常便利，不会影响结汇。但如果是深处内陆地区企业，往往是出口方先进行内陆短途运输，这时卖方因货物未装船而无法拿到提单、办理交单结汇之事，只有当货物运到装运港装运之后出口方才能拿到提单，然后结汇。可见，这种对单据的限制会直接影响到卖方向银行交单结汇的时间，从而影响出口方的资金周转，增加出口费用。

3.内陆地区采用 CIF 术语还有一笔额外的运输成本

在 CIF 价格中包括的运费为从装运港到目的港这一段的运费。但从内陆地区到装运港装运之前还有一部分运输成本。例如，我国甘肃、青海、新疆等偏远的内陆地区到我国东部装运港之前的费用一般要占到货价的一定比例，这无疑增加了卖方成本，削弱了出口企业的出口竞争力。

（二）CIF 术语下的风险对策

CIF 贸易术语是指在装运港当货物越过船舷时，卖方即完成交货。但是，在 CIF 条件下，卖方还必须办理买方货物在运输途中灭失或损坏风险的海运保险。应注意，CIF 术语只要求卖方投保最低限度的保险险别。如买方需要更高的保险险别，则需要与卖方明确地达成协议，或者自行做出额外的保险安排。

按 2010 年《国际贸易术语解释通则》的规定，CIF 术语只能适用于海运和内河航运。如要求卖方先将货物交到港口货站，以及使用滚装 / 滚卸或集装箱运输时，则使用 CIP 术语更为适宜。

在我国出口贸易中，按 CIF 条件成交的较为普遍，为了正确运用 CIF 术语，应特别注意下列事项。

1. 必须正确理解和处理风险与保险的关系

风险和保险是既有联系又有区别的两个不同概念。在 CIF 条件下，如上所述，买方应承担货物在运输途中的风险，买方为了转嫁风险，本应向保险公司办理保险。但买方为了省事，在洽谈交易时，要求卖方代办保险，并商定保险费计入货价中。由于 CIF 货价中包括保险费，所以卖方必须按约定条件自费办理保险，卖方为买方利益所进行的这种保险，纯属代办性质，如果事后发生承保损失，由买方凭卖方提交的保险单直接向保险公司索赔，能否索赔到手，卖方概不负责。

2. 必须明确大宗商品交易下的卸货费由何方负责

在国际贸易中，大宗商品通常洽租不定期船运输，大多数情况下，船公司承运大宗货物，一般是不负担装卸费的。因此，在 CIF 条件下，买卖双方容易在卸货费由哪方负责的问题上引起争议，为了明确责任，买卖双方应在合同中就卸货费由谁负担做出明确具体的规定。

当买方不愿负担卸货费时，在商订合同时，可要求在 CIF 后加列 Liner Terms（班轮条件）、Landed（卸到岸上）或 Under Ship's Tackle（船舶吊钩下交货）字样。

当卖方不愿负担卸货时，在商订合同时，可要求在 CIF 后加列 Ex Ship's Hold（舱底交货）字样。

> **小提示**
>
> 上述 **CIF** 后加列各种附加条件，如同 **CFR** 后列各种条件一样，只是为了明确卸货费由谁承担，它并不影响交货地点和风险转移的界线。

3. 必须做好单证工作

从交货方式来看，CIF 是一种典型的象征性交货（symbolic delivery），是指卖方只要按期在约定地点完成装运，并向买方提交合同规定的包括物权凭证在内的有关单证，就算完成了交货义务，而无需保证到货。在象征性交货方式下，卖方是凭单交货，买方是凭单付款，只要卖方按时向买方提交了符合合同规定的全套单据，即使货物在运输途中损坏或灭失，买方也必须履行付款义务，然后凭所取得的有关单据向船方或保险公司提出索赔，追回损失。反之，如果卖方提交的单据不符合要求，即使货物完好无损地运达目的地，买方仍有权拒付货款，CIF 交易实际上是一种单据买卖。因此，装运单据在 CIF 交易中具有特别重要的意义，出口企业在实际外贸工作中，应做好单证工作。

> **小提示**
>
> 必须指出，按 **CIF** 术语成交，卖方履行其交单义务，只是得到买方付款的前提条件，除此之外，卖方还必须履行交货义务。如果卖方提交的货物不符合要求，买方即使已经付款，仍然可以根据合同的规定向卖方提出索赔。

4. 建议采用 CIP 术语

为了克服 CIF 贸易术语的弊端，建议采用 CIP 术语。此贸易术语是指卖方负责订立运输契约并支付将货物运达指定目的地的运费，办理保险支付保费。卖方在合同规定的装运期内将货物交给承运人的处置之下，并办理出口通关手续，即完成交货义务。CIP 贸易术语适用于各种运输方式，包括多式联运。采取 CIP 术语有如下优势，如图 2-26 所示。

| 优势一 | 卖方的风险可以及早转移 |

CIP 是为满足国际集装箱多式联运而制定的，买卖双方的风险转移界限以货交承运人来确定。出口方的责任到货交第一承运人处置时止，出口方将货物安全移交承运人即完成自己的销售合同和运输合同项下的交货义务，此后发生的一切损失均与出口方无关。即 CIP 术语下，出口方风险转移界限和对货物实际控制权转移界限一致

| 优势二 | 有利于卖方及早办理交单结汇 |

使用 CIP 术语有利于内陆出口业务在当地交单结汇。CIP 涉及的运输单据种类要多于 CIF 术语涉及的，因具体运输方式不同，可以使用陆运运单、空运运单、铁路运单、多式联运单据。承运人签发后，出口方即可具以结汇，缩短了结汇和退税时间，提高企业资金周转速度

| 优势三 | 运输方式更灵活 |

例如，出口到美国或欧洲地区的商品，可采用海陆联运或陆海空等各种不同方式的选择和组合。出口公司可在具体每一笔业务时，综合考虑地理位置和出口国别，选择最适合和有利的运输方式和相应术语

图 2-26 采取 CIP 术语的优势

另外，迅速发展的集装箱运输方式也为内陆地区使用 CIP 术语提供了便利条件。目前，我国许多沿海港口城市，如青岛、连云港都在争取"把口岸搬到内地"，发展内陆地区对沿海陆运口岸的集装箱直通式运输，这将会减少货物装卸、倒运、仓储的时间，降低运输损耗和贸易成本，缩短报关、结汇时间。

但目前关于多式联运方式的保险条款尚未开发出台，仍然使用原有的海上货物保险及海上平安险等险别，其实这些险别不适合当今的多式联运运输方式，这也是 CIP 贸易术语难以推广使用的障碍之一。因此，签订 CIP 合同时，买卖双方一定要明确关于保险类别的选择以及保险区间的确定，以防事后发生贸易纠纷和不必要的损失。

三、CFR术语下的风险防范

（一）CFR术语下的风险

CFR贸易术语下卖方风险除了存在与CIF相同的问题外，主要存在于卖方的通知义务。

　　我国某纱厂与国外买家达成棉纱销售合同，以CFR报价，装货前经检验机构检验认定品质符合合同规定。纱厂按合同规定的时间装船，且货在装船当天就运往买家所在国。装船后第三天该纱厂以电子邮件方式将装船事宜通知了买家，但在船舶起航后18小时，船只遇到恶劣天气致使棉纱全部浸湿。由于买家是在装船后第三天才收到装船通知，未能及时办理运输保险手续，因此货物损失无法获得保险公司的补偿。为此买家以未及时发出装船通知为由要求中方纱厂承担赔偿责任。中方纱厂反驳认为在CFR合同中货物的风险自货物在装运港越过船舷后就已转移给买方，对此后的损失卖方不应承担任何责任。

在CFR项下卖方不但要向买方发出通知而且该通知还必须是充分的通知。所谓"充分的通知"，意指该装船通知在时间上是"毫不迟延"的；在内容上是"详尽"的，可满足买方为了在目的港收取货物而采取必要的措施的需要。如因卖方疏忽致使买方未能投保，则卖方要承担货物在运输途中的风险。本案中该纱厂没能在装船后立即向买方发出装船通知，而是在装船后三天才向买家发出通知，致使买方无法在目的港采取必要措施，该损失应该由纱厂承担。

（二）CFR术语下的风险对策

CFR国际贸易术语，是指在装运港货物越过船舷，卖方即完成交货。卖方必须支付将货物运至指定的目的港所需的运费和费用，但交货后货物灭失或损坏的风险以及由于各种事件造成的任何额外费用，即由卖方转移到买方。

CFR贸易术语需注意的问题如下。

1. 租船或订舱的责任

根据2020年《国际贸易术语解释通则》规定，CFR合同的卖方只负责按照通常条件租船或订舱，使用通常类型的海轮（或内河轮船），经惯常航线，将货物运至目的港。因此，买方一般无权提出关于限制船舶的国籍、船型、船龄或指定某班轮公司的船只等要求。但在实际业务中，若国外买方所提上述要求，卖方能够办到且不增加费用的情况下，可以考虑接受。

2. 装卸费用的负担

在班轮运输的情况下，运输费用包括装运港的装货费用和目的港的卸货费用。通常，卸货费用也由卖方负担。但是，如果采用租船方式运输，则需在合同中订明卸货费用由何方负担。相关规定可以在合同中用文字具体说明，也可采用 CFR 术语的变形来表示。CFR 术语的变形主要有以下几种，如图 2-27 所示。

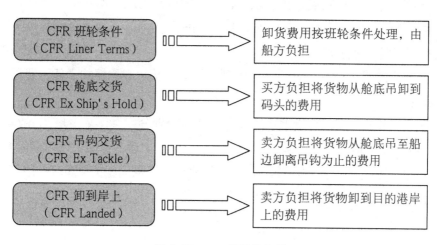

图 2-27 CFR 术语的变形

3. 关于装船通知

按 CFR 术语订立合同时，需特别注意装船通知问题。2020 年《国际贸易术语解释通则》规定，卖方须给予买方关于货物已交至船上的装船通知，以便买方为收取货物采取必要的措施，并根据买方请求提供买方为办理保险所必需的信息。据此，可以理解为，若买方不提出请求，卖方没有为对方办理保险而主动发装船通知的义务。但是，某些国家法律规定，不负责办理运输保险的卖方须及时向买方发出装船通知，以便买方办理货运保险。若卖方没有这样做，则货物在运输途中的风险应由卖方负担。因此，在 FOB 或 CFR 合同情况下，除非已确立了习惯做法，否则，双方应事先就有关装船通知问题达成约定。如未约定，也无习惯做法，买方应及时发出装船通知给卖方。

四、CIP术语下的风险防范

（一）使用 CIP 术语应注意的事项

1. 风险和保险问题

按 CIP 术语成交的合同，卖方要负责办理货运保险，并支付保险费，但货物从交货地点运往目的地的运输途中的风险由买方承担。所以卖方的投保仍属于代办性质。

根据2020年《国际贸易术语解释通则》的解释，一般情况下，卖方要按双方协商确定的险别投保，如果双方未在合同中规定应投保的险别，则由卖方按惯例投保最低的险别，保险金额一般是在合同价格的基础上加成10%，并以合同货币投保。

因此，CIP术语中买卖双方的风险与保险出现分离，是使用这一价格术语时应特别注意的问题。

2.CIP与CIF的区别

CIP与CIF有很多相同点，这表现在，它们的价格构成中都包括了通常的运费和约定的保险费，这是卖方要承担的。另外CIP和CIF合同均属于装运合同。风险转移和责任费用的转移问题都是分离的。

但CIP和CIF术语在交货地点、风险划分界限以及卖方承担的责任和费用方面又有明显的区别：

CIF适用于水上运输，交货地点在装运港，风险划分以装运港船舷为界，卖方负责租船订舱、支付从装运港到目的港的运费，并且办理水上运输保险，支付保险费。

而CIP术语则适用于各种运输方式，交货地点要根据运输方式的不同由双方约定，风险是在承运人控制货物时转移，卖方办理的保险，也不仅是水上运输险，还包括各种运输险。

（二）CIP交易风险防范策略

1.预付款保函风险的规避

对于要求预付款保函文件需作为合同预付款文件的必须资料的合同，在开具预付款保函时，应在保函文件中明确标注预付款保险的具体时间点作为预付款保函文件的失效时间，以避免由于买方延期付款而导致的预付款保函时效性的延长。若保函文件为传统的纸质文件，卖方在开具保函时可增加备注，注明纸质保函丢失的情况下，退保工作如何进行。

2.合同标的物生产风险及信用证风险防范

若CIP合同下，出口企业采用100%信用证付款方式回收货款，在无预付款保证货物生产及费用支付安全的时候，可以在合同中约定附加条款。如：在CIP合同签订后，将可推进合同顺利执行的可退还保证金加入合同条款中，且将合同生效的时间点与收到合同保证金的时间点相结合，这样既可保证卖方更好地履行合同生产义务，同时也不会对交货期产生压力。在卖方收到买方支付的合同保证金时，买卖双方签订的商务合同开始生效。同时，双方还可约定，在卖方收到买方开出的100%不可撤销即期信用证时，退还买方的保证金。采用合同保证金的方式来稳定及平衡买卖双方利益，能够更好地促进合同的后续执行，并且双方均会有更好的合作保障。买方既不会担心卖方由于资金不足而影响生产，从而延误交货时间，卖方也不会担心买方跑单。另外，由于信用证提交议付文件比较多，所有单证上目的港（目的地）的写法需额外注意，必须保持一致性。在多联式运输的国际贸易中，大多采用信用证结算方式支付货物款，单证相符也避免了进口国利用这一点进行欺诈或从中谋取利益。

3. 卖方因投保失误造成的风险防范

在 CIP 合同下，如买卖双方在合同中并未对合同货物的投保做出特殊约定，则卖方可按照最低险别来进行投保。而这里所说的最低险别，是指在运输中由于影响运输工作和货物的意外事故造成的货物灭失或损毁的保险类别。但如有除此保险之外的状况发生，买方是无法向保险公司索赔的，另外，在保险公司的选择上，也要注意保险公司口碑及信誉是否均可让买卖双方加深信任度。因此，在签订 CIP 合同时，往往卖方会主动提及将附加险考虑在合同中用以规避出险的情况。

4. 买方违约的风险规避

在国际市场发生变化或者是进口国金融环境发生改变时，买方常常会为了维护自己利益而以各种理由拒绝卖方发货，达到以"合理"理由拒绝执行合同的目的。因此，卖方在签订合同中，应特别留意一些有可能给后期合同执行造成困难的文件。同时，出口企业在签订款项支付条款时，应对合同的条款逐条审阅，在合同的收款方式上，尽量选择以银行信誉作为担保基础的结算方式，相对于企业信用而言，银行信用更加安全稳妥。同时，建立出口企业自己的客户资信和评估系统，及时更新客户的信用信息，建立动态客户库。

5.CIP 合同下，卖方需对运费上涨风险做出及时有效的防范

在买卖双方签订 CIP 合同时，卖方应根据当前的运输形式，在合理的范围内预估出运费上涨的空间；另外，在国际贸易合作中，寻找长期可靠稳定的运输伙伴，也会有降低运费的可能。

6.CIP 合同下货物到达进口国目的地的费用风险防范

在 CIP 合同下，卖方在租赁集装箱时要求船公司延长集装箱的免租期，或者在签订集装箱租赁协议时明确指出，若产生滞箱费用，给予费用的折扣优惠；或在买卖双方签署 CIP 合同时，卖方将这一费用考虑进合同金额内。

7. 汇率风险防范

对于出口企业（卖方）来说，对外贸合同结算货币的选择也需谨慎处理。当然，在国际货币市场上，国际货币的变动无法提前预知，恰当的选择合同币种会给出口企业带来不小的利益或避免不必要的损失，但当遭遇合同外币币种下滑的情况，将会对出口企业带来很大的财务压力和冲击。因此，在合同中签订固定汇率会是一个不错的办法。抑或是，买卖双方按照签署合同一年的平均汇率，或者按照往年当月的平衡汇率进行签署外贸合同，在很大程度上，也会避免外币暴跌造成的出口企业财务损失。

五、DDP术语下的风险防范

（一）DDP 于卖方（出口商）的风险

（1）相对于 FOB 离岸价而言，DDP 是一种对卖方而言风险最大的贸易条款。在 DDP 下，卖方的风险要一直持续到货物交到客户手中，其间货物出现任何差错，都得卖方买单。

（2）DDP 的卖方需要了解进口国的海关条例，比如在海关编码时的货物归类的操作弹性，需要哪些认证，进口关税是多少等。

（3）DDP 由于是卖方"大包大揽"，因而需要核算更多环节的成本构成，比如目的港海关查验货物产生的查验费，甚至超期堆存费，以及其他意外产生的费用。在给客户报价时，需要给这些必然或偶然成本预留空间。这些成本加进报价中来，或者会影响进口商下单。

（二）DDP 的卖方（出口商）如何降低风险

（1）为了降低成本，卖方（出口商）需要尽量减少中间贸易环节，并可将航运和通关等流程外包给货代，或者直接找可提供全程外贸服务的电商平台，可以提供在线进出口一条龙服务。还有就是 DDP 涉及的费用项目较多，而那些专业、规模较大的外贸综合服务提供商，有能力和经验将可避免的失误降低到一定程度。

（2）卖方（出口商）买一份运输保险，以达到风险分摊的目的，万一出现事故，可在一定程度上避免损失。

六、DPU术语下的风险防范

DPU（Delivered at Place Unloaded），指卖方在指定的目的地卸货后完成交货。在货物交给买方或其代理人处置之前，所有出口清关、运输与保险、目的港或目的地卸货手续均由卖方办理，由此产生的费用及风险也由卖方承担。2019 年国际商会对 Inconterms ®2010 进行了更新修订，在新修订的 Inconterms® 2020 中，DPU 术语代替了 DAT（Delivered at Terminal）。

（一）DPU 术语下卖方的风险

1. 运输风险

（1）运输过程及货代。在 DPU 术语下，货物风险在到达买方指定地点并卸下货物移交买方控制时才从卖方转移给买方，因此卖方需要面临整个运输过程中货物可能遇到的所有风险。尤其是当合同双方选择了具有时间长、风险大等特征的海上运输方式时，卖方要承担的运输风险会更大。在 DPU 合同中，若买方要求规定好具体明确的交货日，而不是一个交货期间时，由于运输过程中的不可预测风险，卖方因为无法按时交货而违约的可能性较大，因而会更处于被动状态。

在贸易实践中，卖方一般会委托货运代理人进行运输。此时卖方首先要面临货代的运输能力问题，例如货代能否顺利完成点到点运输中可能涉及的多种转运方式的运输，以及在进口国入境时与买方的进口清关工作的衔接，又或者是到达卸货地时的卸货问题等，这些都考验着货代的运输和协调能力，而这其中所发生的风险最终也还是需要卖方对买方负责。除此之外，对于选择货代进行代理运输，卖方还要面临货物控制权的掌握问题，因为若委托的货代信誉不佳，很有可能造成卖方钱货两空的局面。

（2）进口清关。在 DPU 项下，卖方负责出口清关，而办理进口清关则是买方的义务，所以进口清关产生的费用是由买方负责的。但货物需要办理进口清关时，即货物到达进口国关境时，一般在 DPU 合同下，此时还未到达约定的交货地点，货物运输责任仍在卖方。在这个时间节点就出现了运输责任与报关责任的交叉。对于大多数选择 D 组术语的买方来说，看中的就是 D 组术语下买方在交易中义务较少，买方不愿意或者无法承担货物运输的责任费用及风险。即便是选择了 DDP 之外的 D 组贸易术语，有些买方也可能认为其可以直接在指定目的地等待送货上门即可，由于买方对 DPU 术语的不熟悉，认为进口报关事项也是卖方的义务范围，这将会阻碍卖方运输义务的顺利履行。

2. 交货风险

（1）卸货。DPU 规定了卖方有卸货义务。当卖方将合同项下货物运到买方指定地点后，还需进行卸货交由买方控制。当卖方委托货代进行运输时，由于卸货地在进口国，卖方对于卸货事宜较难掌控。即便在交货的最后时刻，仍存在较多不可预测的风险。其中，在卸货时候，气候因素是一大潜在的不确定风险，不确定的恶劣天气，如暴雨、台风等。首先，恶劣天气可能会对交货产品造成一定程度的损坏，由于此时货物风险仍在卖方，所以买方可能拒收损坏的货物。另外，恶劣天气可能会拖延卸货时间，错过了正式交货时间，卖方因此违反 DPU 合同的按时交货义务。

（2）进口方信誉。使用 DPU 贸易术语，若双方约定的是货到付款，当进口方由于市场价格大幅度变动或自身破产等因素，不想或不能支付货款而设置各种障碍拒收货物时，卖方将很难顺利交货。DPU 贸易术语下，买方在进口国的密切配合十分重要，无论是进口清关还是在进口国国内的转运及货物配送等环节，缺少买方的配合，卖方可能面临举步维艰的处境。

当买方拒收货物，而卖方已将货物运达进口国时，这种状态下卖方就很被动。若将货物原路运回出口国，要面临支付相关运费、报关手续等问题；若将货物在进口国转售，则很大可能要降价处理，甚至不一定找得到对口的新的买方，所以这种情况下，卖方极有可能遭受较大的损失。

3. 结汇风险

（1）报价。由于 DPU 贸易术语下，卖方的责任义务较重，要进行的业务环节也很多，这期间产生的大大小小的费用卖方必须认真计算，并在最初的报价中考虑周全。若遗漏了某些费用，货物送达后卖方再针对某一项费用进行收费，可能买方会不承认，继而导致卖方的利润减少甚至亏损。除此之外，DPU 术语下的报价，不能单单计算会产生的实际费用，还应该考虑卖方在这其中承担的风险。D 组项下，卖方所承担的风险比 C 组、F 组下卖方的风险要大，根据经济原理，承担的风险越大，相应地，报价也应该较高，作为风险补偿。

另外，由于 DPU 的报价可能涉及在进口国国内的转运配送等，要考虑的费用较多较杂，而且卖方对这些在进口国内的费用可能不够了解，不能在第一时间给出相关费用，所以报价需要花费一定的时间。在收到询价后，卖方报价时间较长很有可能会流失客户。另外，由于 DPU 中涉及的因素较多，所以即便卖方给出了报价，也不一定准确。

（2）结汇迟滞。DPU 属于到货合同，若双方约定选择货到付款，当运输时间较长时将极大地影响卖方收回货款的时间，为其结汇带来迟滞影响。而资金的流动周转对一个外贸企业来说又是十分重要的经营要素。由于结汇的时间与发货时间之间有较长的间隔，国际市场上汇率等变动对卖方的影响加大，卖方要考虑的风险更多。

DPU 贸易术语下的交货方式属于实际交货，实际交货的判断标准之一就是其中涉及的单据不具备物权性质，不能用作国际贸易结算。DPU 术语中可能会涉及的单据，例如公路铁路等运输单，不能作为物权凭证，不能进行流转。因此在选用 DPU 贸易术语时，国际结算方式的选择受到了很大限制。例如在国际贸易结算中使用频率较高的信用证支付方式，银行只受理单据，其中包括提单在内的表示物权的一整套单据，所以 DPU 贸易术语的交易不符合信用证付款条件。国际结算的另一重要方式——托收，在该付款条件下仍要处理具有物权凭证的单据，因此也不适用 DPU 术语。

（二）风险防范

当出口方为了提高自身产品的竞争力，或者为了推广产品打开市场时，不得不作出一定的让步，选择 D 组贸易术语，选择货到付款等，这些都会面临各种可预测和不可预测的风险。这其中涵盖了政治风险、商业风险、自然风险等，这些风险贯穿在卖方运输、交货、结汇等过程中。卖方必须对这些可能的风险有一个全方面的了解和考虑，衡量这些风险是否在自己的可控范围内，如若无法掌控相关风险，需采取一定的应对措施。例如选择 100% 前 T/T 付款方式，先收到货款再发货，以减少自身需要承担的风险。另外，DPU 贸易术语下的买方应选择来自法律法规较为完善、基础设施相对健全的国家，这样才能为卖方送货上门提供基础保障。如若出口方完全不能把控相关风险，则应该放弃使用 D 组贸易术语，转而选择使用 C 组或 F 组贸易术语，选择象征性交货，提前转移风险。

03
第三章

国际贸易合同风险防范

【导言】
　　在国际贸易合同商谈中，合同（订单）条款的订立直接影响到买卖双方的利益。在国际贸易实务中，应尽量避免易产生纠纷的"风险条款"。制定合理的条款，最大限度地避免国际贸易风险，是签订国际贸易合同成败的关键。

第一节　国际贸易合同概述

国际贸易合同（International Trade Contract）在国内又被称为外贸合同或进出口贸易合同，即营业地处于不同国家或地区的当事人就商品买卖所发生的权利和义务关系而达成的书面协议。国际贸易合同受国家法律保护和管辖，是对签约各方都具有同等约束力的法律性文件，是解决贸易纠纷，进行调节、仲裁与诉讼的法律依据。国际贸易合同属于社会交往中比较正式的契约文体，具有准确性、直接性和法定效力性等特点。

一、《联合国国际货物销售合同公约》

《联合国国际货物销售合同公约》是由联合国国际贸易法委员会主持制定的，1980年在维也纳举行的外交会议上获得通过。公约于1988年1月1日正式生效，主要内容包括以下几个方面。

1. 基本原则

公约的基本原则为建立国际经济新秩序的原则、平等互利原则与兼顾不同社会、经济和法律制度的原则。这些基本原则是执行、解释和修订公约的依据，也是处理国际货物买卖关系和发展国际贸易关系的准绳。

2. 适用范围

（1）公约只适用于国际货物买卖合同，即营业地在不同国家的双方当事人之间所订立的货物买卖合同，但对某些货物的国际买卖不能适用该公约做了明确规定。

（2）公约适用于当事人在缔约国内有营业地的合同，但如果根据适用于"合同"的冲突规范，该"合同"应适用某一缔约国的法律，在这种情况下也应适用"销售合同公约"，而不管合同当事人在该缔约国有无营业所。对此规定，缔约国在批准或者加入时可以声明保留。

（3）双方当事人可以在合同中明确规定不适用该公约（适用范围不允许缔约国保留）。

3. 合同的订立

合同的订立包括合同的形式和发盘（要约）与接受（承诺）的法律效力。

4. 买方和卖方的权利义务

（1）卖方责任主要表现为交付货物、移交一切与货物有关的单据、移转货物的所有权三项义务。

（2）买方的责任主要表现为支付货物价款和收取货物两项义务。

（3）详细规定卖方和买方违反合同时的补救办法。

（4）规定了风险转移的几种情况。

（5）明确了根本违反合同和预期违反合同的含义以及当这种情况发生时，当事人双方所应履行的义务。

（6）对免责根据的条件做出了明确规定。

二、国际贸易合同主要形式

国际贸易合同包括国际货物买卖合同、成套设备进出口合同、包销合同、委托代理合同、寄售合同、易货贸易合同、补偿贸易合同等形式。

三、国际贸易合同的内容

一份完整的合同，其基本内容可以分为三个部分：约首、基本条款和约尾，具体的内容和作用如表 3-1 所示。

表 3-1　国际贸易合同的主要内容

合同部分	主要内容	具体说明
约首部分	合同名称	即合同的标题，一般采用销售合同或销售确认书的名称
	合同编号	（1）书面合同都应该有一个编号 （2）合同编号是开立信用证、制作单证、托运等事项必须使用到的
	签约时间	（1）签约日期一般应尽可能做到在成交的当天，即尽可能做到成交日期与签约日期相同 （2）合同中签约的时间表明，除非合同中对合同生效的时间另有不同的规定，否则应以签约的时间为合同生效的时间
	签约地点	签约地点是处理合同纠纷的司法依据，最好把签约地点写在合同里
	双方当事人的基本信息	包括双方当事人的名称、地址、营业所在地及电话、电子邮箱等
基本条款	质量条款	列明所交易商品的品名、等级、标准、规格、商标或牌号等
	数量条款	（1）规定交货的数量和使用的计量单位 （2）如果是按重量计算的产品，还要规定计算重量的方法，如毛重、净重、以毛作净、公量等
	包装条款	列明产品包装的方式、材料、包装费用和运输标志等内容
	价格条款	由单价和金额组成。其中单价包括计量单位、单位价格金额、计价货币、价格术语四项内容

续表

合同部分	主要内容	具体说明
基本条款	支付条款	对支付工具，付款的时间、地点、方式等做出明确的规定
	违约条款	（1）列明如一方违约，对方有权提出索赔 （2）列明索赔依据、索赔期限 （3）规定罚金条款
	不可抗力条款	实际上是一项免责条款，规定具体的免责情形
约尾	合同正本份数、使用文字和效力	合同一式两份，双方各执一份
	签字盖章	即双方当事人的签字

注：不同货物或项目的合同，约首、基本条款和约尾所包括内容会有不同。

合同约首实例如图 3-1、图 3-2 所示。

THIS SUBCONTRACT AGREEMENT LAEMEN-SA-SINNE-080619, is made and effective as of
04 September 2020, by and between:

合同名称，合同编号

签约时间

SINCEWINNER CORPORATION,
a Massachusetts corporation having a place of business at principal offices located at
800 Summer Street, Boston, USA (hereinafter referred to as "SWNER")

双方当事人基本信息

AND

JINWOMA INNOVATION TECHNOLOGY CO., LTD
a Delaware corporation having a place of business at 55 Broadway, New York, NY 10038
(hereinafter referred to as "the Subcontractor").

图 3-1　合同约首（1）

This " Contract Agreement" is made the 8th of July,2021, by and between:
此协议由双方于2021年07月08日签订。

Whester Transportation GmbH, a corporation organised and existing under the laws of Germany
and having its principal place of business at Schöneberger Ufer 9
35768 Berlin, Germany (hereinafter called "BT "),
韦斯特运输股份有限公司依据德国法律成立，其主要营业地位于德国柏林Schöneberger Ufer 35786（以下简称为BT），

双方当事人基本信息

AND
以及

Shenzhen Jingdun Technology Co, Ltd. a corporation organised and existing under the laws of
People's Republic of China and having its principal place of business at No. D Building 2nd Industrial Zone
Bagaling Luohu,Shenzhen Guangdong (hereinafter called the "Potential Supplier")
深圳市金盾技术有限公司，是依据中国法律成立的公司，其主要营业地位于广东省深圳市罗湖区八卦岭第二工业区
D栋（以下称为潜在供应商）

The Potential Supplier and BT shall be hereafter referred to as "the Parties".
潜在供应商以及BT以下将用"双方"指代。

图 3-2　合同约首（2）

合同基本条款实例如图 3-3 ～图 3-6 所示。

合同价格条款、付款条款

注明计价币种

> Terms of delivery: EXW (Ex Works)　.
> Terms of payment: Within 30 days Due net

Currency USD

Contract: 35278
This Purchase Order is issued subject to the Terms and Conditions issued herewith and forming part hereof, and the Purchase Contract if applicable. All Vendor documentation, including Invoices and Packing Lists must reference the Purchase Order Number shown herein above.

产品描述与注意计量单位

Item	Material	Order qty.	Description Unit	单价 Price per unit	合计金额 Total value
0001	353806E01	30.000	LENS DIFFUSER Piece	40.00	1,200.00

图 3-3　合同基本条款（1）

---

26 Shipping Packaging Requirements　　合同中关于产品包装的条款

　　a. All exposed pipe ends shall be capped.
　　b. All air intakes shall be sealed suitably for outside storage.
　　c. Electrical receptacles and wire entry holes shall be provided with waterproof caps or plugs.
　　d. Control panels shall be protected from accidental damage and sealed to prevent water entry in outside storage.
　　e. Metal parts shall be protected against corrosion.
　　f. Vibration isolation mounts (if any) shall be "blocked" during transit. Protection for shock and vibration during shipping shall be provided.
　　g. If applicable, bearings shall be protected against brinelling damage during shipment.

图 3-4　合同基本条款（2）

---

9. Ödeme şartları
9. Terms of Payment　　合同的付款条款

a-Yüklenici tarafından İşverene kesilen faturalar aşağıda belirtilen adrese kesilmelidir:
a-The invoices made out to the Employer should be sent to the address specified below:

Perayka Elektronik Sanayi ve Ticaret A.Ş.
Aydınlı Mahallesi Patlayıcı Maddeler Yolu Caddesi
Beyoğlu Sanayi Sitesi C Blok No:17
Tuzla / İstanbul

b- İşveren fatura ödemesini, ürün alındı teyidi ve tutar doğruluğu teyidi sonrası ayın son gününden sonraki en geç 60 takvim günü içerisinde her seferinde ayın son iş gününe kadar öder. Fatura içerisinde tüm teste hazır hizmetler ve parça/hizmet listesi, özellikle de liste ve teslim tutanakları bulunmalıdır.

b-The Employer pays the invoice issued on the last business day of the month each time within 60 calendar days from the receipt of the invoice, the receipt of the products and the receipt of the amount of the invoice provided that the invoice is issued correctly. In the invoice, there should be all services ready for test and the list of the parts/services and especially the reports of the lists and the deliveries.

图 3-5　合同基本条款（3）

8.　| **APPLICABLE LAW AND ARBITRATION**
使用法律及仲裁 |　合同中关于法律与仲裁的条款

8.1　This Agreement shall be constructed and governed by the laws of China.
8.1　此协议应在中国法律下构建并受其支配。

8.2　All disputes arising out of or in connection with this Agreement and which the Parties hereto are unable to settle amicably shall be finally settled by arbitration in accordance with the Rules of Arbitration of the International Chamber of Commerce, by three arbitrators designated according to the same Rules.
8.2　所有因此协议引起的或与此协议相关的，并且双方不能友好解决的纷争都应交由国际商会按照仲裁法，由三位指定仲裁员最终解决。

8.3　The arbitration shall take place in Hongkong and the hearings shall be held in English.
8.3　仲裁应在香港举行，听证会应使用英语。

8.4　The award shall be final and binding on the Parties who undertake to carry it out immediately without raising any condition, exception or objection.
8.4　此为最终判定并且对双方具有约束力，双方应保证立即执行判定并对此没有任何异议及反对。

图 3-6　合同基本条款（4）

合同中不可抗力条款如下。

Force Majeure

不可抗力　Any of the following events (provided such events are beyond the control of the Contractor and are not due to an act or omission of the Contractor), which materially and adversely affect the Contractor's obligations hereunder and which event (or the effects of which event) could not have been avoided by due diligence and use of reasonable efforts by the Contractor:

以下任何事件（如果此类事件不在承包商的控制范围内，并不是承包商的行为或不作为），这对承包商在本协议项下的义务产生实质和不利的影响，而且这些事件（或事件的影响）不能通过尽职调查和承包商的合理努力来避免：

(a) Any earthquake exceeding 5.5 on the Richter scale epicentered within 25 miles of the specific location of damage on the Project, any earthquake exceeding 6.0 on the Richter scale epicentered within 50 miles from the specific location of damage on the Project, and any earthquake exceeding 6.5 on the Richter scale epicentered within 75 miles from the specific location of damage on the Project, based on the final determination regarding the location and magnitude of the earthquake published by the National Earthquake Information Center in Golden, Colorado;

根据关于科罗拉多州金山国家地震信息中心发布的地震位置和大小的最终决定，任何超过 5.5 级的地震且震中心距项目损坏特定地点在 25 英里以内；任何超过 6.0 级的地震且震中心距项目损坏特定地点在 50 英里以内；任何超过 6.5 级的地震且震中心距项目损坏特定地点在 75 英里以内。

(b) Any epidemic, quarantine restrictions, blockade, rebellion, war, riot, civil disorder, act of a public enemy, or act of sabotage, or any malicious or other acts intended to cause loss or damage;

任何传染性疾病、隔离限制、封锁、叛乱、战争、暴动、民事混乱、公敌犯乱、破坏活动或恶意行为或其他故意造成损失和毁坏的行为；

(c)The discovery at, near or on the Project of any archaeological, paleontological or cultural resources or Hazardous Substances; provided that the existence of such resources or substances were not disclosed in the Contract Documents, were not otherwise known to the Contractor prior to the bid opening date and would not have become known to the Contractor by undertaking reasonable investigation prior to the bid opening date, and excluding any risks of delays arising from such discovery allocated to the Contractor under this Contract;

在项目里或附近发现任何考古、古生物或文化资源或有害物质；但是如果合同文件中没有披露这些资源或物质的存在，承包商在开标日期之前并不知道这些资源或物质的存在，并且在开标日期之前不对承包商进行合理的调查，并排除根据本合同分配给承包商的发现的延误风险；

(d)The discovery at, near or on the Project of any species listed as threatened or endangered under the Federal or California Endangered Species Act, except to the extent that the environmental documents related to the Project provide for mitigation measures to be undertaken with respect thereto regardless of whether the species is listed as threatened or endangered as of the bid opening date, and also subject to any risk allocation provisions which may be contained in this Contract;

根据《联邦或加利福尼亚州濒危物种法》，在项目里或附近发现的任何被列为受到威胁或濒危的物种，除非与该项目有关的环境文件规定了对相关的缓解措施的规定，无论该物种是否在开标日期列为受威胁或濒危物种，并且还受本合同中可能包含的任何风险分配条款的约束；

(e)The suspension, termination, interruption, denial or failure to obtain, non-renewal or amendment, by a Governmental Entity, of any permit or approval required to be obtained and maintained in force by LACMTA;

政府实体暂停、终止、中断、拒绝或没有获得、未更新或修订任何由 LACMTA 要求获得和维护的许可和批准；

(f)Any change in a Law or change in the judicial or administrative interpretation of, or adoption of any new Law which is materially inconsistent with Laws in effect on the bid opening date (subject to the exclusions set forthbelow);

任何法律的更正，或司法或行政解释的变更，或在投标开始之日生效的事实上与法律不一致的新法律的采用（基于下列的除外条款）；

(g)Any lawsuit seeking to restrain,enjoin,challenge or delay construction of the Project or the granting or renewal of any governmental approval of the Project, except to the extent that the risk of such lawsuit has been assumed by the Contractor in this Contract;

任何寻求约束、命令、挑战或延迟工程建设或同意或更新任何政府对本工程的批准的任何诉讼案件，除了在某种程度上，这类诉讼案件的风险已经被本合同中的承包商预测到了；

(h)Any fire or other physical destruction or damage, including lighting, explosion, drought, rain, flood, hurricane, storm or action of the elements or other acts of God; or_____

任何火灾或其他物理灾难或损失，包括照明、爆炸、旱灾、雨水、洪灾、暴风、暴风雨或_____

(i)Strike, labor dispute, freight embargos, work slowdown, work stoppage, secondary boycott, walkout or other similar occurrence.

罢工、劳工冲突、禁运、怠工、停工斗争、次级抵制运动、罢工或其他类似行为的发生。

合同约尾实例如图 3-7 ~ 图 3-9 所示。

12.3. Language 合同关于语言的要求

Sözleşme Türkçe ve İngilizce yazılmıştır. İki dil arasında herhangi bir uyuşmazlık halinde, Türkçe metin esas alınacaktır.

The contract is written in Turkish and English. In case of any discrepancies between the two language versions, Turkish version shall prevail.

本合同是用土耳其语和英语写成的。如果两种语言版本之间有任何差异，以土耳其语版本为准。

图 3-7 合同约尾（1）

12.10. Notifications
通知

The addresses of the Parties specified at the beginning of this agreement shall be deemed to be the legal addresses of the Parties for any kind of communications, notices, warning letters and notifications etc. The Parties shall inform the other Party of any change in its address via a notary public within 5 (five) business days at the latest. Otherwise, the Parties agree and undertake that any and all communications, notices, warning letters and notifications etc. to be sent to the addresses specified in this agreement will have all legal consequences of a valid notification.

本协议的上地址为双方合法地址，用于通信、通知、书信等。若地址有变，需要提前5个工作日内通知对方。否则要对通信、通知、书信等自行负责法律后果。

This Contract shall be signed in two copies and the stamp tax arising out of signing the Contract shall be paid by both parties for their copy.

本合同一式两份，双方盖章、签字生效　　　　　　　合同一式两份

图 3-8　合同约尾（2）

And in witness whereof, the Parties hereto have signed this Agreement in two (2) counterparts by means of their duly authorized representatives, in the place and on the date first indicated above.

特此证明，双方已由其正式授权的代表在上述地点和日期签署本协议，一式两份。

合同一式两份，
双方当事人签名

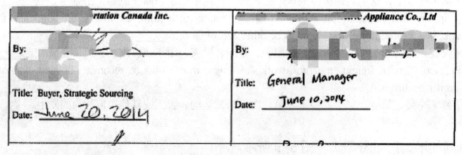

图 3-9　合同约尾（3）

四、签订国际贸易合同时应该注意的合同条款

签订国际贸易合同时应该注意的合同条款如表 3-2 所示。

表 3-2　签订国际贸易合同时应该注意的合同条款

序号	条款	具体说明
1	违约金条款	违约金条款一般应注意三个问题：第一，不要遗漏；第二，内容要全面；第三，幅度不要太高，因为太高会导致条款无效，等于让裁判庭自己决定
2	商检条款	商检证书是买卖双方结算、计算关税、判断是非办理索赔的依据。合同应对检验标准、检验期限、凭封单检验还是凭现状检验，以及对标的物质量和数量提出异议和答复的期限做出明确规定，以免进口商拖延不决
3	不可抗力条款	最好在国际合同中尽量列举不可抗力的具体范围、证明条件、通知期限，这可以避免进口商找借口不付款
4	争议解决方式条款	由于国外执行难等许多原因，最好约定仲裁条款。条款表述要规范，不能模棱两可，以免造成麻烦。如"凡因本合同所发生的一切争议，均提交中国国际经济贸易仲裁委员会按照其规则裁决。一裁终局，裁决对双方具有法律约束力"
5	法律适用条款	对我国不熟悉国际条约和外国法律的人士来说，应尽量争取适用中国法律解决争议
6	合同文字及其效力条款	合同最好约定以哪种文字为准，尤其是买卖设备等内容复杂的合同。合同还可以约定合同生效的条件，如交付定金后生效等有利条款

第二节　国际贸易合同常见风险

一、国际贸易买卖合同主体欺诈

国际贸易买卖合同主体欺诈是指合同一方不具有订立合同的主体资格，而采取伪造、假冒他人名义或虚构假合同主体的国际贸易合同欺诈行为。例如，以未经注册或根本不存在的公司名义对外订立合同，伪造假证明文件，骗取对方的信任，使其与之签订欺诈性的合同。

二、合同品质条款的欺诈风险

品质条款是合同中的一项基本条款，也是最容易引发争议和欺诈的条款。

国际贸易买卖合同质量条款欺诈，是指欺诈方在合同标的物的质量条款方面做虚假陈述，或者隐瞒标的物的质量问题，使被欺诈方基于错误认识而与之订立合同的欺诈行为。例如，欺诈方在签订合同时谎称自己的产品为名牌产品或专利产品，以推销自己的假冒伪劣产品；或是在签订合同时欺诈方出示真实样品，使对方信任而签订合同，履行时却以伪劣产品替代。

我国 A 公司同他国 B 公司签订合同，出口一批童装。洽谈中，B 公司看过 A 公司提供的样品，同意以此作为交货的品质标准。而出口合同的品质说明中只简单写明了规格、质料、颜色。商检条款为"货到港 30 天后外商有复检权"。货到他国后买家提出"颜色不正、缝制工艺粗糙"，并且提交了当地一家检验机构的检验证书作为依据要求退货和赔偿。A 公司解释货物是凭样品成交，样品经 B 公司确认过。B 公司指出合同中并没有写明"凭样品成交"字样，也没有写明样品编号；况且 A 公司没有封存样品作为证物。A 公司解释纺织品按常识会存在色差问题。B 公司回应合同的品质说明中没有注明所交货物会有色差。A 公司又表示不接受 B 公司的检验证书，认为 B 公司所找的检验机构不具权威性，没有征得 A 公司的同意。B 公司辩解合同上只承诺 B 公司有复检权，并没有指明检验机构的名称或者必须经由 A 公司同意。A 公司意识到即使提交仲裁机构，自己也无法提供有力证据，所以只好在价格上答应 B 公司做出的降价要求，才使争议得以解决。

案例中 A 公司最后之所以接受 B 公司的无理降价要求，就是因为 A 公司没有明确界定品质条款，服装类的产品要用简单的语言来描述是很容易引起歧义并被对方抓住把柄的，既然双方已经就样品达成一致并且按样生产，那么 A 公司就应该在品质条款中注明"交货品质同编号 ×× 样品"，"允许 ×× 色差"。

三、凭样品成交存在的合同风险

在国际交易中，表示合同货物品质的方法大致可分为凭样表示与凭文字说明表示。对于一些难以用文字描述其品质的出口产品（如工艺品、服装、铸铁件等产品）通常采用凭样品来表示其品质，即买卖双方约定以样品作为交货品质的依据。具体又可按其性质分为凭卖方样品买卖（Sales by Seller's Sample）和凭买方样品买卖（Sales by Buyer's Sample）两种方法。凭样品买卖的合同看似简单，但在实际履约过程中却经常出现复杂的问题。在贸易实践中，因样品问题产生纠纷的合同并不少见，所以说，凭样品成交的合同可能存在诸多方面的潜在风险。

（一）凭卖方样品买卖的潜在风险

凭卖方样品买卖时，卖方所提交的样品应该具有代表性。对于"代表性"的理解通常存在着误区。卖方为了能使买方确认所提交的样品，往往倾向于选择货物中较好的产品作为样品寄出。这样，就很可能给以后的纠纷设下障碍。日后大批量交货时，很可能因批量生产达不到样品的品质水平而遭买方索赔。虽然合同签订了，但是如果不能顺利履约，卖方还是不能收汇，有时还要承担违约责任；但如果卖方过于担心被索赔，提交的样品品质过低，又有可能不符合买方的要求，难以达成合同，即使达成合同，价格也会被买方压得过低。因此，把握样品的代表性应该是挑选中等品质的货物作为样品。为防止上述情况的出现，可以采取规定弹性条款的办法，比如在合同的品质条款中表明"品质与样品大致相同（Quality to be About Equal to the Sample）"或"品质与样品近似（Quality to be Similar to the Sample）"的字样，以防止因样品与实际交货的差距过大而引起纠纷。

（二）凭买方样品买卖的潜在风险

凭买方样品买卖与凭卖方样品买卖，虽然均为合同的一方首先提交样品，由合同的另一方来进行确认，但在性质上两者是不同的。前者称作"来样成交"或"来样制作"，以这种方法成交的合同对卖方来说要求较高，甚至可能存在着潜在风险。卖方在确认买方提交的样品之前，要充分考虑生产此种样品所需要的设备、原料、生产技术与生产时间。如考虑不周，就有可能给日后的交货造成困难，甚至出现违约的情况。

因为是以买方提交的样品作为最后的交货依据，买方很可能在样品中设计出卖方不易察觉或不易仿制的地方。由于国际贸易大多是远期交割，签约与交货的时间大约相隔一个月之久，在此期间，一旦市场价格发生变化，买方就会恶意索赔，借交货与样品不符为由向卖方提出索赔要求。例如，凭买方样品制作的服装，样品中在针脚或纽扣钉法等细小地方，做出与通常的服装要求不同的设计，待卖方交货时，市场价格下跌，买方就会以实际交货与样品不符为由拒付货款，甚至提出索赔。为避免这种情况的出现，卖方通常都是在收到买方样品以后，根据买方的来样，复制或选择样品寄交买方。这一样品被称作对等样品。如果买方确认了这一样品，就等于把"凭买方样品买卖"转换成了"凭卖方样品买卖"。这样，卖方就具有了较大的主动权。

凭样品买卖时，合同中的品质条款应该注明以样品作为交货依据。如果是凭文字说明的某种方法表示品质，就应该注明所寄交的样品仅供参考。否则，买方根据有关国际贸易惯例，有理由认为合同品质既符合品质条款中的文字说明，同时又与样品一致。这无形中等于给卖方设下了双重限制。

我国某公司向他国某公司出口大豆，合同中的品质条款列明："水分14%以下，杂质2.5%以下"。在成交前我方曾向买方寄过样品，合同达成后，我方又电告买方成交货物与样品相似。但买方收到货物后即向卖方提出索赔，理由是所交货物与样品不符，并出示相应的检验证书，向我方索赔15 000多美元的赔偿金额。

根据英国《1893年货物买卖法案》中第15条第1款规定："在一项契约中，如有条款明示或默示地说明是凭样品买卖时，该契约即为凭样品买卖契约"。该法案第13条第1款又规定："如买卖契约中规定为凭说明书买卖时，应含有一默示要件，即货物应与说明书相符；如兼用凭样品买卖和凭说明书买卖时，所交货物只与样品相符是不够的，还必须与说明书相符"。以上案例中的关键问题是在合同中对品质条款订有文字说明的具体规定，并非凭样品买卖合同，但卖方并未声明样品系参考样品。合同签订后，卖方又电告买方货物与样品相似，这就使买方有理由认为此合同既是凭文字说明买卖，又是凭样品买卖。所以买方就会以两个标准要求，同时进行检验，一旦发生任何不符，买方就会提出索赔。实际上，这等于是卖方自己授人以柄。

（三）凭样品成交存在的问题

凭样品成交合同可能存在的问题是买方带来的。凭样品成交的合同产品大多是难以用标准、规格进行衡量的产品，在大多数情况下，买方在装船前应有对货物品质进行合理检验的机会。这样，买方就会借此在信用证中设下软条款的障碍，以备在形势对自身不利的情况下，造成一种合法的拒付理由。

信用证中的软条款又称"陷阱条款"，是买方（即信用证的申请人）在开立信用证时故意设下的一个陷阱。在此条款的保护下，信用证的开证申请人就控制了整笔交易，而信用证的受益人（卖方）则处于受制于人的被动地位。交货时，如果市场不利于买方，买方就会利用信用证中的软条款拒绝签发检验证书，甚至找借口不来出口地进行检验。卖方因拿不到检验证书，也就不能到银行议付，信用证的开证行也就无法兑现它的付款责任。

>········ **实例** ········>

我方某工贸进出口公司与国外一商人洽谈铜搭扣的来样订货业务。按双方达成的合同规定，按来样成交确定合同品质，卖方试制的对等样品经买方确认后，作为交货品质依据。卖方认为自己的工厂颇具规模，有多年的翻砂、铸造、冷轧经验，生产加工铜搭扣这类小商品没有问题。但在试制过程中，买方对寄去的对等样品一再认为不符合要求，不予确认。当卖方经过多次试制将对等样品按来样加工就绪，请买方派员前来验收时，得到的答复却是"检验员在国外，不能来华"。此时卖方才发现买方开来的信用证中的软条款"付款时须提供由开证申请人授权的指定代理人在装运前签发的检验证书"，没有信用证中规定的检验证书，卖方就无法向银行交单议付。诸如此类的信用证软条款，在凭样品成交的合同中屡屡出现。

四、合同违约金条款的欺诈风险

违约金是双方当事人在合同中约定或根据有关法律规定，一方违约时应支付给对方一定数额的违约金。在发生违约时，该条款是保证索赔顺利进行的有效手段，也是对违约方承担责任的限制。利用违约金条款进行欺诈的方式一般比较巧妙，表面看起来欺诈方毫无不法行为，一切都只是按合同规定行事。而实际上，欺诈方总在订约时充分了解了对方的实际履行能力，然后利用对方急于成交的心理，与之订立超出对方实际履行能力的大宗贸易合同，合同价值巨大，履约期限又短得足以让对方无论如何也无法履约义务，同时又订有可观的违约金额。这样一来，一旦对方无法履约，设套的人便可理直气壮地适用违约金条款而凭空取得好处。

中国某进出口公司与国外一家公司签订了1亿条沙包袋出口合同，交货期限为合同成立后的3个月内，价格条款为1美元 CIF（目的港），违约金条款为："如合同一方在合同履行期内未能履行合同规定的义务，则必须向另一方支付合同总价 3.5% 的违约金"。中方公司由于急于扩大出口，只看到合同利润优惠，在未实际估计自己是否有能力履行合同的情况下便与外商签订了合同。而实际上中方公司并无在3个月内加工1亿条该类沙包袋的能力。合同期满，能够向外方交付的沙包袋数量距1亿条相差很远。中方无奈，只有将已有的沙包袋向外方交付并与之交涉合同延期，外方态度强硬，以数量不符合同规定拒收，并以中方公司违约而要求支付违约金。双方协商未果，最后中方某进出口公司只得向对方支付违约金300多万美元，损失巨大。

外贸企业在与外商签订合同时，一定要正确认识自己的生产能力、交货时间，不打无把握之仗，尤其是涉及违约金问题时，更要慎重再慎重。还需要注意的是，由于各国法院对违约金性质的不同认定，当事人在合同中约定违约金条款所产生的法律后果就会因适用不同国家的法律而有所不同。

五、国际贸易买卖合同价格条款欺诈

国际贸易买卖合同价格条款欺诈是指欺诈方在合同标的物的价格条款方面做虚假陈述，使被欺诈方陷于错误认知而与之签订合同的欺诈行为。具体情形如下。

（1）欺诈方虚假降价，谎称降价而实际上并未降价，有时甚至比原价还高。

（2）在订立合同时故意使用模糊的语言、文字或计量单位来规定合同的价款。

六、国际贸易买卖合同标识条款欺诈

国际贸易买卖合同标识条款欺诈是指欺诈方当事人在合同的标识条款方面做虚假的陈述或隐瞒事实真相，使被欺诈方产生错误的认知而与之订立合同，具体情形如下。

（1）欺诈方在产品的包装上印制假标志、假时间，使被欺诈方相信为合格产品，以推销自己的假冒伪劣或过期的产品。

（2）欺诈方伪造他人的注册商标或其他商品标识包装自己的伪劣产品，骗取被欺诈方与之签订合同。

七、骗取货物的欺诈行为

这种欺诈行为在买卖合同中发生较多，其特征如下。

（1）欺诈方大都隐瞒自己的真实身份，有的欺诈方伪造证件、空白合同书与对方订立合同。

（2）履行方式是先提货、后付款。

（3）被欺诈方一般因库存产品积压、市场疲软，急于推销自己的产品而与之订立合同。

八、骗取货款的欺诈行为

骗取货款的欺诈行为是指欺诈方利用伪造提货单或假批文，或故意让被欺诈方看不属于自己的货物等手段，使被欺诈方信以为真而与之订立合同并付款。

九、骗取预付款或定金的欺诈行为

骗取预付款或定金的欺诈行为又分为两种情况：一种情况是欺诈方在骗取对方的预付款或定金后逃之夭夭；另一种情况是欺诈方先骗取预付款或定金，然后继续骗取货款。

第三节　国际贸易合同风险的防范措施

一、做好调查工作

在订立国际贸易买卖合同前，为了更好地防范合同欺诈，应当进行相应的准备工作。

一是要做好市场商情调查,二是要对交易对方的主体资格和履约能力进行认真严格的审查。

与国内买卖合同一样,签订一项国际贸易买卖合同也存在市场行情调查问题。如买卖合同货物的价格、产品优劣等,都须当事人提前进行市场调查,实时了解国际市场行情的变化,从中选择和确定适合自己需要的物资和价格,以保证实现订立合同所期望的目标。

为防止国际贸易合同欺诈的发生,在进行成熟的市场商情调查后,还要选择好合同对象。这样,才能从根本上把握住合同的履行,避免合同欺诈的发生。根据《中华人民共和国民法典》(以下简称《民法典》)的规定,民事法律行为必须符合三项有效要件,即行为人有民事行为能力、意思表示真实、不违反法律和社会公共利益。

因此,合同作为一种民事法律行为,也必须符合上述条件。首先行为人要有民事行为能力,即要有签订国际贸易买卖合同的主体资格。不合格的合同当事人所签合同是无效的。如果对方是自然人,要审查其民事权利能力和民事行为能力。如果对方是法人,其审查相对于自然人就要复杂一点,主要应审查以下几个方面,如图 3-10 所示。

要点一	看对方是否属于按其国家法律规定,依照法定的审批程序成立的法人组织

应对合同对方当事人的组织结构、章程、注册资金、法定代表人、营业执照、营业范围等情况进行审查了解。对营业执照进行审查时,要注意审查其合法性、时效性

要点二	看对方签约人员是否为法定代表人或法定代表人所授权委托的委托代理人

(1)法定代表人应出示其身份证明,如法人代表证明书等
(2)委托代理人应出示法人授权委托书以及委托代理人本人的身份证明
(3)对于委托代理人签订合同的,要审查其授权委托书中授权的内容与代理人订立合同的活动是否相一致,授权委托书的有效期限是否和订立合同的时间相符

图 3-10　合同当事人的审查要点

二、根据产品特点选择合适的品质表示方法

不同种类的商品有不同表示质量的方法。现将几种主要表示质量的方法及订立时应注意的事项简述如下。

(一)凭样品买卖

凡以样品作为交接货物的依据者,就称为"凭样品买卖"。在此种情况下,通常是由卖方提交样品,送买方确认后成交;或由买方提交样品,要求卖方据此加工或生产。

1. 样品的份数

样品一般分为三份，买卖双方各执一份，另一份送呈合同规定的商检机构或其他公证机构保存，以备买卖双方发生争议时作为核对质量之用。

2. 订约注意事项

在凭样品的买卖中，交货的质量必须与样品相符，这是卖方的一项法定义务。若在合同中对质量既有文字规定，又写明"凭样品"，那么交货的质量则不仅要符合文字说明，还须符合样品。如果合同中规定样品仅供参考的话，只要交货的质量符合了文字说明，又基本与样品符合了，就表明卖方履行了交货质量的义务。但严格来说，后一种并非"凭样品买卖"的合同。

在凭样品的买卖中，卖方为了防止交货的质量不能完全与样品相符而招致严重的法律后果，应在合同中力争加注"质量与货样大致相同"的字样，以此减轻自己的责任。

（二）凭规格、等级或标准

1. 商品的规格

商品的规格是指用来反映商品质量的一些主要指标，如成分、含量、纯度、性能、长短、粗细等。

在制定质量规格时，不但要明确、具体，而且还要切合实际和具有必要的灵活性。因此在拟订质量条款时可考虑采用表3-3中的方法。

表3-3 拟订质量条款的方法

方法	描述	举例
规定极限	对商品的品质规格，规定上下、高低或大小极限	黑芝麻：含油量（最低）42%，水分（最高）8%，杂质（最高）1%
规定上下差异	卖方的交货品质可在规定的差异范围内波动	中国灰鸭绒：含绒量90%，允许1%上下浮动
规定范围	对某些商品的品质指标规定允许有一定的差异范围	白漂布：30支×36支，35／36×42码。这里的35／36，就是指布的幅阔只要在35～36英寸，都是合格的
其他	对有些农副土特产品，由于对其品质规格难以定出统一的标准，在进行交易时可按"良好平均品质"条件来确定其品质	"良好平均品质"主要是指装运地在一定时期内出口该种商品的平均品质水平，或指合同约定的生产年份的中等货

2. 商品的等级

商品的等级是指同一类商品，按其规格上的差异，分为质量各不相同的若干级别，如大、中、小；重、中、轻；一、二、三；甲、乙、丙级等。

3. 商品的标准

商品的标准是由国家政府机关或商业团体统一制定的用来进行商品质量鉴定的文件。但世界各国制定的质量标准是不统一的，因而在以标准成交时，必须在合同中明确规定以哪国的标准为依据，以及该项标准的出版年代和版本，以免产生歧义。

（三）凭牌号或商标

对于某些质量稳定且树立了良好信誉的商品，交易时可采用牌号或商标来表示其质量。这在工业制成品和部分小包装农副产品的交易中使用十分广泛。

（四）凭说明书

由于大型的成套设备和精密仪器的构造和性能较复杂，无法用几个指标或标准来反映其质量全貌，所以必须依据详细的说明书具体说明其构造、性能、原材料和使用方法等，必要时还须辅以图样、照片来说明。

对于复杂的机电仪器产品，除订有质量条款以外，还须订有质量保证条款和技术服务条款，明确规定卖方须在一定期限内保证其所出售的机器设备质量良好，符合说明书上所规定的指标以及售后服务项目和范围，否则买方有权请求赔偿。

（五）按现状条件

即按商品成交时的状态交货。在此种买卖中，卖方对货物的质量不负责任，只要货物符合合同所规定的名称，不管其质量如何，买方均须接收货物。采用此种交货的方法，多用于拍卖合同。

三、数量条款的订立

在订定数量条款时，应着重注意以下事项。

（一）考虑商品的计量单位和计量方法

由于商品的品种、性质不同以及各国度量衡制度不同，它们所采取的计量单位和计量方法往往也不同。例如，粮食、橡胶、矿石、煤炭、生丝、棉纱、茶叶等在交易中通常使用重量单位；机器设备、服装、汽车、家电、钟表、毛巾、日用品等通常采用个数单位；棉布、木材等通常采用长度单位。但有些商品在交易中可以用多种计量单位表示，如石油产品既可使用重量单位，也可使用容积单位；木材既可使用长度单位，也可使用体积单位等。常见的计量单位如表3-4所示。

表 3-4　商品的计量单位

按重量	克、千克、吨、长吨、短吨、磅、克拉
按个数	件、双、套、打、罗、令、卷
按长度	米、英尺、码
按面积	平方米、平方英尺、平方码
按体积	立方米、立方英尺、立方码
按容积	公升、加仑、夸脱

（二）留意同一计量单位在不同国家所代表的数量

由于各国的度量衡制度不同，同一计量单位所代表的数量也各不相同。例如，"吨"就有长吨（2240 磅）、短吨（2000 磅）、吨（1 吨 = 1000 千克，约 2205 磅）之分；"尺"也有公尺（1 米）、英尺（0.305 米）、市尺（0.333 米）之分，等等。因此，在签订合同时，除规定适当的计量单位以外，还必须明确规定使用哪一种度量衡制度，以免发生不必要的误会和纠纷。

（三）以重量为单位时须弄清以净重还是毛重计算

在以重量为数量单位时，由于各国习惯不同，所以还必须弄清重量是以净重计算，还是以毛重计算；是以卖方装船时的重量计算，还是以买方收货时的重量计算。

有些商品在装运途中难免失重，若按装船时的重量计算，则买方风险大；若按收货时的重量计算，则卖方又可能要承担很大的风险和损失（因为按有关法律，卖方交货的数量与合同不符，买方有权拒收并索赔）。因而在实际操作中往往采用折中的办法，如规定卸货时缺重数量不得超过若干百分比，超过部分由卖方负责。另外，如果以净重计算时，其皮重是按约定皮重、实际皮重，还是按抽样估计皮重，最好也能在合同中有明确的规定，以免引起纠纷。

（四）要规定一个机动幅度

有些农副产品和工矿产品在交易时，卖方实际交货的数量往往难以完全符合合同的规定数量，为避免引起纠纷，双方当事人往往在交易磋商时对交货数量规定一个机动幅度，这就是合同中的"溢短装条款"，即允许卖方多交或少交一定数量的货物。机动幅度有两种规定方法，如表 3-5 所示。

表3-5 机动幅度的两种规定方法

序号	规定方法	具体说明
1	明确规定溢短装若干百分比	如"大米1 000吨,5%上下由卖方决定"。这时只要在1 000吨的5%上下的幅度范围内都可履行交货的义务,没必要硬凑1 000吨。溢短装百分比也可由买方决定,如"东北大米,2 000吨,以毛重作为净重,10%上下由买方决定"。这种场合下,就表明买方在2 000吨10%的范围内可以多要或少要
2	在数字前加"约"字	如"大米约1 000千克"。这也可以使具体交货数量有适当的机动。但国际上对"约"字的解释不一,有的解释为可增减2.5%,有的则解释为可增减5%,而国际商会《跟单信用证统一惯例》第30条a款中则规定为不超过10%的增减幅度。因此,为防止纠纷,使用时双方应先取得一致的理解,并最好在合同中予以规定

四、包装条款的订立

商品是否需要包装以及采用何种包装,主要取决于商品的特点和买方的要求。买卖需要包装的货物时,双方当事人必须在合同中加以明确和慎重的规定。包装条款的订立要点具体如表3-6所示。

表3-6 包装条款的订立要点

序号	条款	订立要点
1	包装费用	(1)一般包装条款中未涉及包装费用,因为费用已包括在货价之中 (2)如果买方提出特殊包装,其费用应由买方自理,且必须注明包装费用由买方负责 (3)如果买方要求卖方提供包装物料(包括商标和其他装潢物料),也应在合同中明确规定包装物料送达的时间、地点、方法、费用和双方的责任等
2	包装材料	(1)应在合同中明确规定 (2)针对有些进口国家的特殊规定,如不得使用麻袋、木材、稻草等作为包装材料或衬垫物,最好在合同中加以确认
3	包装装潢	根据客户或进口国的相关要求进行制作,也应在合同中反映出来
4	运输标志	(1)运输标志一般应包括收货人缩写,订单、合同或信用证号码,目的港,件号四项内容 (2)一般由卖方自行设计,不一定要在合同中定明 (3)如果是买方要求决定运输标志,不仅要在合同定明,而且还应规定买方向卖方提出具体运输标志的最后期限及其逾期的补救措施等

此外,在对外贸易中,有些买方要求卖方在其所购商品上或包装上使用其提供的商标、牌号或其他标记。这在外贸业务上称为"定牌"。因此,在订立合同时要格外注意以下几点。

（1）"定牌"交易中，卖方不承担商标权的担保，即买方所提供的商标、牌号若侵害了任何第三者的利益，卖方不负侵权之责。

（2）对买方的"定牌"，要认真审查，只有不属于丑恶的、反动的或无其他不良影响者，才能接受。

（3）应明确规定卖方可以做到的具体质量规格和交货时以合同规定的质量规格为限，不承担冒牌及产品责任法中所规定的有关责任。

五、价格条款要规范

国际货物买卖合同中的价格条款主要包括单价和金额两个项目。

（一）单价

单价一项中包括计量单位、单位价格金额、计价货币和价格术语等内容，有时还要规定作价的办法。例如，"每吨 1 000 美元，CIF 伦敦（USD1 000 per M/TCIF London）"这一单价中就表明了计量单位是吨，计价货币是美元，单位价格是 1000 美元，价格术语是成本加保险费加运费，目的港是伦敦。同时，由于对计价方法未做任何其他注明，则表示该项贸易是按固定价格计价的。表明单价时应注意的要点如图 3-11 所示。

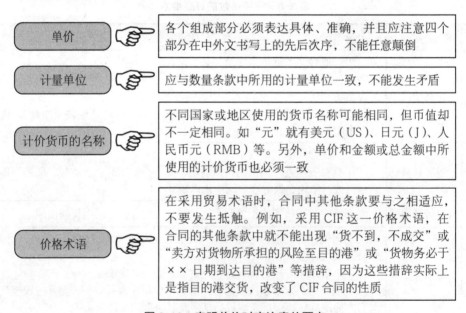

单价	👉	各个组成部分必须表达具体、准确，并且应注意四个部分在中外文书写上的先后次序，不能任意颠倒
计量单位	👉	应与数量条款中所用的计量单位一致，不能发生矛盾
计价货币的名称	👉	不同国家或地区使用的货币名称可能相同，但币值却不一定相同。如"元"就有美元（US）、日元（J）、人民币元（RMB）等。另外，单价和金额或总金额中所使用的计价货币也必须一致
价格术语	👉	在采用贸易术语时，合同中其他条款要与之相适应，不要发生抵触。例如，采用 CIF 这一价格术语，在合同的其他条款中就不能出现"货不到，不成交"或"卖方对货物所承担的风险至目的港"或"货物务必于××日期到达目的港"等措辞，因为这些措辞实际上是指目的港交货，改变了 CIF 合同的性质

图 3-11 表明单价时应注意的要点

（二）金额或总金额

合同的金额是单价与数量的乘积，如果合同中有两种以上的不同单价，就会出现两个以上金额，几个金额相加就是合同的总金额。填写金额或总金额时，要认真细致，计算准确，否则将可能导致不必要的纠纷和麻烦。

合同中的金额或总金额除了用阿拉伯数字填写外，一般还应用文字表示，即所谓"大写"。

六、装运条款要全面

装运条款主要包括装运时间、装运方式、装运通知和装运港与目的港等事项。

（一）装运时间

在国际贸易中，当采用 FOB、CFR、CIF 装运港交货条件成交时，卖方只要按时将货物在装运港装上指定的船只，即完成了交货义务，承运人在提单上注明的日期就是交货日期，所注明的货物装运地点就是交货的地点。因此在装运港交货合同中装运期与交货期在时间上是一致的。

当采用 FOB、CFR 和 CIF 这三个贸易术语成交时，装运时间通常有三种表示方法，如表 3-7 所示。

表 3-7　装运时间的表示

序号	表示法	示例说明
1	规定具体时间装运	（1）例如，规定 2016 年 9 月装。卖方只要在 9 月 1—30 日这段时间内的任何时候装运都算履行交货的义务 （2）例如，规定 2016 年 7 月／8 月／9 月装。卖方可以在 7 月 1 日至 9 月 30 日这段时间内任何时候装运
2	规定收到信用证后若干天装运	（1）这种规定方法主要适用于卖方特地为买方生产或包装的货物买卖，以及买方的资信情况不良或卖方对买方资信情况不甚了解 （2）例如，规定收到信用证后 30 天内装，但买方必须最迟于 9 月 1 日前将有关 L/C 开抵卖方。这种表示方法中有以下三层意思 ①只要在卖方收到信用证后的 30 天内完成了装运就算履行了合同的交货义务 ②卖方的交货义务是在收到买方信用证后才开始发生，否则无义务履行交货 ③买方必须在 9 月 1 日前将信用证开抵卖方，否则就要负违约责任，同时如果买方想快点收到货物，则必须尽快开出信用证
3	综合规定	（1）例如，规定 2016 年 9 月装，但买方必须于装运月前 20 天将有关 L/C 开抵卖方 （2）该表示法虽然规定了卖方具体装运期间，但其前提条件是买方必须于 7 月 10 日前将信用证开抵卖方

（二）装运方式

装运方式主要是指一次装运还是分批装运，是直达还是可以转运。装运方式在合同中也很重要。按照有些国家的法律规定，如果合同中没有规定卖方可分批装运或转运的话，卖方若擅自分批装运或转运时，买方可拒收货物并索赔。不过，按照国际商会《跟单信用证统一惯例》中的规定，如果信用证上没有做相反规定，可准许卖方分批装运和转运。分批装运和转运这一条件的表示方法有如下几种。

2022 年 7 / 8 / 9 月装运，允许分批装运和转运。

2022 年 7 / 8 / 9 月分三批装运，允许（或不允许）转运。

2022 年 7 / 8 / 9 月每月各装一批，允许（或不允许）转运。

2022 年 7 / 8 / 9 月分三批平均装运，允许（或不允许）转运。

2022 年 7 / 8 / 9 月分三批每月平均装运，允许（或不允许）转运。

2022 年 7 月装运若干，8 月装运若干，9 月装运若干，允许（或不允许）转运。

以上表示方法，从上至下对卖方而言，越来越不利，以"分三批每月平均装运"为例，卖方的机动余地很少，只要其中任何一批没有按期按量装运，本批及以后各批货物就可能遭到买方拒收并索赔（除非合同规定，每批构成一份单独的合同），如果合同标的物是一种不可分割的货物（如一套大型的机械设备等）时，买方还可能退还已受领货物并索赔。所以在表示时一定要选择有利于己方的方法。

（三）装运通知

装运通知的目的是便于买卖双方互相配合，共同做好船、货衔接工作，避免在装运环节上出现漏洞。

（1）按 FOB 条件成交时，其装运通知具体如表 3-8 所示。

表 3-8　按 FOB 条件成交时的装运通知要求

程序	具体内容
卖方货物备妥时	按 FOB 条件成交，卖方应于约定的装运期开始前（一般为 30 天）向买方发出货物备妥装船的通知，以便买方及时派船到指定的装运港接货
买方接通知后	买方接到备妥装船通知后，应按约定时间将船舶预计到达装运港受载的日期通知卖方，以便卖方及时准备装船
装船完毕	装船完毕，卖方应及时将合同号、货名、件数或重量、发票金额、船名及装船日期等有关事项（如果买方委托卖方代办托运时，卖方还需将有关船籍等事项）电告买方，以便买方投保及在目的港做好接货的准备

（2）按 CIF 和 CFR 条件成交时，上述通知也十分必要，特别是在 CFR 条件下，上

述通知就更为重要，因为买方需要根据卖方电告的装船通知买货物运输保险，如果因卖方延误发出装船通知，致使买方未能及时投保，由此而造成的损失将由卖方负责。

（四）装运港和目的港

在国际贸易中，装运港一般由卖方提出，经买方同意后确认；目的港由买方提出，经卖方同意后确认。由于装运港和目的港关系到卖方对货物装运的安排和买方收货或转销，所以必须在合同中做出明确的规定。

一般来说，FOB 合同必须注明装运港，如"FOB 上海""FOB 中国口岸"。而 CIF 和 CFR 合同则必须注明目的港，如"CIF 纽约"。但不管哪一种合同，外贸企业在规定目的港时，都必须注意以下几点。

（1）不得将货物运往有包销代理或签有国家间贸易协定限制运往的国家或地区，不得将货物运往敌对国家或禁止贸易往来的地区。

（2）如果采用 CIF 或 CFR 条件成交时，还得注意目的港是否属危险（如冰冻、罢工、战争、瘟疫等）港口。

（3）在规定目的港时，还应注意港口重名的问题，比如叫维多利亚（Victoria）港的全世界有 12 个，的黎波里港（Tripoli）在利比亚和黎巴嫩都有，波特兰（Portland）与波士顿（Boston）在美国和其他国家都有同名港，等等。

小提示

在填写目的港名（特别是同名的港口）时，必须要写明所属国家或地区的属地名称，以免出现混淆。

七、保险条款的规定方法

在外贸合同中，保险条款是一项重要条款。该条款的规定方法，视合同所采用的价格术语而有所区别。

（一）保险条款的内容

1. 按 FOB 和 CFR 条件成交时

如果按 FOB 和 CFR 条件成交，货物的价格中不包括保险费用，因此，保险由买方自行负责。在这种情况下，其保险条款一般都规定得较简单，如"保险由买方自理"。但若应买方的要求，卖方愿意代买方办理保险手续时，也应在合同中加以规定，如"应买方的要求，由卖方按 ×× 保险价值在 ×× 保险公司代买方投保 ×× 险。其保险费由买方负责，并在信用证内做相应的规定"。

2. 按 CIF 条件成交时

在按 CIF 条件成交时，由于货价中包括了保险费，因而在保险条款中应具体规定卖方需投保的险别与保险金额等。

（二）保险险别

保险险别包括基本险别和附加险险别。其中，基本险别包括平安 FPA（Free From Particular Average）、水渍险 WPA（With Particular Average）和一切险（All Risks）三种。

其他附加险险别主要有以下几种。

（1）偷窃提货不着险：Theft, Pilferage & Non-Delivery Risks（T.P.N.D.）

（2）淡水雨淋险：Fresh and / or Rain Water Damage Risks

（3）短量险：Shortage Risk=Risk of Shortage

（4）混杂、玷污险：Intermixture & Contamination Risks

（5）渗漏险：Leakage Risk=Risk of Leakage

（6）碰损、破碎险：Clash & Breakage Risks

（7）串味险：Taint of Odor Risk

（8）受潮受热险：Sweating & Heating

（9）钩损险：Hook Damage Risk

（10）锈损险：Rust Risk=Risk of Rust

（11）包装破损险：Breakage of Packing Risk

（12）战争险：War Risk

（13）罢工、暴动、民变险：Strikes, Riots and Civil Commotions（S.R.C.C.）

（三）保险金额

保险金额是保险公司可能赔偿的最高金额。为买方着想，习惯上保险金额按发票金额加一成预期利润和业务费用，即按发票金额的 110% 投保。不过，如果买方有要求，也可按发票金额加两成乃至三成的预期利润，但事先必须在保险条款中予以明确规定。例如，我方出口货物时保险条款可以做如下规定。

"由卖方按发票金额的 110% 投保平安险（或水渍险，或一切险）和战争险、罢工险，按 1981 年 1 月 1 日修订的《中国人民保险公司海洋运输货物保险条款》负责"。

"由卖方根据 1981 年 1 月 1 日修订的《中国保险条款》，按发票金额的 110% 投保一切险和战争险。若来证规定货物需转运内陆城市或其他港口者，卖方代为办理至内陆城市或其他港口的保险，但此项额外保险费由买方负担，并在信用证中做相应的规定"。

如果买方执意要求卖方按伦敦保险协会制定的《伦敦保险协会货物保险条款》(简称I.C.C)投保的话，也可接受，其规定可如下：

"由卖方按发票金额的110%投保一切险和战争险，按伦敦保险学会的《伦敦保险协会货物保险条款》负责。"

（四）注意事项

协商、订立保险条款时，应注意处理好以下问题。

（1）应尊重对方的意见和要求。有些国家规定，其进口货物必须由本国保险，对这些国家的出口，不宜按CIF价格报价成立。

（2）由于英国伦敦保险协会条款在货运保险中影响较大，如果客户要求按该条款投保，我们可以接受该要求，并订立在合同中。

（3）如果使用托收方式结算，最好使用CIF价格术语。一旦交货后出现损坏或灭失，买方拒绝赎单，保险公司可以负责赔偿，并向买方追索赔偿。

八、支付条款的内容

支付条款的内容主要包括支付金额、支付工具、支付方式与支付时间等。

（一）支付金额

一般来说，支付金额就是合同规定的总金额。但出现以下情况时，会出现不一致，如图3-12所示。

1 分批交货、分批付款的合同中，每批支付的金额只是合同总金额的一部分

2 在以"后定价格"和"滑动价格"作价时，支付金额须按最后确定的价格确定支付金额

3 在合同中若规定有质量优劣浮动价款或数量溢短装条款，支付金额就须按实际交货的质量和数量确定

4 在订立合同时，无法确定由买方支付的附加费（如港口拥挤附加费、选港附加费、特殊包装要求的附加费等），一般不列入合同总金额内，应由买方连同货款一并支付

图3-12 不同情况下的支付金额

对于上述不一致的情况，应采取不同的支付方法，具体如表3-9所示。

表 3-9　支付金额的方法

序号	规定方法	适用范围
1	按发票金额 100% 支付	多适用于交货前能够确定附加费用的金额以及无附加费或其他浮动费用的交易。此种情况下，买方在付款时则按发票金额支付
2	规定约数	即在金额前加上"约"字，多适用于交货数量有溢短装条款
3	货款按发票金额，附加费等其他费用另行结算	适用于交货前无法确定附加费用的交易。例如："货款按全部发票金额，选港附加费凭支付费用的正本收据向买方收取"

（二）支付工具

国际贸易货款收付的工具中很少使用现金，大多使用汇票。

（三）支付方式

支付方式主要有汇款、托收和信用证。

（四）支付时间

一般根据不同的支付方式确定。

九、检验与索赔条款合并订立

在买卖合同中通常都有检验条款。由于检验与索赔有着密切的关系，有些买卖合同就把检验与索赔这两项合并在一起，称为检验与索赔条款。

检验条款主要包括检验权、检验机构与检验证书、检验时间和地点、检验方法与检验标准等内容。

（一）检验权

检验权是指买卖双方究竟由谁来决定商品的质量、数量及包装是否符合合同的规定。目前在国际贸易中，对检验权主要有三种规定。

（1）以离岸质量、数量（重量）等为准。

（2）以到岸质量、数量（重量）等为准。

（3）以装运港的检验证书为准，但货到目的地后允许买方复检。

（二）检验时间

1.检验期限与索赔期限的关系

检验时间一般是指买方对货物质量、数量等的复检期限，通常同索赔的期限联系在一起，但两者之间又有区别，具体如表 3-10 所示。

表 3-10 检验期限与索赔期限的区别

期限	说明	区别
检验期限	是买方对货物质量、数量的复检（或检验）期限	（1）买方必须在合同规定的期限内进行检验，并取得约定的检验证书，其检验结果才能作为提出索赔的有效依据 （2）常用语句，主要有：①买方必须于货到目的港后 30 天内进行检验；②买方必须于货物在目的港卸船后 15 天内进行检验
索赔期限	是买方经检验货物不符合合同规定，向卖方提出请求赔偿损失的期限	（1）使用的语句。例如，"买方对于装运货物的任何索赔，必须于货到目的港后 30 天内提出，并需提供经卖方同意的公证机构出具的检验报告" （2）应在规定期限内提出索赔，并提供约定的检验报告

由表 3-10 可以看出，买方必须先在检验期限内由检验机构进行检验，只有先证明货物不符合合同规定，才能进行索赔。

2.区分订立

在订立有关鲜活等特殊货物的检验与索赔条款时，宜把检验期限与索赔期限分开。例如："买方必须于货物在提单所定目的港卸船后的当天（或 3 天内）经由 ×× 商检机构（或 ×× 公证机构）进行检验；对于装运货物的任何索赔，必须于货物在提单所定目的港卸船后 7 天内提出，并须提供上述商检机构（或公证机构）出具的检验报告"。

3.不需区分情况

对于较易保管或不易腐蚀等普通商品，不需区分检验期限与索赔期限，仅仅规定索赔期限就已经足够。其索赔期限的长短因商品不同而不同，对于机器设备等可规定 60 天或 60 天以上，对于一般性货物可规定 30 ~ 60 天，对于农副产品、食品等则通常规定得更短一些。

（三）检验地点

按照国际贸易惯例，在 FOB、CFR、CIF 合同中，除双方当事人另有协议外，检验地点是在目的港的卸货码头和关栈，而不是在货物的最后目的地或装运地点。

（四）检验机构

在国际贸易中，进行商检的机构主要有以下三类，即由国家设立的商检机构，由私人或同业公会、协会开设的公证机构，由厂商或使用单位设立的检验部门。在订立检验条款时，对检验机构必须做出具体的规定。如在我国进行检验可规定"由中国商检机构进行检验""提供中国商检机构出具的有关检验报告（或证书）"。

（五）检验证书

检验证书是指商检机构检验货物后的结果，以证明标的物是否符合合同的规定。常见的商检证书有质量检验证书、数量（重量）检验证书、植物检疫证书、兽医检疫证书、卫生检疫证书等。因商品的特性不同导致应提供的检验证书也各不相同，所以在检验条款中也应对此做出明确的规定。如："以中国商检机构出具的质量、数量检验证书和卫生检疫证书作为有关信用证项下议付所提交单据的一部分……"

（六）其他条款

除上述以外，为了避免意外的麻烦和误解，在检验条款中还应规定适当的检验方法和检验标准。因为许多商品在检验时，如果采用的检验方法或标准不同，往往会导致检验结果出现差异。

附：出口商品检验检疫办理流程

外贸企业可以通过"互联网＋海关"一体化平台进入"进出口食品"版块办理。如下图所示。

登录"互联网＋海关"一体化平台

点击"进出口食品"版块

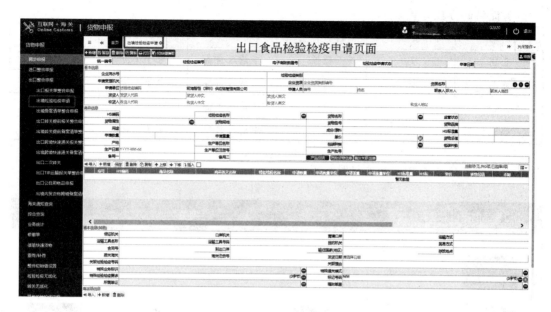

办理出口食品检验检疫申请

具体办理流程：

（一）货物出口前申请

出口食品的出口商或者其代理人持合同、发票、装箱单、出厂合格证明、出口食品加工原料供货证明文件等必要的凭证向出口食品生产企业所在地或组货地的隶属海关申请。申请时，应当将所出口的食品按照品名、规格、数/重量、生产日期逐一申报。

（二）现场检验检疫

1.现场查验　隶属海关根据系统"检验要求"，对不需要查验和送检的货物，直接实施综合评定；需查验的，实施现场查验，内容包括货证相符情况、产品感官性状、产品包装、数重量及运输工具、集装箱或存放场所的卫生状况等。

2.抽样检验　根据系统"检验要求"，隶属海关对抽中查验送检的货物，在现场查验时抽取样品，并送实验室检测。

3.综合评定　隶属海关对申请出口食品的相关信息进行审核，根据异常情况、风险预警、出口备案、企业核查等信息，结合抽样检验、风险监测、现场查验等情况进行综合评定。

a）经评定合格的，形成电子底账数据，向企业反馈电子底账单号，符合要求的按规定签发检验检疫证书；

b）经评定不合格的，签发不合格通知单，不准出口。

4.签发证书　隶属海关工作人员负责拟制证稿，经审核后出具证书。

5.复验　申请人对检验结果有异议的，可以向作出检验结果的主管海关或者其上一级海关申请复验，也可以向海关总署申请复验，按照《进出口商品复验办法》（海关总署第240号令修正），受理复验的海关或者海关总署负责组织实施复验。

需提供的办理资料如下。

材料名称	材料填写样本	材料类型	来源渠道	材料份数	材料必要性
合同	无	原件	申请人自备	电子1份	必要
发票	无	原件	申请人自备	电子1份	必要
装箱单	无	原件	申请人自备	电子1份	必要
出厂合格证明	无	原件	申请人自备	电子1份	必要

出口食品检验检疫业务流程图如下。

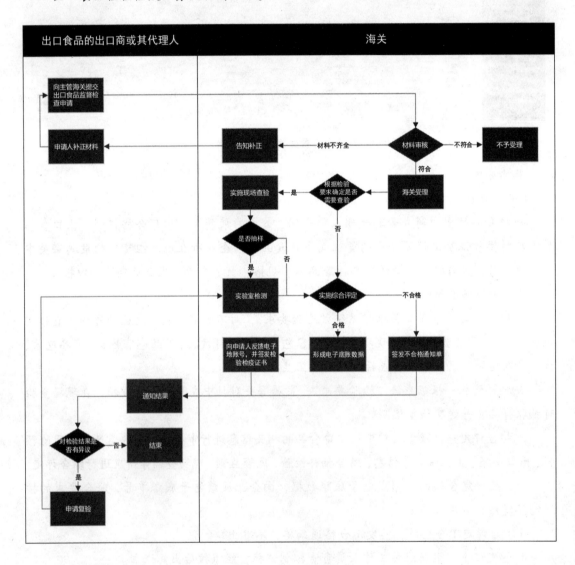

十、认真审核合同

草拟合同方对对方签回的书面合同应及时、认真地审核，确保合同内容未经任何更改或附加。对国外寄来的须回签的合同、确认书、订单、委托订购单等，应仔细审阅，及时提出异议，决不可置之不理，以防被视为默认接受。

（一）出口方自己制定的合同的审核

对于己方（出口方）制定的书面合同，在寄送给买方之前要做好审核工作，以避免因合同的漏洞与差错而导致经济损失，具体审核要点如表3-11所示。

表3-11 合同主要条款的审核要点

序号	事项	审核要点
1	约首部分	（1）合同的编号必须要仔细审核，以避免出现错误 （2）买方的各种信息要仔细进行审核以防诈骗
2	质量条款	对于合同约定的表示方式，一定要明确其要求 （1）在实物说明的情况下，卖方应在合同中力争加注"品质与货样大致相同"的字样，以此减轻自己的责任 （2）对于依据说明书表示的，一般应注意是否有品质保证条款和技术服务条款，以确定售后服务的范围以及问题出现时的解决方法
3	数量条款	（1）要注意考虑商品的计量单位和计量方法 （2）以重量为单位时须弄清以净重还是毛重计算 （3）要规定一个机动幅度，并在合同中约定好
4	包装条款	必须在合同中加以明确和慎重的规定，不能出现模糊用语
5	价格条款	仔细审核贸易术语的使用，确保合同的其他条款不能与之抵触
6	装运条款	不同的贸易术语会有不同的装运时间、方式等，审核时要仔细检查确保前后一致
7	保险条款	检查是否按约定的要求投保和选择保险险别
8	支付条款	审核是否按规定选好了支付方式，尤其对于信用证，必须明确是不可撤销的，并须明确信用证到期日、到期地点以及受益人名称
9	违约条款与不可抗力条款	要注意是依据协商而订立的，不能只是免去某一方的责任

在进行具体审核时，可以设计一个表格（比如合同审核单）做好记录，以便己方更好地履行合同，具体如表3-12所示。

表3-12 合同审核单

合同编号：	签订日期：		信用证开列地点：
买方地址：	电话：		传真：
成交方式：		价格术语：	

续表

品名及规格	单价	数量	金额

重量：	溢短比例：

包装要求：

唛头：

质量要求：

保险	保险金额：
	保险险别：

装运	装运期： 装运港： 目的港： 装运方式：□不可分批装运 □可否分批装运，若可，可以分_____批，时间规定：

商品 检验	检验时间：　　　　地点：　　　　机构： 是否要复验：　复验时间：　　地点：　机构： 检验内容： 检验项目： 检验证书要求：

本合同有疑义的地方：

此外，在对方签字并寄回后，要仔细检查对方是否对合同做了己方不能接受的修改。

（二）对方制定合同的审核

如果合同是由对方制好并签字寄来，己方应做如下审核工作。

（1）从头部到尾部仔细检查各项条款是否合理，确保合同内容与洽谈过程中达成的条件、协议相一致，至少没有己方不能接受的条款。

（2）若有不能接受的条款，则不需要签字，可直接寄给对方，请对方修改。

（3）在签署退回时，要防止重复签署，造成一个合同两笔交易。

（4）对于合同中因对方大意而发生的书写、拼写错误，可直接修改后签字。签字后己方保留一份，给对方寄回一份。

在审核客户草拟的合同时，可建立一个 CBC 响应表（Clause by Clause，逐条响应矩阵表格），对合同中的条款进行逐条审核与点评，将审核的结果填写在 CBC 表格中，然后将这个 CBC 表格发给客户进行进一步的沟通与协商，直至双方最后达成一致，并签署合同。CBC 表格如图 3-13 所示。

Clause by Clause Matrix of Contract No. XXXX

合同逐条响应矩阵表格

Contract Clause 合同条款序号	Table of Contents Descriptor 合同条款描述	Comply/ no comply/ NA 响应／不响应／不适用	Reasons of NOT (fully) Comply/ partial comply 不响应／部分响应的原因	Customer comments 客户评论

图 3-13　CBC 表格

十一、出口企业应慎选中间商

出口企业过于信任中间商，所有交易过程均是通过中间商完成，买卖双方并没有直接签署销售合同，这是滋生欺诈等问题的温床。这类问题的产生是不分行业、不分国家的，很难有迹可循。因此，在贸易形势严峻的今天，就算是合作多年的中间商，也需要谨慎对待。

不少出口企业都依靠中间商与买家进行贸易往来，出口企业与买家间可能素未谋面，所以严密的贸易合同至关重要。

在合同的签订上一般可分两种情况，一种是中间商以买方名义与出口企业签订合同，另一种则是中间商以自身名义与出口企业签订合同。面对不同的缔约人，需要不同的应对措施。

（一）严格审查签约人的权利和资格

如果中间商是以买家的名义签订贸易合同，出口企业就要严格审查签约人的权利和资格，不仅要求其提供实际买家真实的授权书，而且要仔细分析授权的范围和时限，针对具体合同判定授权的有效性和充分性。此外，出口企业最好能与最终买家进行联系和沟通，从而避免中间商的不当或无权操作造成的收汇损失；如果中间商是以自身名义与出口企业签订合同，就表示中间商是实际合同买方，出口企业应特别关注中间商的偿付能力。

（二）善用货权保留条款

出口企业还要善于使用货权保留条款，尤其是放账赊销的大宗贸易合同，出口商应争取规定货权保留条款，即在未全部收回货款之前，出口商保留对货物的所有权。由于各国法律不同，确立出口商的货权保留权利的程序也有很大差异。因此，出口企业需熟悉有关法律知识和国际贸易惯例，准确、严谨地订立合同条款。

（三）加速转型

面对中间商问题，企业可以加速转型，就拿现在流行的跨境电子商务模式来说，不仅可以让出口企业直接面对海外终端消费者，更可以跳开中间商。目前，越来越多的外贸企业开始在电子商务上加大投入，开拓网络贸易渠道。一方面，电子商务平台能够让小企业直接跳过中间商，扩大利润空间，同时降低参展、招待等外贸成本，并使企业远离资金积压带来的风险；另一方面，海量的买家群体，将给中小企业带来大量的客户，他们可以从中选择适合自己的订单。

十二、分析履约能力，不被表面利益所迷惑

国际贸易合同洽谈过程中出口方对自己的实际履约能力要做到心中有数，在签约时能够从自己的实际能力出发，实事求是，不要被表面的优惠利润所迷惑，丧失判断事物的理性，毫无欺诈防范意识。卖方应逐项分析自己履约能力的构成因素：货源、生产加工能力、原材料供应问题、收购货源的资金、出口许可、履约期限等，各个环节逐个落实，确保能够在合同规定的履约期内完全履行自己的义务。

一般说来，中方作为出口方时，其履约能力的构成因素如图3-14所示。

图3-14 履约能力的构成因素

（一）货源

货源是出口方履行合同的基础。虽然并非一定要在备妥货源之后，卖方才能与买方

订立出口合同，但合同标的物起码可以基本有保障或是在国内市场有把握购买、购足的商品。在签订农副产品、矿产品以及本地没有生产基地需要到外地组织货源的商品出口合同时，尤其要考虑货源供应情况。

（二）生产加工能力

参与国际贸易及国际经济交往，参与人必须根据自身的科技发展水平和商品的生产加工能力相宜行事。具体地说，作为出口方与对方当事人签约时，一定要综合考虑自己的实际生产能力。例如，在洽签服装出口合同时，既要考虑国内生产的面料质量是否能达到对方的要求，还要考虑厂家做工能否达到要求等，凡受科技水平和生产能力限制，自己甚至国内厂家目前都不能生产加工，或者能够生产加工但质量难以达到要求的，一定不能盲目成交，否则一旦履约困难，合同中又有违约金条款，买方将使用违约金条款要求卖方赔偿损失，卖方将陷入极为不利的被动局面。

（三）原材料供应

签订出口合同，考虑自己的出口履约能力时，有时需要把原材料供应是否落实考虑进去。因为有些出口商品，虽然卖方有生产加工能力，货源供应渠道也顺畅，但由于生产加工该商品的原材料比较紧俏，难以充足供应。在这种情况下，卖方能否按时按量履约，最终决定于原材料的供应。此外，出口深加工产品还要考虑到生产有关中间产品的初级原料供应问题。

（四）收购资金

外贸代理企业出口商品货源的取得主要采取买断方式，即由外贸企业向生产加工企业收购，而一般的外贸企业自有资金并不雄厚，主要靠银行信贷解决流动资金问题，所以，外贸企业在对外签订出口合同时，要考虑国内金融市场的走向，银根是否吃紧，收购货源的资金是否落实。缺乏收购多次或不能及时取得收购资金，就无法备货或按时备货出运，造成对外违约，给对方适用违约金条款以口实。

（五）出口许可

很多国家，包括我国在内，都实行进口许可制度。对某些商品，国家实行出口许可证管理。我方作为卖方对外签订出口合同时，如果合同标的物属于国家实行许可证管理的商品，出口方必须有把握能够及时取得所需的出口配额和许可证。关于许可证制度，还有一个值得注意的问题，即国家可能会对实行许可证制度的商品和实行主动配额管理的出口商品范围适时做出调整，所以出口合同中应将国家有可能做出的这种调整作为政府行为列入不可抗力范围，以便在合同订立后，因国家调整配额和许可证管理商品范围而不能履行，或者不能按时履行合同时，出口方能够援用不可抗力条款，有效地维护自己的合法权益。

（六）履约期限

履约即双方具体实施合同义务，各自实现合同目标的行为过程。国际贸易合同的履行环节很多，涉及面广，有些工作由交易双方完成即可，有些则需双方当事人所在国（地区）的商检部门、运输部门、银行、海关、保险公司等各有关方面分工合作，共同完成。所以，在合同中规定装运期、交单期、信用证有效期等期限时，企业一定要结合实际情况周密测算，留有余地，确保有足够的时间完成应由己方负责完成的各项工作，否则任何一个环节上的延误，都有可能形成违约，造成损失。

> **小提示**
>
> 外贸企业如果在合同签订之初，能理性地分析自己的履约能力，并充分考虑对方的违约金条款，加强防范意识，可避免遭受很大的经济损失。

04
第四章

客户信用
风险防范

【导言】

　　近年来随着我国外贸出口的进一步加快发展，客户信用风险问题日益凸显。外贸企业客户信用风险管理上的欠缺造成的出口信用风险，如国际市场买家拖欠、拒收和破产等问题，已成为外贸企业发展的瓶颈。外贸企业应制定信息政策，指导和协调各机构业务活动，对从客户资信调查、付款方式的选择、信用限额的确定到款项回收等环节实行全面的监督和控制，以保障应收款项安全、及时回收。

第一节　客户信用风险的表现与成因

一、客户信用风险的表现

信用风险是指在以信用关系为纽带的交易过程中，交易一方不能履行给付承诺而给另一方造成损失的可能性，其最主要的表现是企业的客户到期不付货款或者到期没有能力付款。

外贸企业客户信用风险具体如表 4-1 所示。

表 4-1　客户信用风险的表现

序号	风险类别	具体说明
1	坏账率高，账款拖欠时间长	我国外贸企业的坏账率及平均账款拖欠时间都远远高于其他发达国家。据统计，目前我国外贸企业的平均坏账率在 5% 以上，每年无法按时收回的账款达上百亿美元，而欧美企业平均坏账率为 0.25% ~ 5%。如果能将我国外贸企业的海外应收账款平均坏账率降低到 1%，那么每年至少能为外贸企业减少数十亿美元的资产损失
2	时常面对不良商人的欺诈	大部分涉嫌欺诈的外国公司，都是在利用中国相关法律制度不健全、外贸业务过程操作不规范"钻空子"。这种贸易中欺诈的案例屡见不鲜
3	结算环节的信用风险问题	在贸易结算环节也存在着大量的信用风险。外贸企业可以采用信用证方式付费，以此减少结算风险

二、客户信用风险的形成原因

客户信用风险的形成原因如图 4-1 所示。

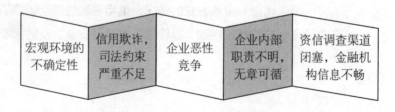

图 4-1　客户信用风险的形成原因

（一）宏观环境的不确定性

宏观环境直接或间接地影响着外贸信用的走向和预期。贸易政策改变、宏观管理失误、经济滑坡、国际市场变化以及竞争的激烈程度等因素均会导致外贸信用风险的发生。

（1）只要有关市场规范的政策进行了修改或变动幅度加大，就可能预示着该国市场上有比较大的经济风险，这肯定会增加与该国有贸易往来的国家外贸信用风险发生的可能性，甚至导致某些企业实际遭遇到外贸信用风险。

（2）一国对外贸易政策和措施发生变化，包括关税政策及非关税政策（如反倾销措施、技术壁垒、绿色壁垒等），也会增加与之相关的贸易行为产生损益的可能性，增加外贸信用风险的不稳定因素。

> **小提示**
>
> 国际金融和国际贸易存在着相互依存、相互促进的关系。一国对外贸易的顺利发展离不开良好的金融环境。国际金融危机不可避免地会增加外贸企业面临的信用风险。

（二）信用欺诈，司法约束严重不足

开证行资信不佳，使受益人蒙受损失

我国一家外贸公司Ａ同南非一家公司Ｂ签订了一份出口合同，合同规定信用证付款。Ｂ向Ａ提出，由非洲的第三国银行开证，Ａ以为只要有银行开证，就不会有风险，便予以同意，然而当Ａ发运货物后兑付信用证时，该第三国银行来电称，南非方面要求延期，并出具南非方面的证明。

Ａ又与Ｂ联系，Ｂ出示了第三国银行提供的Ａ同意南非方面延期付款的传真。其实这是一份伪造的传真，这时Ａ感到问题严重，着手从其他渠道查询第三国银行情况，发现该银行只是一家地下钱庄，主要提供高利贷、放债等业务，而不是南非银行。Ｂ与该银行关系十分密切，双方互相勾结，演出了一场"双簧"。当Ａ发现此笔业务已不是简单的商业纠纷，而是欺诈行为时，Ｂ和该第三国银行取得了足够的时间，同时消失，至今无法寻找，几十万美元的货物就这样损失了。

尽管国际社会为促进世界贸易公平、健康地发展已制定了一系列公约或规则，但对于如何惩治信用欺诈尚未制定足够完备和具有强制约束力的法律规定。国际结算常用的信用证方式已在国际贸易中广泛使用，但利用信用证进行欺诈活动的现象仍屡禁不止。世界上大多数国家都未制定反信用证欺诈的法律，这在一定程度上助长了国际上信用欺诈者的气焰。

（三）企业恶性竞争

我国的出口在相当长的一段时期内都是以劳动密集型、附加值低的服装、鞋帽、玩具等产品为主。由于技术含量不高，大量企业一拥而上。同类产品、同等水平，在国际市场上不得不面临恶性竞争。于是这些企业盲目打价格战，虽然一时拉来了客户，但从长远来看，靠数量扩张维持出口规模必然导致企业忽略品质管理。国外客户因我国出口产品的质量问题而拒付货款或提出索赔的事件屡有发生。

在竞争较为激烈的情况下，一些企业在质量和价格上无回旋的余地，便冒险采用信用放账（采用DPP、DPA等支付方式）或委屈接受不合理的信用条件，导致信用风险急剧增加。

（四）企业内部职责不明，无章可循

（1）企业各部门在具体行使职责时，不能形成协调与制约的机制，易造成企业在客户开发、信用评估、合约签订、资金安排、组织货源、租船订舱、跟踪货款等诸多环节中出现决策失误并导致信用损失。企业内部缺乏一个统一的信用风险防范操作规则，不少制度规定过于粗略、模糊，制度落实执行的刚性较差，有令不行、行而不严的现象较普遍。

（2）企业没有设立专门的信用管理部门，导致外贸企业在信用管理中对于客户信用档案的建立、授信额度的确认和信用中期管理都没有建立相应的规章制度。

（3）外贸企业信用风险管理大多由财务部门来担纲。一方面，财务部门缺乏信用评估和决策的独立性和权威性，另一方面，财务部门介入信用管理往往已处于后期追账阶段。由于缺乏前期的信用评估和中期的债权保障，财务部门追账的效率较低。

（4）企业人员的风险防范意识薄弱，国际贸易业务知识贫乏，信用风险防范手段单一。不能正确地选择结算方式和结算条件，合约漏洞百出，对应收账款监控不严，对拖欠账款缺少有效的追讨手段等。

（五）资信调查渠道闭塞，金融机构信息不畅

企业进行资信调查的意识薄弱，渠道狭隘。尽管我国已经初步具备建立系统性社会征信系统的条件，但信息网络各自为政、自成体系的情况仍较严重。大部分企业在信用风险上吃了大亏，没有把风险原因进行共享，别的企业遇到相同的诈骗情况无法分辨，这种现状无形中增大了信用风险的发生概率。资信调查渠道闭塞，金融机构信息不畅的表现，具体如表4-2所示。

表 4-2　资信调查渠道闭塞，金融机构信息不畅的表现

序号	表现类别	具体说明
1	客户信息不全	企业掌握的客户信息不够全面，仅仅是了解客户表面的、外在的信息，而对更深入的、重要的信息缺少有针对性的调查。一些企业领导人不重视客户信息的采集，在思想观念上认为这笔开销不值得，为了省钱就压缩甚至完全忽略这方面的工作，没有专门进行必要的信息搜集和了解，以至于对客户的重要信息都没有获得，就匆匆做出交易决策
2	客户信息零散	企业虽然建立了客户管理档案，却没有对客户信息进行统一的管理，导致客户信息零散。而有些客户的信息更多地集中在企业某些部门，如业务部和财务部，其他部门由于分工和职能不同，仅掌握与己相关的部分信息，如储运部的运输信息、国际结算部的交单信息。这往往割断了客户各类信息之间的有机联系和信息的完整性。这种状况导致各部门间缺乏有效的沟通，无法共享宝贵的客户信息资源，不利于企业管理者对客户做出整体的认识与判断，造成资源的浪费以及信息的重复搜集，增加了成本支出
3	客户信息陈旧	企业虽然建立了自身的客户信息管理系统，但却不愿继续投入对已有的信息进行更新与维护，认为信息已经一步到位，忽视信息的时效性，从而导致企业在决策时依据的信息完全过时、陈旧，严重影响企业对客户信用状况的判断
4	客户信息管理缺少标准和专门的客户数据库	（1）将采集的客户信息简单地以 Word 或 Excel 文档形式存入电脑中，无分类检索和汇总 （2）建立客户信息数据库，却没有与公司内部业务、财务等管理信息系统数据共享，没有信用风险分析及评估的功能，客户信息数据库的更新及维护非常烦琐

第二节　建立全程信用风险管理模式

一、什么是全程信用风险管理模式

全程信用风险管理模式是指全面控制企业交易过程中各个关键业务环节，从而达到全面控制客户信用风险，迅速提高应收账款回收率的方法。这一控制过程包括事前控制、事中控制和事后控制。事前控制是指正式交易前对客户的资信审查；事中控制是指交易过程中对客户信用额度的控制；事后控制是指对应收账款的管理及逾期账款的有效处理。全程信用风险管理的具体操作方式如图 4-2 所示。

销售过程
客户开发
争取订单
签订合同
按时发货
到期收款
收回欠款
赊销管理
筛选客户
信用标准
信用条件
货款跟踪
早期催收
特殊处理
客户资信调查技术
客户信用分析技术
应收账款管理技术
债务分析与管理技术
控制方法
客户资信管理制度（事前控制）
客户授信制度（事中控制）
账款监控制度（事后控制）

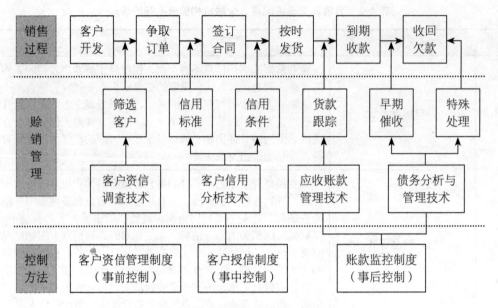

图 4-2 全程信用风险管理的具体操作方式

二、全程信用风险管理模式发挥作用的条件

全程信用风险管理模式的核心思想是对交易全过程的全面管理和控制。其管理的对象始终是客户的信用风险和应收账款回收率，要使这样一个模式真正发挥作用，还需要具备以下三个基本的环境条件，如图 4-3 所示。

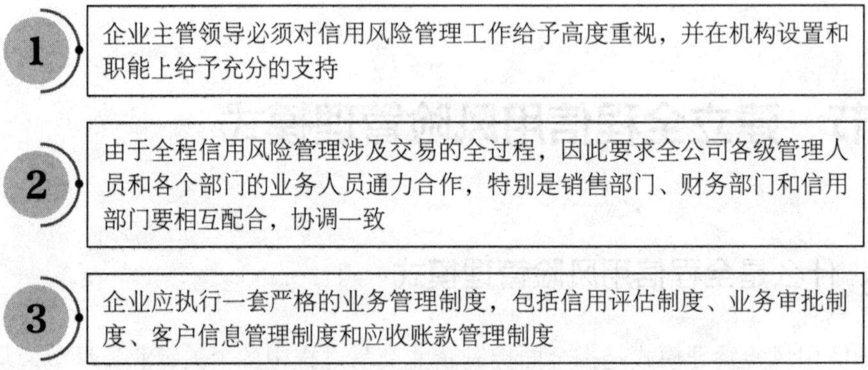

1
企业主管领导必须对信用风险管理工作给予高度重视，并在机构设置和职能上给予充分的支持
2
由于全程信用风险管理涉及交易的全过程，因此要求全公司各级管理人员和各个部门的业务人员通力合作，特别是销售部门、财务部门和信用部门要相互配合，协调一致
3
企业应执行一套严格的业务管理制度，包括信用评估制度、业务审批制度、客户信息管理制度和应收账款管理制度

图 4-3 全程信用风险管理模式发挥作用的条件

三、全程信用风险管理模式实施的步骤

全程信用风险管理模式实施的步骤如图 4-4 所示。

第一步	在企业内部培养和树立信用管理意识。请有关专家进行国际贸易信用风险案例讲座，提高公司主管和员工的信用风险防范意识
第二步	确定全程信用风险管理主要推进和执行部门。公司的销售部、财务部和信用管理部都是主要推进和执行部门，各部门之间要紧密合作，保证系统的全面、有效推行
第三步	确定主要推进和执行部门的工作职责。明确规定公司销售部、财务部、信用管理部等在信用风险管理体系中所承担的信用风险控制工作职责和业务流程，并且落实到具体责任人
第四步	突出信用管理部的制约作用，建立信用风险责任制，改善应收账款的考核管理

图 4-4　全程信用风险管理模式实施的步骤

第三节　客户信用风险事前控制

一、对客户进行信用分析

信用分析是指企业对交易对象的资信状况及交易价值进行的诊断，是企业信用管理的核心内容，也是企业在销售过程中避免风险、减少坏账最主要的手段和途径。

外贸企业对客户实施信用分析具有以下几个方面的作用。

（1）加强企业内部各部门之间的信息沟通和合作，共同解决企业面临的外部信用风险。

（2）帮助企业寻找、选择信誉良好、竞争力更强的客户，防范客户的信用风险。通过信用分析，完成对客户信用等级的评定，可以帮助业务人员快速、准确地判断客户信用风险，确定交易条件，从而达到防范坏账、呆账的目的，提高企业的应收账款管理水平。

（3）帮助企业获得更强的市场竞争力。建立在严格的信用分析基础上的客户选择和管理，可以使企业更加放心地为信誉良好的客户提供优惠的结算方式和条件，争取到更多的客户和占有更大的市场份额。

二、制定与运用信用政策

信用政策主要是指企业针对信用销售（赊销）情况制定的一系列业务管理原则、标准和风险控制方法。外贸企业的信用风险主要来自于信用销售，因此，公司制定一套合理的信用政策在贯彻全套信用管理方案中占有非常重要的地位，它是实现签约中风险控制的核心内容。信用政策主要由信用标准、信用条件、收账政策等要素构成。

（一）信用标准

在对外贸易中，通常企业会制定一个最低标准，判断是否给予客户信用销售。如果企业制定的信用标准过于严格，只对信誉好的客户给予信用销售，虽然能够降低应收账款的成本和坏账损失，但是会失去很多信誉一般、偿付能力较弱的客户，不利于企业扩大销售。由于目前国际贸易市场是买方市场，许多外贸企业都采取较为宽松的信用标准，以增加企业竞争力。

> **小提示**
>
> 对于信誉一般的客户可以在合同中加入预付定金等担保条款，或者在货物出口后，投保出口信用保险，这样可以适当降低企业的收汇风险。

（二）信用条件

信用条件包括结算方式、信用期限和现金折扣等。

1. 国际贸易结算方式

国际贸易结算方式包括汇付、托收、信用证、保理等，各有风险和利弊。一般会根据客户信用等级和客户所在国家情况选择结算方式，如图4-5所示。

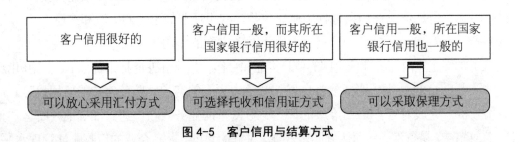

图4-5 客户信用与结算方式

2. 信用期限

信用期限是指给客户提供的付款时间。如公司允许用户在到货后30天内付款，则信用期限为30天。信用期限的长短与销售收入、应收账款、坏账损失都密切相关。信用期限越长，表明企业给客户的信用条件越优越，促使企业销售收入增长。但随之带来了应收账款成本和坏账损失的增加。因此，必须将边际收益和边际成本两者加以比较，才能决定信用期限延长或缩短。合理的信用期限应视企业本身的资金周转能力和销售情况而定。

3. 现金折扣

现金折扣是指企业在确定信用条件时，通常给客户提供现金折扣以加速应收账款的回收，从而降低应收账款的成本和坏账损失。如"3/10，N/60"表示如果客户在10天内付清全部货款，企业将给予客户销售额 3% 的折扣，但超过 10 天将不享受折扣。在国际贸易结算中，很少使用现金折扣。

三、签约前进行资信调查与客户筛选

对客户进行资信调查是外贸企业对外成交不应缺少的一个环节。外商资信状况直接关系到外贸企业能否严格履行合同，安全收汇。有些外贸企业在对外贸易中，对外商既不做资信调查，又轻率采用对出口方具有极大风险的付款方式，如电汇（T/T）、承兑托收（D/A）、付款托收（D/P）等，给国外一些不法商人欺诈行骗制造了可乘之机。

（一）资信调查的作用

通过资信调查，加强客户信息管理可以起到如图 4-6 所示的几个作用。

作用一　有效防范信用风险

加强客户信息管理可以全面准确地判断客户的信用情况，避免在交易时因客户信息不全而造成的风险。通过客户信息管理可以及时并且连续不断地对客户的信用状况进行监控，避免客户信息陈旧、过时所带来的损失

作用二　用于信用分析

只有全面搜集客户信息才能对客户进行细致、准确的信用风险分析，通过信用风险分析可以确定客户的信用等级，界定信用额度，针对不同信用等级的客户选择合理的国际业务结算方式

作用三　有利于企业内部各部门之间的沟通

规范的信息管理可以使企业各个部门之间互通有无，避免由于缺乏有效的交流和沟通造成的信息重复调查及相关资源的浪费，降低管理成本

作用四　保护企业宝贵的客户资源

严格的客户信息管理，可以使企业对宝贵的客户资源进行统一、规范的管理，实现资源共享，有利于企业管理者对客户做出整体的认知与判断，改变客户资源被少数业务人员据为己有的状况。加强客户信息管理，还可以有效地维护老客户，大大节省营销费用。有统计资料表明，多数企业营业额的 80% 来自 20% 的经常购买者。如能加强这部分客户的管理，就可以维持正常的销售额，这是企业取得长期稳定销售收入的重要条件

图 4-6　资信调查的作用

（二）外贸企业对客户资信调查的内容和范围

外贸企业对客户资信调查的内容和范围如表4-3所示。

表4-3　外贸企业对客户资信调查的内容和范围

序号	项目	调查内容
1	国外客户的组织机构情况	国外客户的组织机构情况，包括企业的性质、创建历史、内部组织机构、主要负责人及担任的职务、分支机构等。调查中，应弄清客户的中英文名称、详细地址，防止出现差错
2	政治情况	政治情况主要指企业负责人的政治背景、与政界的关系以及对我国的政治态度等
3	资信情况	资信情况包括企业的资金和信用两个方面。资金是指企业的注册资本、财产以及资产负债情况等；信用是指企业的经营作风、履约信誉等。这是客户资信调查的主要内容，特别是对中间商的资信情况更应重视。例如，有的客户愿意和我们洽谈上亿美元的投资项目，但经调查其注册资本只有几十万美元。对这样的客户，就该打个问号
4	经营范围	经营范围主要是指企业生产或经营的商品、经营的性质，企业是代理商、生产商，还是零售批发商等
5	经营能力	经营能力是指每年的营业额、销售渠道、经营方式以及在当地和国际市场上的贸易关系等

（三）外贸企业客户资信调查的途径

1. 通过所在国的公司登记机构进行网络查询

很多国家的公司登记机构都有官网提供公司信息查询，有的免费，有的只收取少量的费用，可以查询该公司是否存在、公司类型、地址以及存续状态。

2. 通过国内外咨询机构进行查询

如1841年成立的信息供应商邓白氏集团（dun & bradstreet），是国际上非常著名、历史非常悠久的企业资信调查类的信用管理公司，堪称国际企业征信和信用管理行业的巨人。邓白氏拥有全球最为庞大的企业信息数据库，基本上可以满足大部分公司的资信调查需求，但是由于单项收费较高且针对性不强，所以购买相关服务时要考虑性价比。中国出口信用保险公司（简称"中信保"）是中央金融企业，是我国唯一承办出口信用保险业务的政策性保险公司，虽然不像邓白氏一样专门提供信息供应服务，但是也会提供客户资信调查业务且价格比邓氏集团相对低廉，对于中小企业而言更加亲民。

3. 通过咨询海外公司以往贸易伙伴进行调查

在和海外公司开展贸易前，有必要提前调查其以往贸易伙伴的情况，可以通过各种渠道获取他们的联系方式，然后通过邮件、电话或视频等各种形式与他们沟通，咨询与目标公司的具体合作情况，与对方贸易伙伴沟通时最好直接表明真实来意，在不涉及打探商业机密的前提下询问目标公司的资信情况。如果有贸易伙伴对目标公司的评价极差，一定要慎重考量合作意向。

4.通过指派员工或委托第三方人员开展实地调查

虽然借助于网络科技的发达和电子设备的发展，全球信息都可以通过互联网媒介进行流通和传播，但是毕竟一方面，通过互联网收集的信息本身存在虚假或滞后的缺点，而从第三方处获取的信息也存在片面性和主观性等缺点，所以如果与海外公司的贸易金额量巨大，最好还是派员工前往目标公司住所地开展实地调查更为可靠。为了节约差旅费用，可以委托当地值得信赖的第三方人员开展实地调查。

5.通过律师或调查公司进行专项调查

有些国际调查公司可以对一些海外的公司进行比较深入的调查，他们可以通过多种途径获取并分析信息，虽然费用不菲，但是对于大额的交易还是值得的。选择这些调查公司时也要特别小心，避免委托不正规的公司。此外，借助海外公司所在国的律师事务所，也可以对海外公司进行调查，在海外公司配合的情况下，可以请海外公司提供一些文件，以分析其资信状况。

（四）建立客户资信管理档案

对客户资信进行调查后，应建立档案卡，分类建立客户档案。以便业务部门在业务开发阶段进行客户筛选，为下一步有针对性地对选中的客户进行信用分析和评估做好准备，这是外贸企业签约前防范信用风险的主要手段。

第四节　客户信用风险事中控制

所谓事中控制，是指外贸企业从发货之后直到收到货款，对外贸客户及外贸交易所形成的应收账款进行监督、管理。同时充分利用成熟的信用风险保障措施：出口信用保险、福费廷和国际保理等成熟的信用风险规避措施。

一、加强应收账款的监控管理

缺乏对应收账款的有效管理是目前我国大部分外贸企业普遍存在的问题，特别是在一些中小企业中，保守的记账管理仍旧是财务管理的唯一方式。为改变这种现状，企业应该在公司内部实施专业化、规范化的应收账款信息跟踪管理制度，从而行之有效地加强对应收账款的分析和管理，使之成为规避外贸风险的有效手段。

（一）对客户应收账款进行跟踪

外贸企业可以按照图 4-7 所示的步骤和方法进行客户应收账款的跟踪管理。

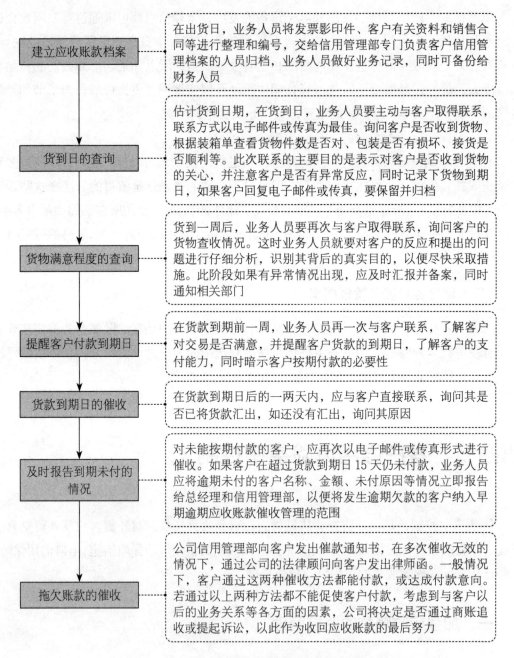

建立应收账款档案	在出货日，业务人员将发票影印件、客户有关资料和销售合同等进行整理和编号，交给信用管理部专门负责客户信用管理档案的人员归档，业务人员做好业务记录，同时可备份给财务人员
货到日的查询	估计货到日期，在货到日，业务人员要主动与客户取得联系，联系方式以电子邮件或传真为最佳。询问客户是否收到货物、根据装箱单查看货物件数是否对、包装是否有损坏、接货是否顺利等。此次联系的主要目的是表示对客户是否收到货物的关心，并注意客户是否有异常反应，同时记录下货物到期日，如果客户回复电子邮件或传真，要保留并归档
货物满意程度的查询	货到一周后，业务人员要再次与客户取得联系，询问客户的货物查收情况。这时业务人员就要对客户的反应和提出的问题进行仔细分析，识别其背后的真实目的，以便尽快采取措施。此阶段如果有异常情况出现，应及时汇报并备案，同时通知相关部门
提醒客户付款到期日	在货款到期前一周，业务人员再一次与客户联系，了解客户对交易是否满意，并提醒客户货款的到期日，了解客户的支付能力，同时暗示客户按期付款的必要性
货款到期日的催收	在货款到期日后的一两天内，应与客户直接联系，询问其是否已将货款汇出，如还没有汇出，询问其原因
及时报告到期未付的情况	对未能按期付款的客户，应再次以电子邮件或传真形式进行催收。如果客户在超过货款到期日 15 天仍未付款，业务人员应将逾期未付的客户名称、金额、未付原因等情况立即报告给总经理和信用管理部，以便将发生逾期欠款的客户纳入早期逾期应收账款催收管理的范围
拖欠账款的催收	公司信用管理部向客户发出催款通知书，在多次催收无效的情况下，通过公司的法律顾问向客户发出律师函。一般情况下，客户通过这两种催收方法都能付款，或达成付款意向。若通过以上两种方法都不能促使客户付款，考虑到与客户以后的业务关系等各方面的因素，公司将决定是否通过商账追收或提起诉讼，以此作为收回应收账款的最后努力

图 4-7 客户应收账款跟踪管理的步骤和方法

在催收应收账款的每个环节，企业都应在函件的用词、方式等方面给予客户最大的尊重。此种方法使部分客户即使在多次收到公司发出的付款通知及律师函后，还会给公司继续下定单。所以，不能因为客户欠款而影响公司与客户以后可能存在的良好合作关系。

（二）账龄分析

为使企业的应收账款管理工作能够有效开展和考核评价，必须在实时记录应收账款信息的基础上，进行账龄分析。

账龄分析就是将应收账款的收回时间加以分类，统计各时间段内支付的或拖欠的应收账款情况，从而监督每个客户的应收账款情况和应收账款支付进度。对不同时间段内的逾期账款采取不同的对策，进一步衡量企业应收账款的管理水平。外贸企业采用账龄分析法进行应收账款管理有图 4-8 所示的优点。

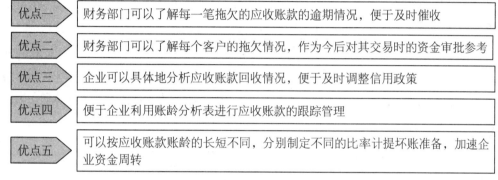

图 4-8　采用账龄分析法进行应收账款管理

要进行账龄分析，首先应当对每笔应收账款的"账龄"进行记录。按照客户付款时间的长短，填制账龄记录表。在账龄记录表中，可以直观地获得每位客户在每个时间段内的付款情况，包括应付金额、应付时间、已付金额、支付时间、未付金额、拖欠时间等具体的付款记录信息。在账龄记录的基础上，可对全部客户的付款情况进行分析和监控，加强对客户的应收账款管理。账龄分析表的格式如表 4-4 所示。

表 4-4　账龄分析表的格式

付款时间	已付金额	拖欠金额	已付账款占应收账款总额百分比	拖欠账款占应收账款总额百分比	拖欠账款占拖欠总额百分比
逾期 1～30 天					
逾期 31～60 天					
逾期 61～90 天					
逾期 91～180 天					
逾期 180～360 天					
逾期超 360 天					
合计					

账龄分析表可以是针对某一客户、某一类客户或全部客户。通过该表，企业可以了解每个客户乃至全部客户的付款状况和拖欠状况，分析本企业对客户的收账水平，并对

不同的客户实施有针对性的信用政策和收账政策，还可以有效地实施对应收账款的分类管理，并制订催收计划。

二、购买信用保险

出口信用保险是国家为了推动本国的货物、技术、劳务、资本出口，增加就业，刺激经济增长，增加外汇收入，保障出口企业收汇安全而制定的一项由国家财政支持的非营利性保险业务，是国际上通行的一种保障出口收汇安全的重要措施。

出口信用保险通过事前对买家的资信调查，为企业决策提供依据，出现保险责任内的风险后给予补偿，如图 4-9 所示。

出口信用保险承担的风险特别巨大，且难以使用统计方法测算损失概率。一般商业性保险公司不愿意经营这种保险，所以大多数是靠政府支持来经营的。中国出口信用保险公司（简称中信保，英文 Sinosure）是我国唯一承办出口信用保险业务的政策性保险公司。

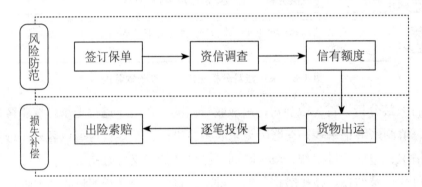

图 4-9　出口信用保险的风险防范及损失补偿

（一）购买出口信用保险的益处

外贸企业购买出口信用保险非常有必要，因为出口信用保险能够为企业带来益处，如图 4-10 所示。

图 4-10　购买出口信用保险的益处

1. 可以有效防范政治风险，避免欠款和坏账

出口信用保险可以有效防范政治风险，避免欠款和坏账带来的损失。出口企业通过借助中国出口信用保险公司提供的"国际商账追收服务"和"国家风险、买家风险和行业风险评估分析服务"，依托中国出口信用保险公司的全球追收网络，追收国外应收账款，减少坏账损失。对一国或地区的国际收支、外债负担、偿付能力、主权信用等因素，以及被评估企业的外部环境、内部管理、财务状况等方面进行评估，帮助客户在信用管理、呆坏账管理等方面实现预期目标。外贸企业利用出口信用保险公司所提供的保障，将不确定的大额坏账风险变为确定的可以计入成本的保险费开支，减少了坏账对企业收益的影响。同时，如果国外买家到期未支付货款，中国出口信用保险公司将根据保单规定对出口企业进行赔付，从而避免了欠款和坏账损失，维护了外贸企业的收款权益。

2. 可以有效解决买卖双方互不信任的问题

出口信用保险有效地解决了买卖双方互不信任的问题，为企业采取灵活的付款方式提供了保障，具体如图 4-11 所示。

方式一 对于信用放账期限在一年以内的出口业务

> 外贸企业通过向中国出口信用保险公司投保"短期出口信用保险"，既可以承保非信用证方式结算，如付款交单（D/P）、承兑交单（D/A）等以商业信用为付款条件的出口或转口贸易，也可以承保银行信用证（L/C）付款方式下的出口贸易

方式二 对于信用期限在一年以上的资本性货物出口

> 外贸企业可以投保"中长期出口信用保险"，如大型成套设备出口等。通过中国出口信用保险公司提供的信用支持，企业可以针对不同国家和地区的不同资信的客户灵活地选择付款方式，把收汇风险转移给保险公司，避免不必要的经济损失

图 4-11 灵活的付款方式

外贸企业通过采取灵活便利的支付方式，降低了出口交易成本，提升了自身的竞争力，对企业及时抓住贸易机会、扩大出口规模、提高出口效益具有积极的促进作用。

3. 为企业防范收汇风险提供有力保障

出口信用保险可以为出口企业提供详细和准确的客户信息，为企业防范收汇风险提供有力保障。外贸企业通过借助中国出口信用保险公司提供的"资信评估服务"和"风险管理服务"，可以调查国外买方的资信情况和相关国家的国别风险，以便合理确定交易条件，建立和完善出口风险管理机制，具体如图 4-12 所示。

在出口交易前 中国出口信用保险公司利用其专业技术优势和广泛的风险信息渠道为出口企业对国外买家进行详细的资信调查，从资金实力、信用程度、道德风险等多方面对买家做出全面的评估

在货物出口后 中国出口信用保险公司会及时跟踪国外买方的变化，适时评估买方的信用风险，并及时向出口企业提出建议，以调整该客户信用限额。保险业务完成后，中国出口信用保险公司可以帮助企业建立完备的客户档案，为企业总结经验提供资料，全面提高出口企业的风险管理水平。这样，企业可以根据不同的客户合理选择支付条件、放账期限等，从而有效规避出口风险，提高收汇的安全性

图 4-12　出口信用保险为企业提供的保障

4. 出口企业可获得融资便利

出口信用保险可以为出口企业提供融资便利，帮助其解决资金不足的问题。出口企业借助中国出口信用保险公司的"融资便利服务"，通过将出口信用保单权益转让方式，更加便利地获得银行融资。同时，还可以利用中国出口信用保险公司的"担保服务"获得银行融资，为企业提升信用等级，帮助企业解决出口融资困难。

> **小提示**
>
> 　　企业还可以通过投保"出口票据保险"，对银行在押汇、贴现、买断出口票据后的收汇风险给予保障，扩大了银行融资业务的范围，降低了融资业务的成本，为企业出口融资提供了便利。外贸企业通过出口信用保险把收汇权益转移给银行，应收款项融资变得便利许多，从而提高了企业的资金融通能力。

（二）出口信用保险的类别

出口信用保险主要包括短期出口信用保险和中长期出口信用保险两大类。

1. 短期出口信用保险

短期出口信用保险，一般情况下保障信用期限在一年以内的出口收汇风险。其适用于出口企业从事以信用证（L/C）、付款交单（D/P）、承兑交单（D/A）、赊销（OA）结算方式自中国出口或转口的贸易，以及银行在出口贸易项下受让的应收账款或未到期债权。

（1）承保风险。短期出口信用保险的承保风险如表 4-5 所示。

表4-5 短期出口信用保险的承保风险

序号	类别	具体说明
1	商业风险	（1）买方破产或无力偿付债务 （2）买方拖欠货款 （3）买方拒绝接收货物 （4）开证行破产、停业或被接管 （5）单证相符、单单相符时，开证行拖欠或在远期信用项下拒绝承兑
2	政治风险	（1）买方或开证行所在国家、地区禁止或限制买方或开证行向被保险人支付货款或信用证款项 （2）禁止买方购买的货物进口或撤销已颁布发给买方的进口许可证 （3）发生战争、内战或者暴动，导致买方无法履行合同或开证行不能履行信用证项下的付款义务 （4）买方或开证行付款须经过的第三国颁布延期付款令

（2）短期出口信用保险的类别。短期出口信用保险可以分为综合保险、统保保险、信用证保险、特定买方保险、买方违约保险、特定合同保险六类，具体如表4-6所示。

表4-6 短期出口信用保险的类别

序号	保险类别	险别说明		适保范围
1	综合保险	综合保险承保出口企业所有以信用证和非信用证为支付方式出口的收汇风险。它补偿出口企业按合同规定出口货物后，或作为信用证受益人按照信用证条款规定提交单据后，因政治风险或商业风险发生而直接导致的出口收汇损失		（1）货物、技术或服务从中国出口或转口 （2）支付方式为：不可撤销跟单信用证、付款交单（D/P）、承兑交单（D/A）或赊销（O/A）等 （3）付款期限：一般在180天以内，亦可扩展至360天 （4）有明确、规范的出口贸易合同
		承保风险		
		政治风险	政治风险是指买方所在国家（地区）相关的国家风险，包括： （1）信用证支付方式下的开证银行被其所在国家或地区禁止或限制汇兑货款；开证银行所在国家或地区颁布延期付款令，造成货款迟付；开证银行所在国家或地区发生战争等不可抗力因素，使开证银行无法履行付款义务 （2）非信用证支付方式下的禁止或限制汇兑、禁止进口、撤销进口许可证、颁布延期付款令、发生战争等	
		商业风险	商业风险指买家信用风险，包括： （1）信用证支付方式下的开证银行因破产、停业或被接管等无力偿还债务，开证银行拒付货款，开证银行拖欠货款 （2）非信用证支付方式下的买方破产或无力偿还债务，买方拒绝受领货物并拒付货款，买方拖欠货款	

序号	保险类别	险别说明	适保范围
2	统保保险	统保保险承保出口企业所有以非信用证为支付方式出口的收汇风险。它补偿出口企业按合同规定出口货物后，因政治风险或商业风险发生而导致的出口收汇应收账款经济损失	（1）货物、技术或服务从中国出口或转口 （2）支付方式为付款交单（D/P）、承兑交单（D/A）或赊销（O/A）等 （3）付款期限一般在180天以内，亦可扩展至360天 （4）有明确、规范的出口贸易合同
2	统保保险	承保风险	
2	统保保险	（1）政治风险是指买方所在国家（地区）相关的国家风险，包括禁止或限制汇兑、禁止进口、撤销进口许可证、颁布延期付款令、发生战争等 （2）商业风险是指买家信用风险，包括买方破产或无力偿还债务、买方拒绝受领货物并拒付货款、买方拖欠货款	
3	信用证保险	险别说明	适保范围
3	信用证保险	信用证保险承保出口企业以信用证支付方式出口时面临的收汇风险。付款期限在360天以内。在此保险项下，出口企业作为信用证受益人，按照信用证条款要求，在规定时间内提交了单证相符、单单相符的单据后，由于商业风险、政治风险的发生，不能如期收到付款的损失由中国信保补偿	（1）货物从中国出口 （2）支付方式为不可撤销的跟单信用证（L/C） （3）付款期限一般在180天以内，亦可扩展到360天 （4）有明确的出口贸易合同
3	信用证保险	承保风险	
3	信用证保险	（1）商业风险，主要包括开证银行因破产、停业或被接管等无力偿还债务，开证银行拒付货款，开证银行拖欠货款 （2）政治风险，主要包括开证银行被其所在国家或地区禁止或限制汇兑货款；开证银行所在国家或地区颁布延期付款令，造成货款迟付；开证银行所在国家或地区发生战争等不可抗力因素，使开证银行无法履行付款义务	
4	特定买方保险	特定买方保险专为中国出口企业而设。它承保企业对某个或某几个特定买方以各种非信用证支付方式出口时面临的收汇风险，其中付款期限在180天以内（可扩展至360天）	（1）货物从中国出口 （2）支付方式为付款交单（D/P）、承兑交单（D/A）、赊销（OA）等 （3）付款期限一般在180天以内，亦可扩展到360天 （4）有明确的出口贸易合同
4	特定买方保险	承保风险	
4	特定买方保险	（1）商业风险来自于买家，包括买方破产或无力偿还债务、买方拒绝收货、买方拖欠货款 （2）政治风险即国家风险，包括买方所在国家或地区禁止或限制汇兑货款；买方所在国家或地区颁布法令或采取行政措施，禁止货物进口或撤销进口许可证；买方所在国家或地区颁布延期付款令，影响货款支付；买方所在国家或地区发生战争等不可抗力因素，导致买方无法履行合同	

序号	保险类别	险别说明	适保范围
5	买方违约保险	买方违约保险专为中国出口企业而设。它承保出口企业以分期付款方式出口，因发生买方违约而遭受损失的风险，其中，最长分期付款间隔不超过360天。它不仅适用于机电产品、成套设备出口，而且适用于对外工程承包和劳务合作	（1）货物或服务从中国出口 （2）出口产品属于机电产品、成套设备、高新技术，或带有机电设备出口的对外劳务合作。产品价值中的中国成分不低于70%，船舶不低于50% （3）合同金额在100万美元以上，其中预付定金不低于15% （4）支付方式为按工程或服务进度分期付款，最长付款间隔不超过1年 （5）付款期限一般在180天以内，亦可扩展到360天 （6）有明确的出口贸易合同，合同执行期不超过3年
		承保风险	
		（1）商业风险来自于买家，包括买方破产或无力偿还债务；买方单方面解除合同；买方恶意变更合同；买方拒绝付款 （2）政治风险即国家风险，包括买方所在国家或地区颁布法令或采取行政措施，禁止或限制汇兑货款；买方所在国家或地区颁布法令或采取行政措施，禁止货物进口或撤销进口许可证；买方所在国家或地区颁布延期付款令，影响货款支付；买方所在国家或地区被禁运或制裁；买方所在国家或地区发生战争等不可抗力因素，导致买方无法履行合同		
6	特定合同保险	险别说明	适保范围
		特定合同保险专为支持中国出口企业而设。它承保企业某一特定出口合同的收汇风险，适用于较大金额（200万美元以上）的机电产品和成套设备出口及对外工程承包和劳务合作。其中，以各种非信用证为支付方式，付款期限在180天以内（可扩展至360天）	（1）货物从中国出口 （2）出口产品属于机电产品或成套设备 （3）对外工程承包和劳务合作 （4）合同金额在200万美元以上 （5）支付方式为付款交单（D/P）、承兑交单（D/A）、赊销（OA）等 （6）付款期限一般在180天以内，亦可扩展到360天 （7）有明确的出口贸易合同
		承保风险	
		（1）商业风险来自于买家，包括买方破产或无力偿还债务，买方拒绝收货，买方拖欠货款 （2）政治风险即国家风险，包括买方所在国家或地区颁布法令或采取行政措施，禁止或限制汇兑货款；买方所在国家或地区颁布法令或采取行政措施，禁止货物进口或撤销进口许可证；买方所在国家或地区颁布延期付款令，影响货款支付；买方所在国家或地区发生战争等不可抗力因素，导致买方无法履行合同		

2. 中长期出口信用风险的类别

中长期出口信用保险，旨在鼓励出口企业积极参与国际竞争，特别是高科技、高附加值的机电产品和成套设备等资本性货物的出口以及海外工程承包项目，支持银行等金融机构为出口贸易提供信贷融资。中长期出口信用保险通过承担保单列明的商业风险和政治风险，使被保险人得以有效规避收回延期付款的风险。

（1）买方信贷保险。买方信贷保险是指在买方信贷融资方式下，出口信用机构（ECA）向贷款银行提供还款风险保障的一种政策性保险产品。在买方信贷保险中，贷款银行是被保险人，投保人可以是出口商或贷款银行。

买方信贷保险对被保险人按贷款协议的规定履行义务后，由于表4-7所列商业或政治事件导致借款人未履行其在贷款协议项下的还本付息义务，且担保人未履行其在担保合同项下的担保义务而引起的直接损失，保险人根据保单的规定承担赔偿责任。

表4-7 买方信贷保险投保的事件

序号	事件类别	具体说明
1	政治事件	（1）借款人所在国家（或地区）政府或其在贷款协议项下还款必须经过的第三国（或地区）政府颁布法律、法令、命令、条例或采取行政措施，禁止或限制借款人以贷款协议约定的货币或其他可自由兑换的货币向被保险人偿还贷款 （2）借款人所在国家（或地区）政府或其在贷款协议项下还款必须经过的第三国（或地区）政府颁布延期付款令 （3）借款人所在国家（或地区）发生战争、革命、暴乱 （4）借款人所在国家（或地区）发生恐怖主义行动和与之相关的破坏活动 （5）保险人认定的其他政治事件
2	商业事件	商业事件主要包括借款人被宣告破产、倒闭或解散；借款人拖欠贷款协议项下应付的本金或利息两类
3	买方信贷保险除外责任	被保险人违反保险单或贷款协议的规定，或因被保险人的过错致使保险单或贷款协议部分或全部无效

（2）卖方信贷保险。卖方信贷保险是在卖方信贷融资方式下，出口信用机构（ECA）向出口方提供的用于保障出口商收汇风险的一种政策性保险产品，对因政治风险或商业风险引起的出口商在商务合同项下应收的延付款损失承担赔偿责任。具体如表4-8所示。

表4-8 卖方信贷保险的责任

赔偿责任	除外责任
对于被保险人在《保险单明细表》中列明的商务合同项下由下列事件引起的直接损失，保险人按本保险单规定承担赔偿责任 （1）进口商及其担保人破产、倒闭、解散 （2）进口商违反商务合同项下对被保险人的付款义务，且进口商的担保人（如有）也未履行担保合同项下的担保义务 （3）进口商违反商务合同的规定，致使商务合同提前终止或无法履行	（1）被保险人违反商务合同规定或违反有关法律法规引起的损失 （2）由于进口商拒绝支付或推迟支付商务合同下的应付款所引起的间接损失 （3）被保险人在其出具的履约保函或其他保函项下发生的损失 （4）汇率变更引起的损失 （5）除进口商及其担保人外的任何与商务

续表

赔偿责任	除外责任
（4）进口商所在国政府颁布法律、法令、命令或采取行政措施，禁止或限制进口商以商务合同约定的货币或其他可自由兑换的货币履行商务合同项下对被保险人的付款义务 （5）进口商所在国、项目所在国或进口商付款须经过的第三国颁布延期付款令 （6）进口商所在国或项目所在国颁布法律、法令、命令或采取行政措施（包括撤销或不予展延进口许可证），致使商务合同部分或全部无法履行 （7）进口商所在国或项目所在国发生战争、敌对行动、内战、叛乱、革命或暴动，致使商务合同部分或全部无法履行	合同付款相关的机构和人员违约、欺诈、破产、违反法律或其他行为引起的损失 （6）因进口商违约，被保险人按商务合同规定应向进口商收取的罚款或惩罚性赔偿 （7）在商务合同履行过程中，属于货物运输保险或其他财产以及责任保险范围内的损失 （8）商务合同生效后，被保险人得知的损失事件已经发生，仍继续履行合同引起的损失 （9）被保险人无权直接向进口商收取的款项的损失

（三）出口信用保险投保流程

外贸企业需要掌握出口信用保险的投保流程，以便更好地办理相关业务。下面以短期出口信用保险综合险为例，简要介绍出口企业投保的基本流程。

短期出口信用保险的操作流程如图4-13所示。

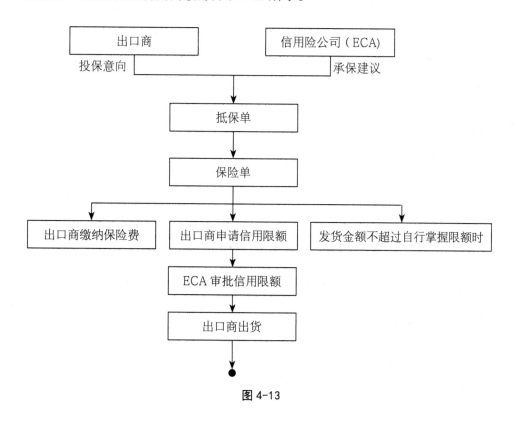

图 4-13

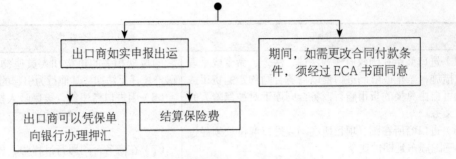

图 4-13　短期出口信用保险的操作流程

（四）及时报损与索赔

当有风险发生时，外贸企业要及时向保险公司报损与索赔。

1.填报《可能损失通知书》

《可能损失通知书》的目的是把企业获悉的风险信号通知保险公司，双方对可能发生的损失密切关注，携手减少损失，避免损失扩大。保险公司在接到《可能损失通知书》和相关资料后通常会马上与企业取得联系，了解该事件详情，协助催收货款，并经常与企业接触，关注事件发展情况。另外，及时填报《可能损失通知书》有助于保险公司做好理赔工作，在等待期满后尽快赔付。

当企业获悉保单条款列明的保险责任事故已经发生，致使出口收汇损失可能或已经发生，应在规定时间内向中国信用保险公司提交《可能损失通知书》。

提交《可能损失通知书》的时间要求如图 4-14 所示。

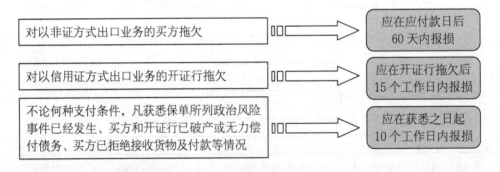

图 4-14　提交《可能损失通知书》的时间要求

> **小提示**
>
> 　　《可能损失通知书》的内容必须填写完整，特别是出运日期、应付款日、报损金额、案情说明、报损日期、申报日期等部分必须真实、准确。如填写不完整，将被退回，影响企业的报损时效。

2. 索赔

当企业提交《可能损失通知书》项下的出口损失已经确定，应在规定时间内向保险公司提交《索赔申请书》及全套索赔材料，申请索赔。

（1）企业应把握索赔时间，相关要求如图 4-15 所示。

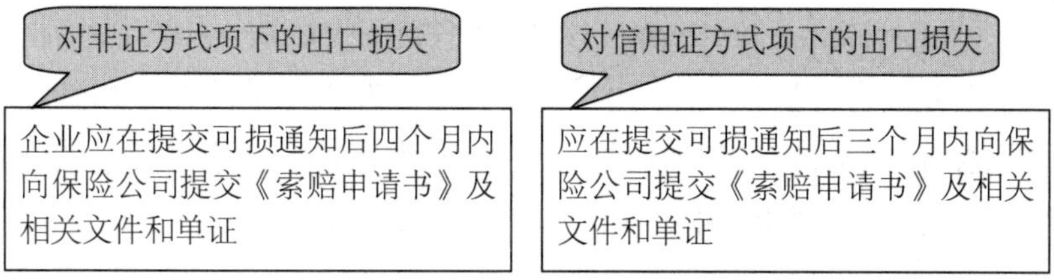

对非证方式项下的出口损失

企业应在提交可损通知后四个月内向保险公司提交《索赔申请书》及相关文件和单证

对信用证方式项下的出口损失

应在提交可损通知后三个月内向保险公司提交《索赔申请书》及相关文件和单证

图 4-15　进行索赔的时间要求

（2）企业必须填妥《索赔申请书》，以向保险公司索取赔偿。索赔申请书的内容必须填写完整。特别是出运日期、应付款日、索赔金额、致损原因、索赔日期、申报日期等部分必须真实、准确。如填写不完整，将被退回，影响企业的索赔时效。

（3）为便于保险公司迅速、准确地处理企业的索赔案，企业在责任确认后及时提供有关索赔单证和证明文件，包括以下内容。

① 索赔文件，如《可能损失通知书》《索赔申请书》、案情说明。

② 有关保险证明，如保单明细表、买方信用限额申请表 / 审批单、出口申报单、保费发票。

③ 相关贸易单证，如销售合同、商业发票、提单、报关单。

④ 证明未收汇的证明，如承兑汇票复印件、银行出具的未收汇证明（信用证和托收项下）、外管局出口收汇未核销证明。

⑤ 证明被保险人已履行催款义务的材料，如贸易双方往来函电。

⑥ 其他可能需要的材料，如仲裁、诉讼申请书、判决书及执行结果，质检报告，买方违约证明，买方国家发生政治风险事件证明，预付赔款保证函等其他证明文件。

（4）保险公司通常在受理企业的索赔申请并收到全套索赔文件后，在三个月（统保）或四个月（综合，信用证保单）内核实损失原因，并将理赔结果书面通知企业。

对有付款担保或存在贸易纠纷的合同，保险公司在外贸企业处理有结果之前，原则上均不定损核赔。由此产生的仲裁费或诉讼费由外贸公司先行支付，该费用在外贸公司胜诉且损失属本保单责任时，由双方按权益比例分摊。如果买方拒绝接收货物，只有在企业处理完货物残值后，保险公司才予以定损核赔。

（5）外贸企业在收到保险公司赔款后，应填写《赔款收据及权益转让书》，将赔偿部分的权益和所涉及的货物以及同货物有关的单证、票据及担保转让或移交给保险公司，并与保险公司通力合作，采取一切必要的、合理的或保险公司要求采取的包括法律诉讼在内的措施，配合保险公司向买方追讨欠款。追回款额及费用通常按各自权益比例进行分摊。

三、参与国际保理业务

国际保理（International Factoring）又称为承购应收账款，指在以商业信用出口货物时（如以 D／A 作为付款方式），出口商交货后把应收账款的发票和装运单据转让给保理商，即可取得应收取的大部分贷款，日后一旦发生进口商不付或逾期付款，则由保理商承担付款责任，在保理业务中，保理商承担第一付款责任。

（一）国际保理的功能

国际保理的功能是进口商资信情况调查、保收服务、销售账务管理、风险担保和贸易融资。出口商在向进口商发货后，将进口商应付货款的单证转卖给保理商。保理商根据延期付款的期限和自己要承担的风险，确定对出口商的贴现比例。高时可以达到 80%～90%，其余货款到期收进，而一旦发生买方信用风险，则由保理商承担第一付款人责任。在这种方式下，出口商支付一定的手续费和贴现费，就能够提前收回大部分货款，以减轻信用风险。

采用国际保理方式，不仅对出口商有利，进口商也乐于接受，因为这种方式能为出口商和进口商带来诸多好处。国际保理业务通常包含三项成本：利率、融资费用和信用保险。

（二）国际保理业务流程

国际保理业务的具体运作步骤如图 4-16 所示。

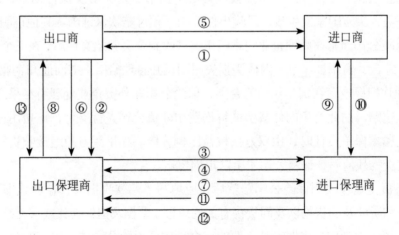

图 4-16　国际保理业务的具体运作步骤

国际保理业务具体运作步骤的说明如表4-9所示。

表4-9　国际保理业务具体运作步骤的说明

步骤	业务
①	出口商寻找有合作前途的进口商
②	出口商向出口保理商提出叙做保理的需求并要求为进口商核准信用额度
③	出口保理商要求进口保理商对进口商进行信用评估
④	如进口商信用良好，进口保理商将为其核准信用额度
⑤	如果进口商同意购买出口商的商品或服务，出口商开始供货，并将附有转让条款的发票寄送进口商
⑥	出口商将发票副本交出口保理商
⑦	出口保理商通知进口保理商有关发票详情
⑧	如出口商有融资需求，出口保理商付给出口商不超过发票金额80%的融资款
⑨	进口保理商于发票到期日前若干天开始向进口商催收
⑩	进口商于发票到期日向进口保理商付款
⑪	进口保理商将款项付出口保理商
⑫	如果进口商在发票到期日90天后仍未付款，进口保理商做担保付款
⑬	出口保理商扣除融资本息（如有）及费用，将余额付出口商

四、采用福费廷

福费廷是指远期信用证项下的票据买断业务。出口企业在远期信用证项下提交单据并获开证行承兑后，即可向国内银行申请经办福费廷业务。一旦国内银行接受福费廷业务，出口企业即时获得货款，并将收汇风险全部转嫁给经办银行。国内银行承办福费廷业务一般要求开证银行有非常好的资质和实力，或者是与其有相互业务代理关系的银行。

（一）特点

福费廷业务中的远期票据产生于销售货物或提供技术服务的正当贸易，包括一般贸易和技术贸易。福费廷远期票据业务办理流程如图4-17所示。

福费廷业务中的出口商必须放弃对所出售债权凭证的一切权益，做包买票据业务后，将收取债款的权利、风险和责任转嫁给包买商，而银行作为包买商也必须放弃对出口商的追索权。

出口商在背书转让债权凭证的票据时均加注"无追索权（Without Recourse）"字样，从而将收取债款的权利、风险和责任转嫁给包买商。包买商对出口商、背书人无追索权。

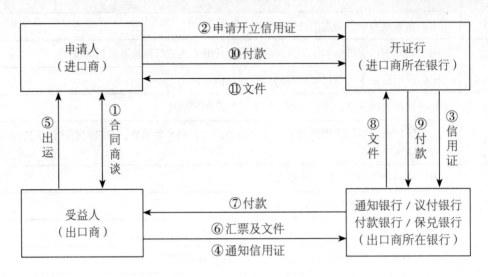

图4-17　福费廷远期票据业务办理流程

传统的福费廷业务，其票据的期限一般在1～5年，属中期贸易融资。但随着福费廷业务的发展，其融资期限扩充到1个月至10年不等，时间跨度很大。

传统的福费廷业务属批发性融资工具，融资金额由10万美元至2亿美元。可融资币种为主要交易货币。

包买商为出口商承做的福费廷业务，大多需要进口商的银行做担保。

出口商支付承担费（Commitment Fee）。在承担期内，包买商因为对该项交易承担了融资责任而相应限制了他承做其他交易的能力。此外，包买商还承担了利率和汇价风险。因此，包买商要收取一定的费用。

福费廷属于中期融资，融资期限可长达10年。

福费廷的担保方式主要有两种。一种是保付签字，即担保银行在已承兑的汇票或本票上加注"PerAval"字样，并签上担保银行的名字，从而构成担保银行不可撤销的保付责任；另一种是由担保银行出具单独的保函。

福费廷业务的特色是出口商转嫁风险的依据。福费廷业务项下银行对出口商放弃追索权的前提条件是出口商所出售的债权是合法有效的。因此，银行通常在与出口商签订的福费廷业务协议中约定，如因法院止付令、冻结令等司法命令而使该行未能按期收到债务人或承兑/承付/保付银行的付款，或有证据表明出口商出售给该行的不是源于正当交易的有效票据或债权时，银行对出口商保留追索权。福费廷业务的无追索权条款说明如图4-18所示。

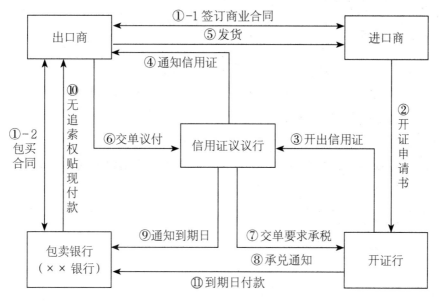

图 4-18　无追索权条款说明

（二）适用对象

叙做福费廷业务的企业需具有进出口经营权，并具备独立法人资格。由于福费廷业务主要提供中长期贸易融资，所以从期限上来讲，资本性物资的交易更适合福费廷业务。以下情况适合叙做福费廷交易。

（1）为改善财务报表，需将出口应收账款从资产负债表中彻底剔除。

（2）应收账款收回前遇到其他投资机会，且预期收益高于福费廷全部收费。

（3）应收账款收回前遇到资金周转困难，且不愿接受带追索权的融资形式或占用宝贵的银行授信额度。

（三）申请条件

（1）企业须具有法人资格和进出口经营权。

（2）在包买商处开立本币或外币账户，与包买商保持稳定的进出口结算业务往来，信誉良好，收付汇记录正常（商业银行或银行附属机构）。

（3）融资申请具有真实的贸易背景，贸易合同必须符合贸易双方国家的有关法律规定，取得进口国外汇管理部门的同意。

（4）利用这一融资方式的出口商应同意进口商以分期付款的方式支付货款，以便汇票、本票或其他债权凭证按固定时间间隔依次出具，以满足福费廷业务需要。

（5）除非包买商同意，否则债权凭证必须由包买商接受的银行或其他机构无条件地、不可撤销地进行保付或提供独立的担保。

（6）银行要求的其他条件。

（四）申请资料

出口商向包买商申请办理福费廷业务时，需提供下列资料。

（1）出口商情况介绍，经工商局年检的企业法人营业执照复印件；

（2）进口商情况介绍；

（3）交货情况及进口许可证（若需要）；

（4）信用证及其项下全部修改、贸易合同副本、全套出口单据及签字、文件真实性的证明等文件；

（5）保函或银行本票副本及《转让书》；

（6）银行要求的其他资料。

（五）申办程序

福费廷业务的申办程序如图4-19所示。

第一步	签订进出口合同与福费廷合同，同时进口商申请银行担保
第二步	出口商发货，并将单据和汇票寄给进口商
第三步	进口商将自己承兑的汇票或开立的本票交给银行要求担保。银行同意担保后，担保函和承兑后的汇票或本票由担保银行寄给出口商
第四步	出口商将全套出口单据（物权凭证）交给包买商
第五步	收到开证行有效承兑后，包买商扣除利息及相关费用后贴现票据，无追索权地将款项支付给出口商
第六步	包买商将包买票据经过担保行同意向进口商提示付款
第七步	进口商付款给担保银行，担保行扣除费用后把剩余货款交给包买商

图4-19　福费廷业务的申办程序

五、采用债权担保

为了减少进出口贸易信用风险，企业可以采用债权担保的手段转移风险。债权担保是债务人委托保证人为债权人提供信用担保的风险转移方式。债权担保能够保证债务履行，可以降低进出口贸易信用风险，一旦债务人违约，债权人可以根据合同规定向担保人索偿，或通过抵押物、质押物、留置物受偿，从而减少和转移信用风险，保证进出口贸易的持续增长，促进资金流转。

六、加强中间渠道的管理

一定要选择符合商务部规定的有合法资质的国际货物运输代理企业，并考察其资信情况。对于进口商指定的国际货运代理，如果不符合要求，必须要求进口商更换承运人，或者由有资质和实力的国际货运代理人提供担保。国外的开证行或代收行，可以通过国内银行对其资信情况进行了解。对于资信差的开证行或代收行，应当要求其提供保兑行，或采取自寄单据的方式进行交易。

七、严格履行合同，做到按质、按量、按时发货

在出口商品时一定要严格按照合同规定办事，不能主观行事，所交货物的质量一定要与合同规定的品质相符，同时避免发错货物。货物准备好之后，要及时租船定舱，在合同规定的装运期限内装运货物。在信用证方式下必须严格做到单证相符，出口商只有提交符合信用证要求的单据，开证银行才能顺利付款。

第五节　客户信用风险事后控制

一、事后客户信用跟进

在交易过后，企业也应该加强对客户的信息收集，对产品的销售情况、客户经营情况再进行收集分析，明确交易后客户的信用是否会有下降的趋势，如有则立即进行相关款项的追讨，以便减小企业的损失。如果企业在交易过后，经营水平与以前持平或者有所上升，那么可以考虑进一步的合作，并提高客户在企业内部的信用度，作为长期客户进行合作。

二、客户信用资料整理入档

每一个客户都有许多的资料，企业在与客户进行合作之后，应该就客户的资料以及信用程度加以整理，以便能够在以后的经营中有参考的依据。对那些信用度不高的客户，要保持警惕，减少甚至不与其合作，而对那些信用度高的客户，加大合作的力度，共同在国际市场上取得双赢。

三、客户信用反馈奖惩机制

建立客户信用反馈奖惩机制有利于对客户进行全面细致的把握，对以后的合作有极大的好处。建立信用反馈奖惩机制就是要在企业内部进行客户资料的收集，建立起企业的信用奖惩机制。企业信用反馈奖惩机制的建立是为了奖励守信的客户、惩戒失信的客户，保护企业的利益，为以后的合作提供依据。

四、注重拖欠货款的收账

事后控制实际上就是在对外交易中出现类似拖欠货款等信用风险时，针对拖欠行为外贸企业应采取的危机处理或控制措施。

传统的应收账款管理制度由于缺少系统性和科学性，只注重事后的强行收账，往往不能取得好的效果，甚至将客户关系搞僵，影响业务的长期发展。实际上，当拖欠货款的情况发生之后，企业首先应该深入分析导致这种情况发生的原因，抓住问题的主要矛盾，采取有针对性的追讨方法。

一般情况下，出口贸易中逾期账款产生的原因主要有如图 4-20 所示的两种。

图 4-20　出口贸易中逾期账款产生的原因

针对第一种原因造成的逾期应收账款，要充分了解客户真实情况，对于确实难以收回的逾期账款应及时做坏账处理；如果客户经营出现问题，濒临破产，应该迅速采取法律措施，以保证在企业破产清算前和破产清算时最大可能收回应收账款；若客户是因为暂时困难导致一时难以支付货款，但长期的支付能力没有受到影响，则企业可以从长期合作的角度出发，暂缓收回款项，帮助顾客度过困难，待客户支付能力恢复后收回款项，增加彼此之间的信任程度。

针对第二种情况产生的逾期账款和拖欠期限较短的应收账款，可采取加重语气寄送催款信或者实地催债等措施；对于拖欠期限很长的应收账款，则应采用仲裁或诉讼等法律手段，以维护自身的利益。

第五章

货物运输环节
风险防范

【导言】

在国际贸易中85%以上的货物是通过海洋运输来实现的，而运输过程中确有许多意料不到的风险。如何防范国际货物运输中的风险或怎样把风险降到最低点，这是从事国际贸易相关人员最关心的事情，也是迫切需要解决的棘手问题。

第一节　风险提示

一、外来风险

外来风险一般是指由于外来原因引起的风险。它可分为一般外来风险和特殊外来风险，如图 5-1 所示。

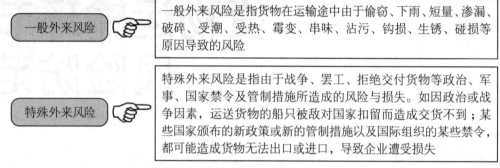

| 一般外来风险 ☞ | 一般外来风险是指货物在运输途中由于偷窃、下雨、短量、渗漏、破碎、受潮、受热、霉变、串味、沾污、钩损、生锈、碰损等原因导致的风险 |
| 特殊外来风险 ☞ | 特殊外来风险是指由于战争、罢工、拒绝交付货物等政治、军事、国家禁令及管制措施所造成的风险与损失。如因政治或战争因素，运送货物的船只被敌对国家扣留而造成交货不到；某些国家颁布的新政策或新的管制措施以及国际组织的某些禁令，都可能造成货物无法出口或进口，导致企业遭受损失 |

图 5-1　外来风险的类别

二、海上风险

海上风险在保险界又称为海难，包括海上发生的自然灾害和意外事故。

（一）自然灾害

自然灾害是指由于自然界的变异引起破坏力量所造成的灾害。海运保险中，自然灾害仅指恶劣气候、雷电、海啸、地震、洪水、火山爆发等人力不可抗拒的灾害。

（二）意外事故

意外事故是指由于意料不到的原因所造成的事故。海运保险中，意外事故仅指搁浅、触礁、沉没、碰撞、火灾、爆炸和失踪等，如表 5-1 所示。

表 5-1　意外事故的类别

序号	类别	具体说明
1	搁浅	搁浅是指船舶在事先无法预料到的意外情况下与海底、浅滩、堤岸发生触礁，并搁置一段时间，使船舶无法继续行进以完成运输任务。但规律性的潮汐、涨落所造成的搁浅不属于保险搁浅的范畴

续表

序号	类别	具体说明
2	触礁	触礁是指载货船舶触及水中岩礁或其他阻碍物（包括沉船）
3	沉没	沉没是指船体全部或大部分已经没入水面以下，并已失去继续航行能力。若船体部分入水，但仍具航行能力，则不视作沉没
4	碰撞	碰撞是指船舶与船或其他固定的、流动的固定物猛力接触。如船舶与冰山、桥梁、码头、灯标等相撞等
5	火灾	火灾是指船舶本身、船上设备以及载运的货物失火燃烧
6	爆炸	爆炸是指船上锅炉或其他机器设备发生爆炸和船上货物因气候条件（如温度）影响产生化学反应引起的爆炸
7	失踪	失踪是指船舶在航行中失去联络、音讯全无，并且超过了一定期限后，仍无下落和消息的情形

在国际贸易中，海洋运输防范的重点应放在外来风险上。外来风险是可预防性风险，一般采用预防性的战略。海上风险主要是因不可抗力引起的，是难以预测、难以控制的，一般通过投保转嫁货物的风险，又称转嫁性战略。

三、目的港提货钱货两空的风险

国际贸易中的海运提单，是船务公司签发的货物收据，它的基本作用是充当货物收据、货物凭证及运输公司的证据等。由于承运人承诺提单的合法持有人在规定的地点凭提单提取货物，所以提单就成为支配货物所有权的文件。它可以转让、进行信贷、抵押以及据此索赔等。因此，提单是一种物权凭证。然而，在国际贸易中，提单的使用也会带来种种风险。

（一）倒签和预借提单

倒签和预借提单都是由于买方没有备货或货物没能按时运到装运港口，没能按时装上船。托运人倒签提单或预借提单的目的都是为了使得提单签发日期符合信用证要求，顺利结汇，但对收货人来说，则构成合谋欺诈，可能使收货人蒙受重大损失。

（二）伪造提单

在信用证贸易中，只要单证符合信用证的要求，银行即根据信用证付款，而不审查单证的来源及其真实性。一些不法商人即利用信用证中这一法律空子伪造提单，以骗取买方付出货款，这时货物可能根本没有装船，或虽已装船，但货物有瑕疵。

在国际贸易中，出口方应该预防进口方和承运人勾结，用伪造提单骗取货款。因此，外贸企业应对客户的资信情况做全面了解，选择信誉好的交易伙伴，使用标准的、高质量的、难以伪造的提单。

（三）无提单交货

在海上运输中，提单是物权凭证，货物运到目的港后，承运人有义务将货物交给正本提单持有人，但因种种原因，货物运抵目的港时，提单还没有流到收货人手中，这种情况在远洋运输中更为常见。如果承运人将货物交给非正本提单持有人，则可能造成错误交货，构成对提单持有人的侵权。

在无提单放货过程中，提取货物的不一定是买卖合同的买方，有可能被冒领，这时收货人往往不易查明，也有船方偷货的可能，因此，无提单交货风险是很大的。外贸企业选择可靠的海运公司（承运人）运载货物，可以极大地降低无提单放货的风险。

第二节　防范对策

外贸企业应按照国际贸易进出口流程，把与运输相关的环节从中抽出来研究，分析每一个环节中存在的风险，找出风险的隐患所在，在投保的基础上做一些预防措施，根除风险隐患。

一、运输条款订得尽可能完善、明确和切实可行

运输条款是国际贸易合同的重要组成部分，同时也是买卖双方达成的运输协议。消除运输条款中的隐患，减少不必要的麻烦和损失对双方都有利。如果运输条款订得不恰当或者责任不明确，甚至脱离了运输的实际可能，不但在执行贸易合同时，会使运输工作陷于被动，引起经济损失及种种纠纷，严重的还会引起违约。因此，运输条款订得尽可能完善、明确和切实可行。订立运输条款应注意以下问题。

（一）装运期

1. 装运期主要的问题

在装运期方面通常会出现以下两个主要的问题。

（1）装运期的表达不恰当，过于"笼统"和过于"具体"。

在信用证中笼统地使用"立即装运""即可装运""迅速装运"等词语来表示装运期，银行将不予理会，这会给结汇带来很大麻烦。过于"具体"，是指有的信用证中规定到

具体某一天装运，如果这一天港口装运工人不上班或者货物没有及时运到港口，出口方就很难按照规定日完成装运。

（2）对装运期的误解，如以下实例。

　　某对外贸易进出口公司于5月23日接到一张国外开来的信用证，信用证对装运期和议付有效期条款规定："Shipment must be effected not prior to 31st May 2014. The Draft must be negotiated not later than 30th June，2014"。外贸公司误认为是5月31日以前装运（实际要求是，不得在5月31日之前装运），认为信用证装运日期很紧，经过多方努力终将货物及时装上船。但当外贸公司拿到提单到银行结汇时，银行却告知单证和信用证不符，拒绝结汇。外贸公司相关负责人回来仔细对照信用证才发现是自己误解了装运期。

2. 规定装运期的要求

规定装运期一定要从实际出发，慎重考虑各方面的因素。不仅要考虑到商品的性质和特点，还要考虑到货源、船期以及市场竞争的情况。对装运期规定在某个时间段内，给装运留有一定的机动余地。对装运期要仔细审核，尤其要审核不符合常规的写法。另外，不要受习惯的影响，只看局部就想当然地认为可以了。

（二）装运港与目的港

买卖双方根据本身的利益来确定装、卸港口。因此在洽谈交易的时候，一般情况下由卖方提出装运港，而买方提出目的港，然后双方协商达成一致意见。确定装、卸港应注意以下问题。

（1）装运港一般应以接近货源所在地的外贸港口为宜，同时考虑港口和国内运输的条件及费用水平。

（2）目的港应规定得具体明确，避免使用"欧洲主要港口"等笼统的规定。因为它含义不明，国际上并无统一解释，而且各港口距离远近不一，运费和附加费相差很大，会给安排船舶造成困难，且容易造成因多支付运费而发生不必要的纠纷。

（3）如果规定"选择港"，则这些港口必须在同一航区、同一航线、同一班轮停靠的基本港范围内，一般不应超过三个；不得跨航线选港，使卖方无法安排运输。

（三）分批装运和转船

一般说来，"允许分批装运和转船"对卖方来说比较主动。因此，为了避免不必要的争议，争取早出口、早收汇，防止交货时发生困难，除非买方坚持不准分批和转船，原则上均应争取在合同中规定"允许分批和转船"。

二、货物的包装要考虑周全

做好货物的包装可不是一件简单的事情，尤其是国际货物的包装，更要综合各个方面的因素加以考虑。

（一）包装的基本要求

包装不仅要适合商品本身的特性，起到保护、美化商品的作用，还要适合搬运、装卸、运输等。例如，水泥怕潮湿、玻璃制品容易破碎、流体货物容易渗漏和流失等特性，就要求托运人根据货物性质及重量、运输环境条件和承运人的要求，采用适当的内外包装材料和包装形式，妥善包装。精密、易碎、怕震、怕压、不可倒置的货物，必须有相适应的防止货物损坏的包装措施。

（二）特殊考虑

（1）根据货物运输航线，从航线经过的地区纬度、海陆位置、地形、气候、水文等自然地理因素去考虑包装的适航问题。

········ 实 例 ········>

某年夏季，我国某公司出口一批沥青运往西非，租用外国的船，沥青包装采用5层牛皮纸袋。当商船通过亚丁湾、曼德海峡进入红海后，沥青开始融化。红海位于干燥炎热的亚热带地区，降雨稀少，蒸发强烈，周围是干旱的荒漠，没有大河流入，主要靠从曼德海峡流经印度洋的海水补给。因此，海水的温度和盐度都很高，表层海水的最高温度可达32℃，含盐度一般都在40‰以上，是世界上水温和盐度都非常高的内海之一。因红海气温高，沥青融化，透过纸袋粘在货舱地板上。商船穿过苏伊士运河时，沿途气温有所下降，粘在货舱地板上的沥青又凝固下来，到目的港后，卸货十分困难，清理打扫船舱更困难，最后结账，卖沥青赚来的外汇还不够洗舱的费用。

货物包装应当保证货物在运输过程中不致损坏、散失、渗漏，不致损坏和污染运输设备或者其他物品。

（2）应考虑有关国家的民族风俗习惯、宗教信仰、语言、消费习惯和消费水平、法律规定和客户的要求不同调整包装。例如，许多国家对花卉、颜色、商标等都有不同的要求或爱好，企业出口商品时一定要注意包装、标志、颜色等，否则有可能遭遇拒收的风险。

（3）考虑到国际惯例、国际条例、法规等，严禁使用草袋包装或草绳捆扎。货物包装内不准夹带禁止运输或者限制运输的物品、危险品、贵重物品、保密文件和资料等。如果违背了这些惯例、法规，运输船很有可能被海关扣押或被拒绝进入。

总之，包装在国际货物运输中是一个不可忽视的关键问题，如果在包装方面出了问题，运输过程中会出现很多预想不到的麻烦，为了避免这些麻烦，综合考虑上述因素是很有必要的。

三、租船订舱要谨慎

租船订舱是国际货物运输中很重要的环节，也是最容易出现问题的地方。所以，做好租船订舱工作是国际货物运输风险防范的重点。

（一）运输方式的选择

选择适当的运输方式不仅可以节省运输成本、获得更大的利润，而且可以降低风险。国际贸易中的货物运输方式的选择，要根据货物的种类、数量、特性，结合租船市场的情况加以选择。海上货物运输按照船舶的经营方式不同，可分为班轮运输和租船运输两类，如图5-2所示。

班轮运输方式的特点为固定航线、固定港口、固定船期、相对固定的费率

班轮运输方式

租船运输

租船运输的特点为适合大宗的货物、竞争的运价、"四不固定"、特定的物品

图5-2 船舶的经营方式与运输特点

根据以上两种不同运输方式的特点，国际贸易中的零星货物和一般杂货，一般用班轮运输。而大宗货物、交货期集中的货物，或者发货港与目的港之间没有直达班轮时，都采用租船方式来运输。例如，粮食、矿砂、石油、煤炭、木材等，大都采用租赁船舶来运输。

（二）租船订舱

做好运输方式的选择以后，接下来的工作就是选择货代公司或船舶出租公司。

1.选择货代

货代的资信直接与货物运输的风险相关联。近来，屡屡发生买方与货代勾结，要求船方无单放货，造成卖方钱货两空的事情。另外，有的货代只在装运口岸设一个小小的办事处，并无实际办理装运的能力，往往是接到订单后再通过外贸企业有关机构办理，既增加了环节，降低了效率，又提高了费用。所以，外贸企业应该坚决不与资信不好的货代合作，无论它所报的价格多么优惠。

2. 租船

租船时要了解船东及船舶。如果是租船运输，需要更加谨慎，租船程序相对比较复杂。不仅要对船东的资信和经营状况调查，还要具体了解船东的名称、船舶的名称、船籍、吨位、船龄、航行的范围等。原则上从适航、适货、经济实惠、安全保险等方面考虑做出决定，船龄超过15年的一般不租用，防止替代船。

3. 订舱

确定船东后的工作就是订舱。订舱的时候，要如实告知货物的名称、种类、包装形态、货物数量和货物运输的特殊要求等。为了安全运送，承运人必须了解货物的性质和特点，以判断船舶的结构、设备和管理是否适合装载和能否安全运输这批货物。如果实际装货的所占空间超过预订的空间，船东有权利拒绝装载多余的部分；如果预订空间比实际装载货物所占空间大，由此造成的空舱，租船人要承担"空舱费"。价值比较高的货物，若没有通知承运人，如果货物发生被盗，只按普通货物赔偿。

> **小提示**
>
> 一定要认真签订租船订舱合同，分清双方的义务和责任，如发生意外，要及时通知对方，避免不必要的纠纷。

四、货物的装卸要做好船货的衔接工作

货物的装卸，首先要做好船货的衔接工作，避免出现货等船或者船等货的状况。

（一）货物要在合理的时间运抵码头

货到码头太早，如果气候突变，应就地采取必要的应急措施。没有必要的应急措施可能引起货物的损失，采取了应急措施就会增加不必要的费用。货到码头也不能太晚，要留出一定的装船时间。

（二）了解"滞期费"和"速遣费"

要对关于计算装卸时间经常使用的术语有所了解，尤其是货物装卸港的装卸时间的计算方法。注意装船的许可时间。租船时，都有规定租方要在多长时间内完成货物的装卸。

如果超过了许可时间,租方受罚,提前完成则受奖。这就是外贸行业通常所说的"滞期费"和"速遣费"。所以,外贸企业对装卸的速度和有关装卸日的规定应高度重视,要根据港口的装运速度来确定大概的装运时间。外贸企业要弄清楚合同中对日的理解,如工作日、连续日、晴天工作日、连续24小时良好工作日等。争取"速遣费",保证不付"滞期费"。

做好船货的衔接工作看似是简单的工作,但是在实际国际贸易中发生过不少关于"滞期费"的纠纷。

实例

2013年10月9日,我国A公司(以下简称买方)与美国B国际有限公司(以下简称卖方)签订一项买卖合同。合同约定买方从美国进口24 755.5万吨废钢铁,按成本加运费计价(C&F);由卖方租船,从美国东海岸港口装货,装运期自2013年10月20日至11月30日,卸货港为中国大连。合同附加条款的第6条第1款规定:"卸货港每连续24小时晴天工作日应卸货1 500公吨(节假日除外)。滞期费为4 500美元/日,滞期时间连续计算。"2013年11月9日,卖方同巴拿马玛丽娜维法航运公司签订租船合同,租用该公司所属"凯法劳尼亚"轮。租船合同约定,滞期费按每日4 600美元计算;"凯法劳尼亚"轮在美国罗德岛普维斯和波士顿港将买方购买的24 755.5吨货物装船后,分别于2013年11月29日、12月6日签发了以中国对外贸易运输公司为通知人的指示提单。该轮于2013年12月7日从波士顿启航,2014年1月18日到达卸货港大连。该轮到港后,递交了《准备就绪通知书》,停泊在锚地等待卸货,但港口一直未予卸货。此后,大连外轮代理公司通知该轮移往青岛港卸货。该轮于2月13日到达青岛,直至3月14日才开始卸货。2014年5月9日,该轮船东向青岛海事法院申请留置收货人在船上的待卸货物,并要求收货人立即支付已到期的39.56万美元的滞期费和预计至卸货完毕可能继续产生的滞期费。

(三)装卸应小心谨慎

货物的装卸应以小心谨慎的原则为前提,尽可能减少货损。在作业现场配备设施、机械、工具,在劳动力安排等方面做好充分准备。针对作业货物的性质及装船工艺要求,制定安全质量防范措施。听从承运人的指导,按计划及载图的装货顺序和部位装舱。作业按运货质量标准要求进行,严格遵守操作规程,合理使用装卸工具,货物轻搬、轻放。

五、海运提单风险防范

海运提单风险防范的措施如图5-3所示。

| 杜绝或从严掌握预借和倒签提单 | 印刷和使用难以伪造的提单 | 选择资信好的交易伙伴 | 严格海运提单的签署 | 选择可靠的船公司（承运人）运载货物 | 积极运用法律手段，及时要求海事司法保护 |

图5-3　海运提单风险防范措施

（一）杜绝或从严掌握预借和倒签提单

倒签或预借提单办理结汇，有损外贸企业形象及外运公司信誉，并可能造成经济损失。出口公司在签约、订舱、交货时需充分考虑到港口拥挤、船期不准等客观情况，同时加强对合同履行各个环节的管理工作，加强与有关部门的配合，必要时事先设法取得客户的配合。如不得不"预借提单"时，则要注意防止发生实际装货船舶与"预借提单"的船名不相符的情况，如因无舱位或货物迟延而改装了另一条船。一旦发生这种情况，则应采取紧急措施，果断追回全套单据，重新缮制，决不可有侥幸心态。因为，从法律责任看，出口方预借提单结汇已构成伪造装运日期，一旦另一方查明事实真相，违约方须承担一定法律责任。如出口方提供了装于甲船"已装船"的"清洁提单"，而货物却装上乙船，无需细查，即可证明出口商预借了提单，仅凭这一点，进口商就可拒付货款并提出索赔。而"倒签提单"属托运人和承运人合谋欺骗收货人的行为，因此受害方不仅可以追究卖方的责任，而且可以追究承运人的责任。这种行为的法律后果无论对卖方还是对承运人都是十分严重的。

为预防发生倒签提单，出口商应对有关装期进行准确的规定。例如，国外信用证时常有以下一些关于装运期的用语。

- Latest：31，May，即最迟不晚于5月31日，包括5月31日。
- Not Later Than May 31，不迟于5月31日，包括5月31日。
- During First Half of May，表示从5月1日至5月15日，包括起止日。
- Within May，即 During May，从5月1日至5月31日，包括起止日。
- At the End of May，从5月21日至5月31日，包括起止日。
- On or Before May 31，表示5月31日之前，包括5月31日。
- On or About May 31，表示5月31日前后5天内，即从5月26日至6月5日止。

出口商应严格按信用证规定装运，通过正当手段获得装船清洁提单，以维护良好的信誉。

（二）印刷和使用难以伪造的提单

国际海事局提议，印制和使用难以伪造的提单，控制其流通。

（三）选择资信好的交易伙伴

在国际贸易交往中，对客户的资信情况全面了解是保障业务顺利进行的先决条件。若没有对交易伙伴的资信情况进行很好的调查和了解，仅凭熟人介绍或"贪小便宜"与之成交，往往容易出事。所谓资信情况好，包括以下两个方面。

（1）资产情况好，有相当可观的资产，且经营状况好，有履约能力。

（2）能在诚实信誉的原则上履约，不会随意撕毁契约。

（四）严格海运提单的签署

信用证业务是纯粹的单据交易，银行承担其付款责任的唯一条件是受益人提交了符合信用证条款的单据，只要单据表面满足"单单相符、单证一致"的条件，银行就承担付款责任。而不管单据的真假与否，如果单据出现不符点，对出口方来说，就丧失了安全和及时收汇的银行保证。对进口方来说也会造成不同程度的损失。

（五）选择可靠的船公司（承运人）运载货物

根据目前航运界状况，不可能完全禁止保函的使用，因此外贸企业选择可靠的承运人至关重要。装船时承托双方都要谨慎，力争做到尽早发现和及时解决出现的问题，避免出保函。承托双方对保函的出具和接受也要慎重，以便在保函项下发生损失时易于协商解决。由于保函具有承托双方合伙对第三者收货人欺诈的性质，因此，外贸企业应十分注意选择可靠的承运人运载货物。

（六）积极运用法律手段，及时要求海事司法保护

外贸企业在寻求海事法院的保护时应注意以下几点。

1. 发现外方有诈骗迹象时，及时向海事法院提起诉讼

对于国外不法商人的诈骗行为，我方难以寻觅行骗人，即便能够找到，对方也不会轻易应诉，不会轻易执行判决。以伪造单据诈骗为例，如果行骗人伪造的全套单据（包括提单）完全符合信用证的要求，根据《UCP 600》（《跟单信用证统一惯例600》）惯例，议付行即应履行付款义务。若赶在银行付款之前亦即诈骗方得到货款之前，及时向海事法院提起诉讼则可避免损失该货款；若在付款之后才向法院起诉，行骗商可能已逃之夭夭，法院做出判决也难以执行。

2.提出诉讼保全措施

提出诉讼保全是使不法外商诈骗目的不能得逞的重要措施。申请诉讼保全后，海事法院及时对诈骗者所有或诈骗标的物实施扣押或冻结，确保日后对诈骗案件司法判决的实际进行。但是，如果提出的诉讼保全是冻结信用证项下的货款，则该请求必须在银行承兑之前提出，因为在远期信用证付款情况下，如果银行已承兑了汇票，则银行在信用证项下的责任就变成了汇票项下的无条件的付款义务，法院也就无权对该货款实施保全措施。

六、靠投保转嫁风险

外贸企业要预防运输风险，最好的方法便是购买运输保险。根据合同中约定使用的贸易术语，在办理保险时，外贸业务员的工作重点各有不同。按 FOB 或 CFR 术语成交，保险由买方办理，外贸企业要催促买方及时办理。如果使用 CIF 术语，卖方要自行办理保险，这时外贸企业就要全程负责。

（一）保险的种类

海洋运输货物保险，按照国家保险习惯，可将各种险别分为基本险别和附加险别。

1.基本险别

基本险别有平安险（Free of Particular Average，简写 F.P.A.）、水渍险（With Particular Average，简写 W.P.A.）和一切险（All Risks）。不同的险别，其责任范围也不一样，具体如表5-2所示。

表5-2　基本险别的责任范围

序号	险别	责任范围
1	平安险	（1）在运输过程中，由于自然灾害和运输工具发生意外事故，造成被保险货物的实物的实际全损或推定全损 （2）只要运输工具曾经发生搁浅、触礁、沉没、焚毁等意外事故，不论这意外事故发生之前或者以后曾在海上遭恶劣气候、雷电、海啸等自然灾害所造成的被保险货物的部分损失 （3）由于运输工具遭搁浅、触礁、沉没、互撞、与流冰或其他物体碰撞，以及失火、爆炸等意外事故造成被保险货物的部分损失 （4）在装卸转船过程中，被保险货物一件或数件落海所造成的全部损失或部分损失 （5）运输工具遭自然灾害或意外事故，在避难港卸货所引起被保险货物的全部损失或部分损失 （6）运输工具遭自然或灾害或意外事故，需要在中途的港口或者在避难港口停靠，因而引起的卸货、装货、存仓以及运送货物所产生的特别费用 （7）发生共同海损所引起的牺牲、公摊费和救助费用

序号	险别	责任范围
1	平安险	（8）发生了保险责任范围内的危险，被保险人对货物采取抢救、防止或减少损失的各种措施，因而产生合理施救费用。但是保险公司承担费用的限额不能超过这批被救货物的保险金额。施救费用可以在赔款金额以外的一个保险金额限度内承担
2	水渍险	除了包括上列"平安险"的各项责任外，还负责被保险货物由于恶劣气候、雷电、海啸、地震、洪水等自然灾害所造成的部分损失
3	一切险	除了包括上列"平安险"和"水渍险"的所有责任外，还包括货物在运输过程中，因各种外来因素所造成保险货物的损失。不论全损或部分损失，除对某些运输途耗的货物，经保险公司与被保险人双方约定在保险单上载明的免赔率外，保险公司都给予赔偿

2.附加险别

附加险别包括一般附加险和特殊附加险。

（1）一般附加险。一般附加险不能作为一个单独的项目投保，而只能在投保平安险或水渍险的基础上，加保一种或若干种一般附加险。如加保所有的一般附加险，就叫投保一切险。常见的一般附加险及其说明如表5-3所示。

表5-3　常见的一般附加险

序号	险别	具体说明
1	偷窃提货不着险	保险有效期内，保险货物被偷走或窃走，以及货物运抵目的地以后，整件未交的损失
2	淡水雨淋险	货物在运输中，由于淡水、雨水以至融雪所造成的损失
3	短量险	负责保险货物数量短缺和重量的损失
4	混杂、沾污险	保险货物在运输过程中，混进了杂质或被其他物质接触而被沾污所造成的损失
5	渗漏险	流质、半流质的液体物质和油类物质，在运输过程中因为容器损坏而引起的渗漏损失
6	碰损、破碎险	碰损主要针对金属、木质等货物，破碎则主要针对易碎性物质
7	串味险	货物（如香料）在运输中与其他物质一起储存而导致的变味损失
8	受潮受热险	由于气温骤变或船上通风设备失灵等原因引起货物的损失
9	钩损险	货物在装卸过程中因为使用手钩、吊钩等工具所造成的损失
10	锈损险	货物在运输过程中因为生锈造成的损失
11	包装破损险	包装破裂造成物资的短少、沾污等损失

（2）特殊附加险。特殊附加险也属附加险类内，但不属于一切险的范围之内，主要

包括各种战争险，罢工、暴动、民变险，交货不到险，进口关税险，黄曲霉素险等。

（二）投保的策略

投保范围越大越好，但是投保的范围越大相对的费率也就越高。由于风险具有不确定性，投保人在投保时往往不知道货物会不会遭到风险和损失。如果在运输途中没有发生风险，人们总是希望自己投保的费用越少越好；如果在运输途中货物受损，则希望当时投保范围越大越好，得到的赔偿越多越好。如何在保险范围和保险费之间寻找平衡点。要做到这一点，首先要对自己所面临的风险做出评估，甄别哪种风险最大、最可能发生，并结合不同险种的保险费率来加以权衡。出口商投保时，通常要对以下几个因素进行综合考虑（图 5-4）。

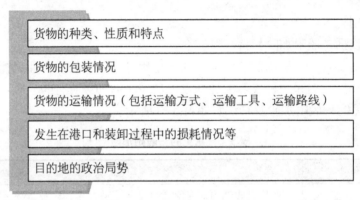

图 5-4　投保时考虑的因素

1. 何时选用一切险

"一切险"是最常用的一个险种。买家开立的信用证也多是要求出口方投保一切险。

投保一切险最方便，因为它的责任范围包括了平安险、水渍险和 11 种一般附加险，投保人不用费心思去考虑选择什么附加险。但是，往往最方便的服务需要付出的代价也最大。就保险费率而言，水渍险的费率相当于一切险的 1/2，平安险相当于一切险的 1/3。

有的货物投保了一切险作为主险可能还不够，还需投保特别附加险。某些含有黄曲霉素的食物，如花生、油菜籽、大米等食品，往往含有这种霉素会因超过进口国对该霉素的限制标准而被拒绝进口、没收或强制改变用途，从而造成损失。那么，在出口这类货物的时候，就应将黄曲霉素险作为特殊附加险予以承保。

2. 主险与附加险灵活使用

目标市场不同，费率也不一样。跟单员在核算保险成本时，不能"一刀切"。如果投保一切险，欧美发达国家的费率可能是 0.5%，亚洲国家是 1.5%，非洲国家则会高达 3.5%。所以，在选择险种的时候，要根据市场情况选择附加险，如到某些国家或地区的货物，因为当地码头情况混乱，风险比较大，应该选择偷窃提货不着险和短量险作为附加险，或者干脆投保一切险。综合考虑所出货物的各种情况非常重要，这样既可节省保费，又能较全面地提高风险保障程度。

七、及时进行保险索赔

保险索赔是指当被保险人的货物遭受承保责任范围内的风险损失时，被保险人向保险人提出的索赔要求。在国际贸易中，如由卖方办理投保，卖方在交货后即将保险单背书转让给买方或其收货代理人，当货物抵达目的港（地），发现残损时，买方或其收货代理人作为保险单的合法受让人，应就地向保险人或其代理人要求赔偿。被保险人或其代理人向保险人索赔时，应做好以下工作。

（一）及时通知

当被保险人得知或发现货物已遭受保险责任范围内的损失，应及时通知保险公司，并尽可能保留现场。由保险人会同有关方面进检验，勘察损失程度，调查损失原因，确定损失性质和责任，采取必要的施救措施，并签发联合检验报告。

（二）索取残损或短量证明

当被保险货物运抵目的地，被保险人或其代理人提货时发现货物有明显的受损痕迹、整件短少或散装货物已经残损，应立即向理货部门索取残损或短量证明。如货损涉及第三者的责任，则首先应向有关责任方提出索赔或声明保险索赔权。在保留向第三者索赔权的条件下，可向保险公司索赔。被保险人在获得保险补偿的同时，须将受损货物的有关权益转让给保险公司，以便保险公司取代被保险人的地位或以被保险人名义向第三者责任方进行追偿。保险人的这种权利，叫作代位追偿权。

（三）采取合理补救措施

保险货物受损后，被保险人和保险人都有责任采取可能的、合理的施救措施，以防止损失扩大。因抢救、阻止、减少货物损失而支付的合理费用，保险公司负责补偿。被保险人能够施救而不履行施救义务，保险人对于扩大的损失甚至全部损失有权拒赔。

（四）备妥索赔证据

被保险人应在规定时效内提出索赔。保险索赔时，通常应提供以下证据。

（1）保险单或保险凭证正本。

（2）运输单据。

（3）商业发票和重量单、装箱单。

（4）检验报告单。

（5）残损、短量证明。

（6）向承运人等第三者责任方请求赔偿的函电或其证明文件。

（7）必要时还需提供海事报告。

（8）索赔清单，主要列明索赔的金额及其计算数据，以及有关费用项目和用途等。

06

第六章

国际结算收汇风险防范

【导言】

　　国际贸易市场的竞争日趋激烈，除了价格竞争之外，选择结算方式也成了一种重要竞争手段，且每一种结算方式都有其潜在的风险和"陷阱"。安全足额收汇是每个商品出口企业的追求，但是出口收汇结算方式选择不当，往往会给商品出口企业的收汇带来极大的风险，如何化解收汇风险确保安全收汇，多年来一直是从事商品出口的企业以及处理国际结算的外汇银行关注的重点。

第一节　常见国际结算方式

国际结算方式是指国际间由于贸易或非贸易往来而发生的债权、债务，采用一定的形式、按照一定的条件、使用一定的信用工具进行货币收付的程序和方法。

一、信用证结算方式

信用证（Letter of Credit，简写为 L/C），是指一家银行（开证行）依照客户（开证申请人）的要求和指示或以自身的名义，在符合信用证条款的条件下凭规定的单据授权另一家银行议付。

信用证有光票和跟单之分，通常所说的信用证是指跟单信用证，即银行根据买方的要求和指示，向卖方开立的，在一定的金额和规定的期限里，凭规定的货运单据付款的书面承诺。与汇付和托收方式相比，信用证由于有银行的介入，使得银行信用取代了商业信用，出口商只要提供符合条件的单据就能取得货款，而进口商只要付款就可取得代表货物所有权的单据。

二、托收结算方式

托收是出口商在货物装运后，开具以进口方为付款人的汇款人汇票（随附或不随附货运单据），委托出口地银行通过其在进口地的分行或代理行替出口商收取货款的一种结算方式。托收属于商业信用，采用的是逆汇法。

（一）托收的分类

托收分为跟单托收（Documentary Bill for Collection）和光票托收（Clean Bill for Collection）两种方式，其中跟单托收最为普遍，它又分为两种，如图 6-1 所示。

付款交单：指卖方的交单须以买方的付款为条件，即出口商将汇票连同货运单据交给银行托收，指示银行只有在进口人付清货款时才能交出货运单据

承兑交单：指出口商的交单以进口人的承兑为条件，进口人承兑后，即可向银行取得货运单据，待汇票到期后再付款

指出口商仅开立汇票而不附任何商业单据（主要指货运单据），委托银行收取货款的一种托收方式

图 6-1　托收的分类

（二）托收结算的特点

托收结算的主要特点如下。

（1）托收业务属于银行参与的商业信用，但银行在参与的过程中不会使之变为如信用证那样的银行信用结算，属于银行只是在其中接受客户委托办理委托业务的性质，此过程中不承担付款和收回货款的责任。

（2）在跟单托收中，出口商以控制"货权"的单据来控制货物，银行的"交单"是以进口商的"付款"或"承兑"为先决条件。因此，在一般的情况下，采用托收结算方式时，出口商是有一定保障的，不会受到"财货两空"的损失。进口商只要付了款，或者进行了"承兑"，就能得到代表"货权"的单据，也就能取得货物。

（3）托收结算是以商业信用为基础的，进口商是否付款与银行没有关系。出口商提供的产品质量有问题或提供虚假单据也与银行没有关系。出口商仍将会面临因进口商无力偿付，或商品行情发生变化、进口商无利可图或进口国外汇外贸管制、进口商蓄意欺骗等原因，拒不付款或者拒不承兑，从而导致出口商迟收货款、收不到货款的风险。相对来说，对出口商而言，D/A（承兑交单）比 D/P（付款交单）风险大。因为进口商有可能不承兑，或者签署承兑书、取走单据、提货之后，到期日不来付款或者少付款。

三、汇付结算方式

汇付又称汇款，是指付款人通过银行，使用各种结算工具将货款汇交收款人的一种结算方式，属于商业信用，采用顺汇法。汇付是最简单的国际货款结算方式，手续简便、费用低廉。采用汇付方式结算货款时，卖方将货物发运给买方后，有关货运单据由卖方自行寄送买方。而买方则通过银行将货款汇至卖方。

在办理汇付业务时，需要由汇款人向汇出行填交汇款申请书，汇出行有义务根据汇款申请书的指示向汇入行发出付款委托书。汇入行收到付款委托书后，有义务向收款人（通常为出口商）解付货款。但汇出行和汇入行对不属于自身过失造成的损失（如付款委托书在邮递途中遗失或延误等致使收款人无法或延期收到货款）不承担责任，而且汇出行对汇入行工作上的过失也不承担责任。

以汇付方式结算，可以是货到付款，也可以是预付货款。如果是货到付款，卖方向买方提供信用并融通资金。如果采用预付货款方式，则买方向卖方提供信用并融通资金。在分期付款和延期付款的交易中，买方往往用汇付方式支付货款，但通常需辅以银行保函或备用信用证，所以又不是单纯的汇付方式了。

四、银行保函

银行保函（Letter of Guarantee）又称"银行保证书""银行信用保证书"，或简称"保证书"，是银行作为保证人向受益人开立的保证文件。银行保证被保证人未向受益人尽到某项义务时，由银行承担保函中所规定的付款责任。保函内容根据具体交易的不同而多种多样。在形式上无一定的格式。对有关方面的权利和义务的规定、处理手续等未形成一定的惯例。遇有不同的解释时，只能就其文件本身内容所述来做具体解释。

五、国际保理结算

国际保理（International Factoring）是在以记账赊销（O/A）、承兑交单（D/A）为支付方式的国际贸易中，由保理商（Factor）向卖方/出口商/供应商提供的基本双方契约关系的一种集贸易融资、销售分户账管理、应收账款催收、信用风险控制与坏账担保为一体的综合性金融服务。

在国际保理业务方式下，外贸企业利用商业信用卖出商品。在货物装船后，将发票、汇票、提单等有关单据无追索权地转让给保理商，立即或远期收进全部或部分货款，从而取得资金融通。

六、备用信用证

备用信用证，又称担保信用证，是指开证行根据开证申请人的请求对受益人开立的承诺承担某项义务的凭证。开证行保证在开证申请人未能履行其义务时，受益人只要凭备用信用证的规定向开证行开具汇票，并提交开证申请人未履行义务的声明或证明文件，即可取得开证行的偿付。备用信用证属于银行信用，一般用于投标、还款或履约保证、预付货款和赊销业务中。

第二节　不同国际结算方式下的风险

一、信用证结算的风险

（一）信用证遭拒付的风险

在外贸出口的实际业务中，拒付现象时有发生。这不仅给信用证交易中的各当事人造成不同程度的损失，而且还影响货物买卖契约的履行，造成货物买卖双方或某一方违约甚至解除契约。拒付是卖方最害怕发生的事情，也是其往来银行十分反感的事情。

造成拒付的原因多种多样，有些是合理拒付，有些是无理拒付，常见的主要有表 6-1 所示的几种情况。

表 6-1　造成拒付的情况

序号	拒付情况	具体说明
1	单证不符	单证不符是指信用证要求提供的单据内容与信用证条款规定不同。经常出现的单证不符有以下几点 （1）迟装运，提单的签发日期晚于信用证规定日期 （2）迟交单，提交单据的日期超过信用证有效期 （3）信用证金额超支，装船货物金额超过信用证的金额 （4）超装或短装，货物装船数量多于或少于信用证所规定的数量 （5）信用证中规定所需产地证为普惠制产地证，而提交的却是一般产地证 （6）提交的单据上的商品名称、数量等与信用证不符
2	单单不符	单单不符是指信用证要求提供的单据之间内容不完全一致，主要有以下几种 （1）发票上的货物描述与提单上的货物描述不一致 （2）装箱单上的商品数量与发票上的数量不一致 （3）信用证中规定所有的单据上必须标明信用证号码，但是提单和保险单上面没有表明信用证号码 （4）提单与保单要素不符 （5）提单与装箱单要素不符 （6）保单与发票要素不符 （7）提单与产地证要素不符
3	国际市场价格因素的影响	买方在开立信用证时希望取得预期的利润，但由于种种原因，致使在该批货物到达目的地时，市价下跌，定赔不赚，于是买方毁约，在单据上挑剔错误，以便拒付或以退货相要挟，迫使卖方做出让步

（二）信用证的规定过于苛刻，对出口商造成潜在的风险

信用证的规定过于苛刻，对出口商造成潜在的风险，具体如表 6-2 所示。

表 6-2　信用证规定苛刻所带来的风险

序号	信用证规定	带来的风险
1	信用证对货物的品质要求很细微、很严格	容易造成出口商有时不注意或难于满足这些要求。如对某些产品的出口，信用证要求出口商必须满足对方国家或某一国产品的质量标准等，这时，出口商也将面临巨大的收汇风险
2	信用证对银行保证的有效期、对货物的装船日期以及对出口商的交单日期规定得比较短促	出口商较难满足这些要求，不能提供相应的单据，很容易造成对方拒付

序号	信用证规定	带来的风险
3	信用证规定海运提单的收货人为开证申请人	造成出口商难于控制货物。众所周知，此时的提单仅仅是货物收据，而不是物权证书。买方无需提单即可提取货物，而出口商则不能很好地掌握这些货物，丧失了对货物的控制权
4	信用证规定1/3或2/3正本海运提单直寄开证申请人	不利于出口商控制货物。由于此时的提单通常为物权证书，且每份提单对货物的效力相同，因此当出口商将一份或两份正本提单直寄申请人时，易发生买方用提单提货后，指示开证行以各种理由挑剔出口商提交的单据并拒付的情况。这样，出口商既损失了货物也不能收到货款
5	信用证规定的有效日期及有效地点均在开证行所在地	若出口商的交单日期提前，开证行对出口商提供的付款保证期限从实际操作而言就缩短了。出口商难以保证准时按照信用证的要求将单据交到开证行手中，易形成不符点，因此出口商收汇将面临巨大风险
6	信用证方式下的银行费用均由出口商负担	加大出口商的成本。信用证业务中的银行不仅包括出口商国内的，而且也涉及买方国内的，有时还可能涉及第三国的银行。由于各个银行提供的服务不同、收费标准不同，若信用证业务中的所有银行费用都由出口商承担，则出口商的业务成本将大大增加，这对出口商是极为不利的

（三）开证行丧失支付能力的信用风险

信用证的功能主要以开证银行的信用取代买方的商业信用，以确保货款的支付。在整个信用证交易中，开证行是责任中心，是有关当事人关系的纽带。因此，开证行若倒闭或无法履行承诺，就不能对单据进行偿付，直接威胁议付行或出口商的利益，同时对于信用证各当事人都将产生很大的影响。

在开证行倒闭的情况下，各当事人法律上的权利义务，视破产程序在信用证交易开始阶段的不同而有所不同，具体如表6-3所示。

表6-3 开证行破产情况及当事人法律上的权利义务

序号	破产情况	当事人法律上的权利义务
1	开立信用证前破产	如银行破产是在信用证开立之前，买方可与银行解除开证契约，卖方也有权要求买方另选其他银行重开一张新的信用证
2	开立信用证后破产	如果信用证已经开立，但受益人还没有使用该信用证，一般就不会使用了。因此这一要约虽然从法律上是有效的，受益人仍可向银行提示单据，但其付款请求权仅为普通破产债权人
3	汇票进行承兑后破产	在这种情况下各当事人有不同权利义务 （1）在远期承兑信用证的情况下，开证银行在收到单据承兑了汇票以后，在汇票到期以前倒闭、宣告破产，此时议付银行在办理了拒绝证书等手续后，可向卖方追索。卖方在给议付银行补偿后向买方索偿，也可凭承兑汇票向开证银行的清理人主张权利

续表

序号	破产情况	当事人法律上的权利义务
3	汇票进行承兑后破产	（2）持有单据或承兑汇票的卖方、议付银行、保兑银行等，如对开证银行的清理人提出偿付要求，仅处一般债权人的地位，并无优先权 （3）如果开证银行在承兑以后、付款以前，已对买方凭信托收据交付了单据，买方同样可以对卖方的汇票参加付款，取得汇票，并用它与信托收据项下的债务相抵，此时，也可不受损失
4	对信用证已付款后破产	（1）在开证银行已全部或部分对信用证单据付款的情况下，如买方已预交押金，在向清理人赎单时，可将押金抵冲，即债权债务对冲的权利。如押金金额大于赎单所需余额时，则差额部分只能按破产后分摊办法收回 （2）开证银行破产后，保兑银行不能对信用证的受益人拒绝付款或拒绝议付，但指定议付银行可拒绝议付。保兑银行在已付款之后，不能因开证银行破产而对受益人进行追索，也不能越过开证银行的清理人要求买方直接赎单

（四）开证申请人丧失支付能力的风险

开证行一旦根据开证申请人的申请对外开立了信用证，就承担了第一付款责任，到期只要受益人提交符合信用证的单据，不管申请人是否来付款赎单，开证行都要对外付款，除非信用证另有约定，否则其绝对不能以开证申请人丧失支付能力来对抗受益人。为了保护自己，开证行在开证前，都要对开证申请人进行资信审查，以决定是否需要提供有关的保证，如全额保证金担保、信用担保、抵押担保等。

但是即使采取保护措施，开证申请人丧失支付能力的风险还是经常发生的。如全额保证金因货币贬值不足以对外付款赎单，担保人失去代为偿还债务的能力，抵押品高估而不足以清偿债务。这些情况都可能致使开证行为了维护国家和自己的声誉而被迫对外垫款，遭受重大损失。

（五）进口商不按合同规定开证的风险

由于市场价格变化等原因，为规避市场风险，进口商从自身利益出发，故意不开证。信用证能否开立不是银行说了算，而取决于进口商的商业信用，没有开证申请人的请求，银行不会向受益人开出独立于销售合同之外的单据买卖合同。

（六）进口商伪造信用证诈骗的风险

有些买方使用非法手段制造假信用证，或窃取其他银行已印好的空白格式信用证，或无密押电开信用证，或假印鉴开出信用证，签字和印鉴无从核对，或开证银行名称、地址不详等。对于假信用证，若出口商没有发现信用证的假造而交货，将导致钱货两空。这种诈骗一般有如下特征。

（1）信用证不经通知行便直达受益人手中。

（2）所用信用证格式陈旧或过时。

（3）信用证签字笔画不流畅，或采用印刷体签名。

（4）信用证条款自相矛盾，或违背常规。

（5）信用证要求货物空运，或提单做成申请人为收货人。

伪造信用证诈骗又可分为以下几种情况，如表6-4所示。

表6-4　伪造信用证诈骗的情况

序号	情况分类	具体说明
1	申请人诈骗	申请人诈骗是行骗人扮演开证申请人角色，用伪造的假冒信用证行骗通知行和受益人的信用证诈骗。此类诈骗在目前的信用证诈骗案中比例较大。诈骗分子的真实身份，有的来自国内，有的来自国外，还有的是内外勾结。诈骗的主要手法是通过伪造信用证，用无密押电开信用证或用假印鉴信开信用证骗取受益人货物
2	开证行诈骗	开证行诈骗是诈骗分子以虚拟的开证行的名义，利用伪造的信用证，欺骗通知行和受益人的信用证诈骗。此类诈骗的迷惑性在于利用信用证当事人对银行信用的信任，忽视对开证行的资信调查，趁机行骗
3	申请人勾结受益人虚拟信用证诈骗	（1）所谓虚拟信用证诈骗，是申请人与受益人相勾结，以无贸易基础的信用证骗取银行的打包放款。打包放款是发展中国家为鼓励出口，由银行提供给出口商的融资性贷款。出口商将货物装运出口时，可以向银行申请在途货物抵押贷款，以此贷款偿还国内出口货物的贷款 （2）银行在办理打包放款时，通常买方签发汇单交给银行，银行根据出口商提交的信用证和买方的汇单放款。诈骗分子为非法取得银行放款，利用了这一优惠政策，内外勾结，采用非法伪造或其他方式开立无贸易基础的信用证，骗取银行放款

（七）软条款信用证诈骗的风险

软条款信用证又称"陷阱"信用证，它采用了比较隐蔽的诈骗手法。从表面上看，软条款信用证是合法的、真的信用证，具有较大的迷惑性。实际上信用证中规定了一些限制性条款，或条款不清、责任不明，等于把信用证变成实质意义可撤销的信用证，使受益人的利益处于无保障的状态之中。这种软条款信用证可使开证申请人控制整笔交易，而受益人处于受制于人的被动地位。

信用证中常见的软条款有许多，如表6-5所示。

表6-5　信用证中常见的软条款

序号	软条款	具体说明
1	信用证中列有暂不生效条款	如信用证中注明"本证暂不生效，待进口许可证签发通知后生效"，或注明"等货物经开证人确认后再通知信用证方能生效"

续表

序号	软条款	具体说明
2	限制性付款条款	如信用证规定"信用证项下的付款要在货物清关后才支付""开证行须在货物经检验合格后方可支付""在货物到达时没有接到海关禁止进口通知后，开证行才付款"等
3	加列各种限制	信用证中对受益人的交货和提交的各种单据加列各种限制，如"出口货物须经开证申请人派员检验，合格后出具检验认可的证书""货物样品先寄开证申请人认可，认可电传作为议付单据之一"等
4	对装运的限制	信用证中对受益人的交货装运加以各种限制，如"货物装运日期、装运港、目的港须待开证人同意，由开证行以修改书的形式另行通知"。信用证规定禁止转船，但实际上装运港至目的港无直达船只等。此类陷阱条款的共同特点是权利的单向性，即申请人制约受益人，当申请人采取或不采取某种行为不利于受益人时，受益人却不能采取维护自身利益的行为

（八）出口商伪造单据欺诈的风险

伪造单据的信用证欺诈是信用证受益人在货物不存在或货物与信用证上规定不符的情况下，以伪造的单据诱使开证行因形式上的单证相符而无条件付款的信用证欺诈。此类诈骗利用了信用证方式单证相符、单单相符的特点，用伪造的方式欺诈开证行、通知行和开证申请人。该欺诈是信用证诈骗中最常见的一种方式。

（九）出口货物品质难以保证带来的风险

由于信用证支付是一种单据买卖，银行只关心单据的完整和表面的真伪，并不关心买卖合同和货物的好坏，只要出口商提供了完整、准确的单据，且做到"单单一致、单证相符"，银行就会对出口商付款。因此，如果出口商信誉较差，用假货或品质低于合同规定的货物欺骗进口商，则使用信用证结算并不能保证进口商的收货安全。

（十）借信用证修改而进行欺诈的风险

有些外商会擅自修改信用证，并把诈骗的行为包含在修改的内容中。对于这种情况，企业应格外注意两点，如图6-2所示。

选择有诚信、资信好的交易伙伴，这是国际贸易中规避交易风险重要的一点

如信用证不符合同，无异议便是默认修改合同，应该提出异议，要求外商重开符合原合同的信用证；如外商不开，宁愿解约、转售，索赔缔约过失损失，也不可勉强发货，迁就对方

图6-2　防范借信用证修改而进行欺诈的风险要点

（十一）来自开证行的风险

1. 开证行可能审单不严造成损失

在信用证业务中，开证行承担第一付款人的责任，要在审单无误后代进口商先行向出口商付款。如果审单不严，进口商拒绝付款赎单，开证行就要承担因此造成的损失。

2. 进口商的权益受到限制

进口商申请开证时在开证行填写的格式化的开证申请书是银行事先拟好的，进口商没有修改的权利，并且申请书的内容以保护银行的权益为主，进口商的权益得不到完全保护，使进口商面临可能来自银行的风险。例如，申请书中的一些银行免责条款，会成为银行免除责任的保障，从而减少银行在信用证业务中可能因失误所承担的责任。

3. 伪造信用证欺诈

伪造信用证的欺诈表现为欺诈人以申请人名义用伪造的信用证欺骗议付行和受益人，使它们相信欺诈者申请人的合法身份，从而骗取货物。

（十二）来自出口商与船东合谋的信用证欺诈的风险

来自出口商与船东合谋的信用证欺诈可以称为混合欺诈或合谋欺诈，受害人为银行或开证人。这种欺诈中因为有出口商和船东共同操作，增加了欺诈人实施欺诈行为的方便程度，对被欺诈人的危害性和危险性更大。其主要表现为伪造单据欺诈、保函换取清洁提单欺诈和预借提单和倒签提单欺诈。

（十三）开证申请人与出口商合谋的信用证欺诈的风险

开证申请人与出口商合谋的信用证诈骗表现为开证申请人与出口商相互勾结，编造虚假或根本不存在的买卖双方关系，由所谓的买方申请开立信用证，所谓的卖方向开证行提交伪造的单据骗取银行的信用证付款，之后欺诈双方分赃后便逃之夭夭。而代价仅仅是开证行中的与开证金额相比微不足道的保证金，现实中有些银行为了在激烈的竞争中生存，实际提交足够保证金开立信用证的概率并不是很高。在没有保证金或只交部分保证金的情况下，会出现买卖双方合伙欺诈银行的行为，其主要方式有：利用"打包放款""押汇贷款"或买方假装破产等。而在整个欺诈过程中，如果欺诈双方卷走的是议付行的付款或贴现行等融资银行的融资款项，作为开证人担保人的开证行，仍有义务向议付行和融资行偿还款项，而成为实际的受害人。

（十四）开证申请人与开证行合谋的信用证欺诈的风险

开证申请人与开证行合谋的信用证诈骗表现为开证申请人与开证行勾结，签发"软条款"信用证，欺诈受益人，或者开证申请人与开证行经办人相勾结，以假合同诈取开证行信用证下款项的信用证欺诈。因为有开证行的参与，其欺诈成功的可能性较大，对受益人的欺诈极大，其常表现为"软条款"信用证欺诈。

二、汇付结算的风险

汇付业务中的风险对买卖双方都是存在的。因为汇付是买方主动付款的一种行为，银行提供的是服务而不涉及银行信用，所以对卖方来说，没有任何实质性的保障，它所能依靠的就是买方的信用。而对买方来说，如果是先期付款，则可能最终收不到货物而损失先期支付的资金。在国际贸易实践中，汇付使用得很少，多用于一些从属费用的支付，如佣金、赔款等。在以汇付方式结算时，根据货款交付和货物运输的前后关系，汇付可分为预付货款和货到付款。

（一）预付货款

预付货款是指买方（进口商）先将货款的全部或部分通过银行汇付给卖方（出口商），卖方收到货款后，按照买卖合同规定，立即或在一定时间内将货物发给买方的一种结汇方式。预付货款是对买方而言，对卖方来说就是预收货款。

在正常的贸易中，预付货款一般用于卖方的货物是买方急需的、按惯例需要买方先支付一部分货款的或是买卖双方之间关系很好的情况。

预付货款对出口商最为有利，因为可以无偿使用这笔货款。预付货款对进口商极为不利，该方式不仅会造成进口商资金周转的损失，而且进口商还要承担出口商不履行交货、交单的风险。进口商为了减少风险，常常会要求出口商提供一定的担保以保障自己的权利。

（二）货到付款

货到付款是指出口商先发货，进口商收到货物后，在约定的时间将货款汇付给出口商的一种结算方式，又称为交货付现。

在货到付款中，出口商不仅资金被占用，更重要的是要承担进口商可能不付款的风险，所以出口商一般不接受这种回款结算方式。这种方式一般用于双方关系很好、进口商信誉很好、产品滞销或是新产品上市的情况。

三、托收结算的风险

（一）托收方式

托收方式有以下两种。

（1）D/P，即付款交单。该方式下，卖方的交单须以买方的付款为条件，即出口商将汇票连同提单交给银行托收时，指示银行只有在进口商付清货款时才能交出全套单据。

（2）D/A，即承兑交单。该方式下，接受委托收款的银行交单以进口商的承兑为条件。进口商承兑后，即可向银行取得全套单据，待汇票到期后才付款。

（二）托收方式下出口商的风险

在采用托收方式时，对出口商来说存在以下风险，具体如图6-3所示。

风险一	进口商可能破产、倒闭或丧失偿付能力
风险二	货物发运后，货价下跌，进口商寻找借口拒绝付款
风险三	进口商以单据上所载货物的规格、包装、交货期等内容与合同规定不符为借口，要求减价，否则不予付款
风险四	进口商未办妥货物进口许可手续，致使货物到达目的地时被禁止进口或被当地海关罚款、没收，使外贸企业蒙受损失
风险五	进口商没有外汇只能对代收行交付等值的进口国货币，导致外贸企业的资金长期在进口国滞留而不能使用

图 6-3　托收方式下的风险

对出口企业来说，承兑交单比付款交单的风险还要大。因为在承兑交单条件下，进口商只要在汇票上承兑，即可取得全套单据，以此来提取货物。如果进口商到期不付款，外贸企业便会遭到货物与货款全部落空的损失。

（三）托收业务中进口商的风险

托收业务中，买方的风险就是在对托收来的单据付款后收到的货物存在问题，甚至货物本身并不存在，出口商所提交的单据全部是伪造的。这种风险在D/P中要比在D/A中大一些。所以，进口商在签订托收结算方式的进口合同时，要对出口商的信誉做一番调查；对单据进行议付时，一定要仔细审核单据的真实性，避免钱货两失。

第三节　国际结算方式下的风控措施

一、在确定付款方式之前，尽量多做客户资信调查

在实际操作中，采用何种结算方式就应分别算出其对应的财务费用、款项转移费用，

然后加以比较选择。一般而言，如果双方都不担心对方违约，或者在双方违约风险几乎为零的时候，首选的支付方式应该是预付货款或赊销，其次是托收，再次是信用证，最后才是保函。

客户资信调查是指调查客户的企业性质，看它是贸易公司，还是零售商或是生产厂家；该公司的规模、经营范围、往来银行名称及账号以及与我国其他公司有无其他业务关系；公司有无网站。

（一）资信调查方式

一方面，请客户自我介绍，然后从侧面加以证实；另一方面，可通过银行、保险部门和驻外机构进行调查，也可委托中国银行对客户进行专门资信调查。

（二）不同的资信采取不同的结算方式

如果客户的资信一般或贸易双方首次进行交易，应该采用 L/C 方式；如果客户资信较好，卖方可以选用 D/P 即期或 D/P 远期方式，但不要轻易使用 D/A 或 O/A 方式。

> **小提示**
>
> 卖方选择支付方式要与客户所处地域结合起来考虑。资信较好且金融运作体系正常的地区的客户，卖方可选用 D/P、D/A 或后 T/T 等支付方式，或在选择这些支付方式后进行国际保理；对于高风险地区的客户，可选择 D/P 方式并投保出口信用险。

二、不同客户，采用不同的结算方式

外贸企业对于不同的客户，需要选择不同的结算方式，具体类别与说明如表6-6所示。

表6-6　结算方式的类别与说明

序号	方式类别	具体说明
1	对不同地区的客户，采用不同的做法	对于资信较好且是金融运作体系正常的地区的客户，卖方可选用D/P、D/A或后T/T等支付方式，或在选择这些支付方式后进行国际保理；对于高风险地区的客户，可选择D/P方式并投保出口信用险
2	根据合同金额的大小和新、老客户区别对待，灵活采用结算方式	（1）如果是老客户，以前配合得很好，涉及合同金额比较小，可以接受托收结算方式 （2）如果是新客户或者合同金额较大，对托收结算方式或货到付款结算方式，应投保出口信用险或采用国际保理

序号	方式类别	具体说明
2	根据合同金额的大小和新老客户区别对待，灵活采用结算方式	（3）对于初次交易的新客户，最好从小批量做起，尽量采用 L/C（信用证）结算方式 （4）切忌在买方资信情况不明时采用托收方式下的即期、远期付款交单或承兑交单 （5）掌握客户资信实行动态，连续考察，随时注意调整结算方式
3	风险难以判断的客户	对于风险难以判断的客户，预收部分定金作为进口商履行合同的保证，以防在供货期内因出口商品国际市场价格下跌，进口商寻找借口拒绝执行合同而蒙受损失
4	要求客户提供信用担保	如果外贸企业按期交货后，进口商未按合同规定付款，则担保人负责偿还。这对外贸企业来说是一种简便、及时和确定的保障
5	针对性地采用出口信用保险及保理业务	（1）出口信用保险是以国家财力为后盾的政策性保险，旨在鼓励本国出口贸易，并有效降低收汇风险 （2）出口保理业务是外贸企业把风险转嫁给了承购应收账款的组织，是规避应收账款风险的良好办法 （3）出口信用保险及保理业务虽然需要支付一定数额的保险费及承购手续费及利息，增加了出口成本，但可以有效锁定应收账款的风险 （4）可以在所支付的成本费用与扩大出口创汇、创利之间进行比较，权衡得失，选择合适的风险控制办法

三、随时注意调整结算方式

出口企业对客户资信实行动态掌握，连续考察，随时注意调整结算方式。

选择支付方式的最终目的是对贸易双方进行有效的监督，同时尽量降低结算的成本，促使进出口贸易的顺利进行。以上所列举的各个因素会在不同的时间、不同的国家和地区、不同的历史阶段、不同的客观情况下对货款的支付有不同程度的影响。要注意的是，对支付方式的选择归根结底取决于进出口双方的力量对比程度，而贸易各方总是会站在不同的角度看问题，他们最关心的只是双方实力的较量。

四、综合运用支付方式

不同的支付方式，对交易双方的风险、利益不同。在具体业务中应根据具体情况合理选择。根据客户、产品与市场的不同，在付款时间和支付方式的掌握上灵活采用不同结算方式组合，使用银行信用与商业信用相结合，不仅可以降低成本、均衡买卖双方的风险，保障双方利益，还可以促进交易的顺利进行。支付方式的综合运用包括表 6-7 所示的几点。

表 6-7 支付方式的综合运用

序号	运用方式	说明	具体做法
1	信用证与汇付结合应用	信用证与汇付相结合，是指一部分货款用 L/C 支付，另一部分通过 T/T 支付	一种做法是买方在合同签订后先 T/T 20%~30% 的货款作为预付款，余款由 L/C 支付。卖方在收到预付款和信用证后开始备货，保证了收汇的安全性；另一种做法是，货款的 70%~80% 由 L/C 支付，余款待货到目的地若干天内由买方通过 T/T 方式支付给卖方，这样即使买方未在约定期限内 T/T 余款，损失对卖方造成的影响也不是很大
2	信用证与托收结合应用	信用证与托收结合是指部分用信用证方式支付，余额用托收方式结算	这种结合形式的具体做法通常是：信用证规定受益人（出口商）开立两张汇票，属于信用证项下的部分货款凭光票支付，而其余额则将货运单据附在托收的汇票项下，按即期或远期付款交单方式托收。这种做法，出口人收汇较为安全，进口人可减少垫金，双方均易于接受。但信用证必须列明信用证的种类、支付金额以及托收方式的种类，同时也必须列明"在全部付清发票金额后方可交单"的条款
3	银行保函与汇付结合使用	在使用预付货款，或是货到付款的情况下，都可使用银行保函来防止不交货或不付款的情况出现	（1）如果进口商预付了货款，就可要求出口商提供银行保函，保证按期交货，否则应退还预付款并支付利息或罚款；如果出口商拒绝，则由担保行付款 （2）如果是货到付款，出口商有权要求进口商提交银行保函，保证进口商在提货后的规定时间内按合同付款，如果进口商拒付，担保行应承担付款责任
4	银行保函与托收结合使用	银行保函与托收的结合是指为了使出口商收取货款有保障	出口商在采用托收时，可要求进口商提供银行保函。如果进口商拒不付款赎单或收到单据后未在规定的时间内付款，出口商有权凭银行保函向担保行索取出口货款
5	信用证与银行保函的结合应用	信用证与银行保函相结合使用适用于成套设备或工程承包的货款	成套设备或工程承包的货款一般可以分成两部分，即一般货款和预付或保留款。一般货款数额大，可用信用证方式支取，预付款的归还或保留款的收取可使用银行保函
6	汇付与托收相结合	汇付和托收相结合是指定金的部分以 T/T 办理	如果货款数额巨大，可以采用对卖方更有利的支付方式。至于各部分的比例，大概可以分配为：先采取 T/T 的形式预付 10%，在装船后 T/T 合同款的 40%，剩余的 50% 采用 D/P 即期付款的形式

序号	运用方式	说明	具体做法
7	汇付与备用信用证结合使用	在使用预付货款或是货到付款的情况下，出口商均可要求进口商出具备用信用证作为汇款支付方式的补充手段，以减轻进口商违约的风险。例如，我国出口的纺织品、农产品及其他低附加值的初级原材料等商品目前主要以买方市场为主	针对我国外贸出口企业因属于贸易劣势而被迫接受外国进口商汇付结算的要求，如条件允许，出口商应尽量争取要求进口商提供备用信用证，以保证进口商提货后在规定的期限内按合同付款。如果进口商拒付，将由开证银行承担付款责任，以此来维护自己的合法权益
8	托收与备用信用证或银行保函相结合	托收与备用信用证或银行保函相结合方式主要是为了在跟单托收项下的货款一旦遭到进口商拒付，出口商可凭备用信用证或银行保函通过开证行的保证追回货款	出口商在收到符合合同规定的备用信用证或银行保函后，就可凭光票和随附的进口商拒付声明书向银行收回货款。但在使用这种结算方式时，备用信用证或银行保函的有效期必须晚于托收付款期限后一定时间，以便在进口商拒付后出口商能有充裕的时间向银行办理追偿手续

五、严格履行出口合同，履行交货交单，确保收汇

合同履行纠纷，很多是因为实际需要修改合同而导致的纠纷，国内很多公司不注意保留证据而吃亏。出口商自己也要严格履行出口合同、交货交单等义务，这是安全、及时收汇的必要条件。

以我国最常用的 L/C 收汇方式为例，说明如下。

（1）订立合同后，出口方应要求进口方尽快开立 L/C，为必要的修改留下充足的时间。

（2）收到 L/C 后，注意防范 L/C 本身的风险。

①慎防假证。有时，进口商利用伪造、变造的信用证绕过通知行直接寄给出口商，引诱出口商发货，骗取货物。外贸企业可根据银行出证格式审核信用证有无描绘、涂改、剪粘、挖补等迹象，或电话联系中方银行咨询。

②严格审证，防范信用证"软条款"。常见的软条款有：

——船公司、船名、目的港、起运港或收货人、装船日期等须待开证人通知或征得开证人同意，开证行将以修改书的形式另行通知；

——货物备妥待运行时，须经开证人检验，开证人出具的货物检验书上签字应由开证行证实或与开证行存档的签样相符；

——货到目的港后，须经开证人检验才履行付款责任；

——信用证暂不生效，待进口许可证签发后或经开证人确认通知生效；

——货物检验证明或货运收据印鉴由开证行证实方可议付。

（3）注意缮制单据。单据差错会严重影响出口收汇。

（4）注意 L/C 与合同不符的处理，重视改证。

国内 A 公司收到信用证后，发现信用证的包装条款没有合同约定的外套塑料包装的内容。为了保证安全收汇，国内 A 公司按照信用证的规定均不外套塑料包装。外方公司来电称，由于我方未加外套塑料包装，需重新打包才能转口出售，要求补偿。最后经协商，国内 A 公司补偿对方 2 万美元。

六、发现收汇困难及时补救

在出口合同收汇阶段发现收汇困难，要求业务员及时上报公司领导进入预警程序。

（一）及时采取紧急补救措施

发现收汇困难时，企业应及时采取如下紧急补救措施。

措施一	保全货物：通知承运人停止交货、留置货物；或者及时联系协作公司在目的港照料货物
措施二	减损措施：如保护货物、及时清关、及时检验、易腐霉烂货物的及时变卖处理等
措施三	行使合同履行抗辩权：扣减相应的货款或货物；中止履行，行使中途停运权等
措施四	及时通知：如不可抗力、迟延催告、发生保险事故、解除合同等
措施五	证据保全：对没有采取纸面证据的合同订立、变更、履行证据进行灵活补救等
措施六	如票据丢失要采取及时挂失等
措施七	必要时，向法院申请诉前财产保全
措施八	必要时，依法申请公安机关扣留或禁止在国内的债务人出境等

图 6-4　及时采取紧急补救措施

（二）索赔

（1）索赔过程中要善用"保留索赔权利"。

（2）产生纠纷后协商解决时，要正确选择索赔对象。比如选择将承运人、银行还是买方作为索赔对象，是有法律技巧的，必要时应咨询专家或律师的意见。

如果出口商决定仲裁或起诉进口商、承运人或银行时，最好事先有律师的意见书，这样可以做到心里有数并避免草率行事。如果委托追账公司，要找国内或国外有信誉的公司，防止发生公司委托的收账公司卷款而逃的情况。

第四节　不同结算方式的风险防范

一、信用证结算的风险防范

（一）慎重选择贸易伙伴，了解进口商信誉和贸易背景

选择贸易伙伴，调查客户资信是保障交易顺利、安全进行的第一步。一个好的贸易伙伴可以给企业带来兴旺发达，而与不明底细的中间商、皮包公司进行交易，就可能带来风险，遭到经济损失。因此，要对贸易伙伴的资信情况、经营作风、经营能力进行调查了解。有关的资料可以通过图6-5所示的渠道获得。

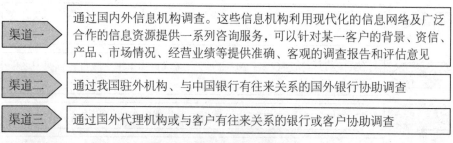

图6-5　客户资信调查的渠道

总之，通过调查研究，应选择资信可靠、经营作风正派、经营能力较强的客户进行交易。

（二）做好开证行的资信调查

当接到买方要求其银行开立的带有各种条款的信用证时，面对对方银行的付款保证，出口商应做好开证行的资信调查。信用证属于银行信用，开证行承担首先付款的责任。可以说，资信良好的银行开来的信用证是安全收汇的保证。因此，出口商要对开证行的资金能力、财务状况、经营作风等进行调查了解。

对开证行的资信调查可从图6-6所示的渠道进行。

图 6-6　对开证行进行资信调查的渠道

如果开证行的等级太低，应要求资信较好的银行开证。若对开证行的状况不是很了解，出口商可以要求买方指示开证行去邀请出口地银行对其开出的信用证加具保兑，这样当出口商拿到保兑信用证时，就可以获得除开证行之外的第二家银行的付款保障。

（三）做好审证工作

在出口业务中，审证工作是银行与外贸企业共同的责任。

1.银行审证的内容

银行着重审核开证行的政治背景、资信能力、付款责任和索汇路线等内容。此外，对信用证的电讯密押或印鉴要认真审核，以确定该证是否由开证行开出；对信用证的不可撤销性进行审核，看信用证是否注明"不可撤销"字样；对信用证是否已生效、有无保留或限制性条款进行审核。

还应注意信用证是否注明遵照《跟单信用证统一惯例》（UCP 600）（以下简称《统一惯例》）办理的字样。《统一惯例》虽不具有法律的强制性，但它是一项国际惯例，世界上 170 多个国家和地区的银行办理信用证业务均按此惯例办理。所以，信用证加列适用《统一惯例》字样，可约束信用证的当事人按《统一惯例》办理。

> **小提示**
>
> 　上述各项审核内容主要由银行负责，外贸企业应加强与银行的联系，密切配合。

2.外贸企业的审证内容

外贸企业要着重审核信用证内容与买卖合同是否一致以及对单据的要求等，如信用证金额、货币，商品的品质、规格、数量、包装等条款以及信用证规定的装运期、有效期和交单地点、分批和转运要求。

> **小提示**
>
> 　信用证应由通知行进行传递，按《统一惯例》规定，通知行负有证明信用证的真实性的责任，如信用证不是经通知行传递，受益人必须提高警惕，不予接受或予以退回。

若发现是伪造的信用证，出口商应立即采取措施避免损失。若发现信用证中有"软条款"，应立即以最快捷的通信方式与买方协商，要求改证，且对信用证的"软条款"不予接受。

针对上述信用证条款的问题，在进行具体的审核时要仔细、认真。具体的审核要点如表6-7所示。

表 6-7　信用证的审核要点

项目		审核要点
信用证本身	信用证性质	（1）信用证是否不可撤销 （2）信用证是否存在限制性条款及其他保留条款 （3）电开信用证是否为简电信用证 （4）信用证是否申明所运用的国际惯例规则 （5）信用证是否按合同要求加保兑
	信用证受益人和开证人	特别注意信用证上的受益人名称和地址应与合同上公司名称和地址内容相一致，买方的公司名称和地址写法是不是完全正确
	到期日和到期地点	（1）信用证的到期日应该符合买卖合同的规定，一般为货物装运后15天或者21天 （2）到期的地点一定要规定在出口商所在地，以便做到及时交单
	信用证内容	检查信用证内容是否完整以及是否一致 （1）如果信用证是以电传或电报拍发给了通知行即"电讯送达"，那么应核实电文内容是否完整 （2）信用证中有无矛盾之处。如明明是空运，却要求提供海运提单等
	通知方式	检查信用证的通知方式是否安全、可靠。信用证一般是通过受益人所在国家或地区的通知/保兑行通知给受益人的。遇到下列情况之一的应特别注意 （1）信用证是直接从海外寄来的，那么应该小心查明它的来历 （2）信用证是从本地某个地址寄出，要求己方把货运单据寄往海外，而自己并不了解他们指定的那家银行 （3）对于上述情况，应该首先通过银行调查核实
专项审核	付款期限	要检查是否与合同一致。检查时应特别注意下列情况 （1）信用证中规定有关款项须在向银行交单后若干天内或见票后若干天内付款等情况。对此，应检查此类付款时间是否符合合同规定或公司的要求 （2）信用证在国外到期 ① 规定信用证在国外到期，有关单据必须寄送国外。由于自己无法掌握单据到达国外银行所需的时间且容易延误或丢失，有一定的风险，通常要求在国内交单付款 ② 在来不及修改的情况下，必须提前一个邮程（邮程的长短应根据地区远近而定），以最快方式寄送 （3）如信用证中的装货期和有效期是同一天，即通常所称的"双到期"，在实际业务操作中，应将装期提前一定的时间（一般在有效期前10天），以便有合理的时间来制单结汇

项目		审核要点
专项审核	信用证的金额、币制	检查是否符合合同规定，主要包括 （1）信用证金额是否正确 （2）信用证的金额应该与事先协商的相一致 （3）信用证中的单价与总值要准确，大小写内容要一致 （4）如数量上可以有一定幅度的增减，那么，信用证也应相应规定在支付金额时允许有一定幅度 （5）如果在金额前使用了"大约"一词，其意思是允许金额有 10% 的增减 （6）检查币制是否正确
	货物的数量	检查是否与合同规定相一致，应注意以下事项 （1）除非信用证规定数量不得有增减，那么，在付款金额不超过信用证金额的情况下，货物数量可以容许有 5% 的增减 （2）以上提到的货物数量可以有 5% 增减的规定一般适用于大宗货物，对于以包装单位或以个体为计算单位的货物不适用
	价格条款	检查信用证的价格条款是否符合合同规定
	装货期	检查有关规定是否符合要求，超过信用证规定装货期的运输单据将构成不符点，银行有权不付款。检查信用证规定的装货期应注意以下事项 （1）能否在信用证规定的装货期内备妥有关货物并按期出运。如来证收到时，装货期太近，无法按期装运，应及时与客户联系修改 （2）实际装货期与交单期时间相距太近 （3）信用证中规定了分批出运的时间和数量，应注意能否办到，否则，如果任何一批未按期出运，以后各期即告失效
	装运项目	（1）检查货物是否允许分批出运。除信用证另有规定外，货物是允许分批出运的。如信用证中规定了每一批货物出运的确切时间，则必须按此照办；如不能办到，必须修改 （2）检查货物是否允许转运。除信用证另有规定外，货物是允许转运的
	单据项目	要注意单据由谁出具、能否出具，信用证对单据是否有特殊要求，单据的规定是否与合同条款一致等
	费用条款	（1）信用证中规定的有关费用（如运费或检验费等）应事先协商一致；否则，对于额外的费用，原则上不应承担 （2）银行费用如事先未商定，应以双方共同承担为宜
	信用证的文件	检查信用证规定的文件能否及时提供。主要有以下几项 （1）一些需要认证的，特别是需要使馆认证的单据能否及时办理和提供 （2）由其他机构或部门出具的有关文件，如出口许可证、运费收据、检验证明等，能否提供或及时提供 （3）信用证中指定船龄、船籍、船公司或不准在某港口转船等条款，能否办到
	陷阱条款	特别注意下列信用证条款是陷阱条款，具有很大的风险 （1）1/3 正本提单直接寄送客人的条款。如果接受此条款，将随时面临货、款两空的危险 （2）将客检证作为议付文件的条款。接受此条款，受益人正常处理信用证业务的主动权会在很大程度上掌握在对方手里，影响安全收汇

续表

项目		审核要点
专项 审核	对信用证批注 的审核	对信用证上用铅字印好的文句内容和规定，特别是信用证空白处、边缘 处加注的打字、缮写或橡皮戳记加注字句应特别注意
	信用证是否 受约束	明确信用证受国际商会《统一惯例》的约束，可以使自己在具体处理信 用证业务中有一个公认的解释和理解，避免因对某一规定的不同理解而产 生争议

（四）出口商应学会通过单据来控制货物

一般而言，海运提单是物权凭证，海运提单的抬头应做成对出口商比较有利的空白抬头形式，这样通过背书转让，出口商可以把单据交付其委托的银行，才能有效地操控货物。

（五）应向所在国信用保险机构投保出口信用保险

出口商应寻求信用证方式下出口信用保险的支持，以化解和转移风险。出口信用保险是一国政府为出口商提供的一种非营利性风险保障制度，目的在于鼓励、扩大本国商品出口。

尽管信用证方式建立在银行信用基础上，但对出口商而言并非完全没有风险。出口商在发运货物前可以向出口国信用保险机构投保出口信用保险以转移和降低收汇风险，从而保障安全收汇。只有这样，业务双方才能防患未然。具体而言，出口商应了解买方的生产经营状况、经营实力、经营规模以及有无不良记录等。

（六）严格按信用证规定制作单据

银行审单是按"单证一致、单单一致"原则，银行虽根据表面上符合信用证条款的单据承担付款责任，但这种符合的要求却十分严格。银行在信用证业务中是按"严格符合的原则"办事的。因此，出口方在制单时必须仔细看清信用证的要求，严格按信用证的规定制作单据，否则出口商将无法安全结汇。下面的案例就是因信用证单据制作不严谨，造成了损失。

信用证单据制作不严谨，造成损失

某粮油食品进出口公司出口一批商品，收到的信用证中条款规定："...Amount：USD 1 232 000.00⋯..800M/T(quantity 5% more or less allowed) of ××，Price：@USD 1 540.00 per M/T net，CIF A port，Shipments to A port immediately. Partial shipments are not allowed ."（……总金额 1 232 000.00 美元……某商品 800 公吨，数量允许增减 5%。价格：每公吨净值 1 540.00 美元，CIF A 港。立即装运至 A 港。不允许分批装运。）受益人以为有溢短装条款，就多装了 3% 的货物。在议付单据中的发票货值为 1 268 960 美元，而信用证总额规定为 1 232 000 美元。由于两者不符而遭对方拒付。

虽然事后受益人以多出部分托收又恰逢该货的市场价突然上涨，申请人又急于提货才支付信用证项下的 1 232 000 美元的票款，但对超额托收部分拒付。该粮油食品进出口公司最终损失 36 960 美元。原因是粮油食品进出口公司并没有严格审查和注意信用证中单证英语的表述，引起发票单据表面与信用证不相符而造成了本不应该遭受的损失。

一般以重量为计量单位的货物，如允许有增减装货的幅度，条款应作类似这样的规定："Amount of credit and quantity of merchandise 5% more or less acceptable"（信用证的金额及货物的数量均可允许 5% 增减），该条款就明确指出金额及货物均可增减 5%。有的信用证虽然在条款中也只规定"The quantity of shipment 5% more or less acceptable"（数量允许增减 5%），但在信用证的总金额中已经包括了增加 5% 数额在内。如按上述第二种方式开立本案例的信用证，则信用证金额不是 1 232 000.00 美元，而是直接在金额中规定为 1 293 600.00 美元。

该案例的信用证如只在数量上允许增减 5%，而金额既没有增减条款，也未在信用证总金额的数额中含有 5% 的话，这样的信用证在实际装运数量上就不能增装。如要增装必须向买方提出修改信用证，增加金额的增减条款。

从该案例可以看到，要真正做到"单证一致、单单一致"在国际贸易业务中并非易事，对此出口商须完全理解信用证条款的含义。

（七）出口商可考虑尽量使用保兑信用证

在实际业务中，如果出现图 6-7 的情况，卖方应坚持采用保兑信用证。

情况一	进口商不能依出口商所确认的或指定的银行开具信用证
情况二	开证银行与出口商所在地的任何银行无业务往来
情况三	开证银行所在地的政治、经济不稳定
情况四	因契约金额大，超出开证银行一般业务的支付能力
情况五	进出口商所处地理位置遥远，进出口商所在地的法律及有关规定有特殊之处，进出口商的商业习惯和做法不相同

图 6-7 卖方坚持采用保兑信用证的情况

这样做对出口商来讲可保证安全收汇，因为保兑信用证明确表示保兑银行直接向受益人负责，即保兑银行系第一付款人。换言之，当受益人向开证银行要求付款时，被开证银行拒绝后，保兑银行承担第一付款人的责任，保障了受益人的权益。

（八）正确选择国际贸易术语

1.出口商应尽量使用贸易术语 CIF

为防止信用证欺诈，作为出口商应尽量使用 CIF，力争己方对船公司、银行和保险公司的选择权。由于由出口商安排货物的运输，指定运输公司，买方与船方或货运代理勾结的可能性较小，有利于避免欺诈。如果采用了 FOB（离岸价）或 CFR 价格条件，则由进口商来办理货物保险，那么出口商掌握的货物权益将是不完整的。出口商交货后，如果货物在运输途中发生损失，因为出口商办理保险，万一买方不能信守合同，拒绝接受单据、拒绝付款，则运输途中的损失出口商可以从保险公司得到赔偿。

2.进口商尽量使用 F 组贸易术语（如 FCA、FAS、FOB 等）

进口商应力争己方对船公司、银行和保险公司的选择权，对于进口商来说，选择 F 组贸易术语能将租船订舱、货物保险的选择交易权控制在自己手中。一方面，进口商可以选择自己熟悉的信誉良好的船公司送货，避免与"皮包公司"性质的船东打交道，同时要注意不租订老船、旧船，选用适宜于货物特性的船型，以便确保货物在运输途中的安全；另一方面，进口商还可以派人到装货港口检查和核对货物是否符合合同的要求，杜绝卖方在货物方面的欺诈。

（九）严谨签约交易合同，采用有利于己方的信用证方式

为了防范"骗子公司"，外贸企业在进出口业务中可采取签订严谨详细的合同来限制对方，如在合同中订立品质条款、检验条款、索赔条款、信用证条款等。进口商应当根据合同的具体要求对提单、保险单、商业发票、质检证书等提出明确而具体的要求，防止出口商针对漏洞提交不符合合同而符合信用证的单据。严格审查单据对于进口商来说尤为重要，进口商不仅可以在发现单证不符时拒付，而且可以在出口商恶意欺诈时以单据的不符点拒付货款，减少或避免损失的发生。

（十）进口商开证时可以加列有关货物状况的条款

进口商作为信用证业务中的买方，由于信用证业务的特点之一就是单据与实际货物相脱离，开证行对出口商的付款条件是单证的相符，而不去关心货物的质量等因素。因此，进口商可以通过要求开证行在信用证中加列一些条款来约束出口商发运货物，如图 6-8 所示。

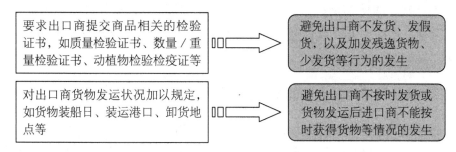

图6-8 进口商开证时可以加列有关货物状况的条款

（十一）进口商应尽量采用远期支付方式

即进口商在信用证条款中规定开立远期付款或承兑汇票。这样，若发现欺诈行为，卖方尚未获得支付。这不仅使买方有足够的时间取证以申请一项法院禁令，同时在很多情况下也会令欺诈者心虚而知难即退。另外，买方挑选交易对象时，须慎之又慎，尽量挑选在国际上具有一定声望与信誉的大公司做交易。这是买方"把关"的第一步，实际上也是最重要的一步。在这方面，国际商会每年都要向各成员国通报一些欺诈案例，提出警告，不妨借以参考。

在具体交易中，如果认为卖方有可疑之处，买方应及早采取预防措施。例如，可以要求使用FOB价格术语，借机加以试探。因为绝大部分假提单是在CIF或CFK加上信用和即期付款的情况下进行。在CIF或CFR下，由卖方负责装运，当然利用假提单进行欺诈就容易得多，而在FOB下，由买方自行租船装运，货物及装运都在买方的掌握之中，卖方再要想欺诈自然难上加难。

（十二）发生拒付时积极应对

在信用证交易中，一旦发生递交的单据被开证银行拒绝承兑或付款的情况，出口商应立即采取以下措施，尽可能地减少损失。

1.研究拒付的理由并与往来银行商讨对策

出口商在接到银行拒付的通知之后，应仔细研究其拒付的理由是否充分，是否确因单据有问题，造成单证不符或单单不符。如果不是由于此种原因或虽有微小的不符，但一般不构成拒付时，就应考虑其他原因。开证银行由于买方的信用、财务状况不佳，恐其无力赎单而故意以无关紧要的瑕疵拒付的情况是很多的。如发生这种情况，就要从法律上、惯例中寻找依据，并主动与往来银行的有关专业人士研究对策。如认为其拒付理由十分牵强、不充分，应通过往来银行，按照统一惯例的有关规定据理力争、讨回公道。

2.直接与买方或其代理商交涉

因信用证交易是单据交易，只有卖方提交的单据完全符合信用证规定的条款时，开证银行才付款。即使单据只有微小的瑕疵，卖方也不能强迫开证银行付款。在这种情况下，只能直接向买方或其代理商交涉。例如，按照买卖契约的有关条款进行协商，减价出让。

（十三）采取反信用证诈骗的措施

在信用证诈骗中，无论哪种形式，诈骗分子所扮演的角色不过是申请人、开证行、受益人、通知行；诈骗的标的包括货物、货款、预付款、打包贷款。因此，防范措施应以身份指向和标的指向为原则，外贸公司应根据自己在信用证方式下的身份和由此身份引发的可能被诈骗的标的采取相应的措施，具体如图6-9所示。

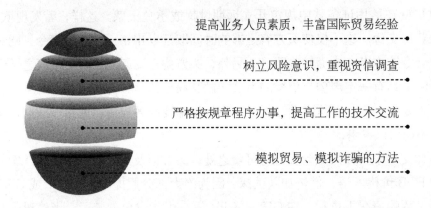

提高业务人员素质，丰富国际贸易经验

树立风险意识，重视资信调查

严格按规章程序办事，提高工作的技术交流

模拟贸易、模拟诈骗的方法

图6-9　采取反信用证诈骗的措施

1.提高业务人员素质，丰富国际贸易经验

诈骗分子之所以在国际上大肆从事诈骗活动，就是认为行骗对象缺乏国际贸易的经验，在业务上存在欠缺。如伪造信用证和伪造单据的信用证诈骗分子认为银行审证人员无法识破其伪造手段，软条款信用证诈骗分子认为受益人无法识别其陷阱条款等。诸如此类的诈骗中，业务人员的素质是关键。如果业务人员头脑冷静、经验丰富、熟悉国际贸易惯例和信用证方式的相关知识，诈骗分子就不会轻易得手。

2.树立风险意识，重视资信调查

缺乏风险意识是受害人上当受骗的重要原因。如受益人轻信贸易伙伴的资信，在信用证条款确定核实之前，为利所诱，心存侥幸，贸然发货，结果导致货、款两失；又如通知行轻信开证行的资信，不确认密押、印鉴，或轻信受益人的资信，办理打包贷款，使诈骗分子轻易得逞。因此，重视资信调查是反诈骗业务操作的重要原则。无论是银行还是外贸公司都应通过切实可行的途径，如国外专门负责调查资信的公司、国内驻国外金融机构、国内专业银行在国外的代理行，或直接查询方式，积极对有关当事人进行资信调查。如果调查结果证明有关当事人资信不明或资信可疑，则切不可心存侥幸，轻信对方的资信，否则，极易受骗上当。

3.严格按规章程序办事，加强工作的技术交流

严格按规章程序办事，是反诈骗业务操作的一个最基本、最重要的原则。很多诈骗案的发生都是由于银行或外贸公司的业务人员受到各种不良心态的影响，如侥幸心理、惰性心理，有的甚至是接受了诈骗分子的贿赂，玩忽职守、不按规章和程序办事，结果上当受骗。

小提示

在业务操作中，按规章程序办事的同时，应提高工作的技术含量，以便有效识别诈骗分子的非法手段。

4.模拟贸易、模拟诈骗的方法

模拟贸易、模拟诈骗的方法是信用证当事人站在诈骗分子的角度，考虑其采用何种方式和手段欺诈自己，进而采取相应措施的方法。这是一种简单、实用的反诈骗操作的思维方法，当然这种方法须建立在信用证当事人对诈骗分子及其行为有一定了解的基础之上。这种方法对于反软条款信用证诈骗尤其有实用价值。受益人应充分考虑到信用证中可能设立的陷阱条款，进而开展审证工作，才能够争取主动。这实际上是一个与诈骗分子斗智的过程。

二、汇付结算的风险防范

（一）汇付业务项下，出口商的防范措施

汇付业务项下，出口商防范措施如表6-8所示。

表6-8　汇付业务下出口商的防范措施

序号	措施	具体说明
1	客户资信不佳或不明时，不采用汇付方式	在客户资信不佳或不明时，尽量不要采用汇付结算方式。如果采用汇付结算，应委托银行或专业咨询机构进行客户资信调查。绝对不能与资信不佳或资信不明的客户来往。汇付业务是对出口商极为不利的业务，是否能成功收汇，几乎完全依赖进口商的信誉
2	委托银行或专业机构检验票据的真实性	出口公司一旦收到国外进口商寄来的票据，应委托银行或专业机构检验其真实性，必要时要等收妥款项后才能发货。对进口商交来的支票或者汇票等，一定要请银行的专业人员进行检验，或者直接委托银行进行托收，等该款项进入自己账户后再进行发货，以免被进口商诈骗

续表

序号	措施	具体说明
3	通过海运提单掌握货权	凭单付汇时，出口商发货应采用海运方式，通过海运提单掌握货权。不宜采用空运方式，因为这种方式下出口商无法掌握货权，货物到港后进口方就可以提货。一些不法商贩就是利用了空运单据的无货权凭证性对出口商进行诈骗
4	分批发货，分批收汇	对于合同金额较大，预付金额却不大的订单，可采用"分批出运，分批收汇"的方法，来降低风险。在第一批货物的货款收妥后，再发运第二批货。第三批的发货，视第二批的收汇情况而定。这种办法相当于大宗商品的多次运输，一次发生风险不会影响整个企业的财务状况，对出口商而言有利于其减少相关的风险
5	加强与相关方联系	针对由于汇出行发出的汇付委托书有误而导致迟付这种情况，加强与进口商、转汇行和解付行的联系，及时查询，保证按时收汇

（二）电汇业务项下进口商的防范措施

（1）进口商在汇付款之前要对出口商资信和履约情况做深入细致的调查，而不能仅凭对方书面介绍轻信对方。

（2）采用预付货款结算时，预付款部分越小越好，这样可以尽量减少对方迟发货或者诈骗的风险。

（3）要求出口商事先开出由银行出具的履约保函，万一日后对方不交货、迟交货或以次充好，即可依据银行保函索取赔偿。

（4）利用有关国际金融工具，如掉期、期权、货币互换等规避汇率风险，以减少因国际金融市场汇率变动引起的汇率风险。

三、托收结算的风险防范

（一）托收结算方式下出口商的风险防范

托收结算方式的风险防范措施有许多种，具体如表6-9所示。

表6-9　托收结算方式的风险防范措施

序号	措施	具体说明
1	交易前必须选择可靠的交易伙伴	即使是打过多次交道的客户，尤其是中间商，也应经常调查和考察其资信情况及经营作风。对客户的调查应包括政治背景、资信情况、经营范围和经营能力等内容。可以通过国内外银行、国外的工商团体或征信机构、我国驻外商务机构等渠道进行查询。对收集得来的客户资料，必须经过分析研究。此外，还应重视在日常业务往来中了解和考察客户，这对掌握客户资信情况和经营能力的实际情况，具有很重要的作用

序号	措施	具体说明
2	对出口单据加以控制，以期更好地控制货物	出口商借助单据来控制出口货物，主要是通过可流通的海运提单来实施的。空运单、铁路运单、公路运单、租船提单等运输单据不是物权凭证。而海运提单是物权凭证，持有提单则表明持有人拥有发运货物的所有权。提单的收货人（Consignee）栏不应以进口人为收货人，托运人（Shipper）栏必须打印出口公司的名称，以避免进口方直接提货。出口商通过对提单的背书来转让其对货物的所有权，并在托收委托书中指示银行在进口商付款后交单，这样才能降低货、款两失风险
3	了解进口国家的贸易管制、外汇管制条例以及海关特殊规定	了解这些规定的目的是避免货运到目的地后，由于收不到外汇或不准进口，甚至可能被没收处罚而造成损失的风险。为防止因货物被拒绝进口而不得不在当地处理或需运回而支出额外费用，成交时应规定进口商将领得的许可证或已获准进口外汇的证明，在发运相关商品前寄达出口商，否则不予发运货物。此外，尽可能争取由外商预付部分货款，这样既可减少风险，也可达到约束对方的目的
4	了解银行、海关、卫生当局的规定	必须了解有关国家的银行对托收的规定和习惯做法，了解进口国家的商业惯例和海关及卫生当局的各种规定，以避免违反进口地习惯或规定，影响安全迅速收汇，甚至使货物遭到没收、罚款或销毁。对一些采用与托收惯例相悖的地区的进口商，应采用即期付款交单成交，不接受远期 D/P，以防止进口地银行将远期付款交单做成承兑交单的风险
5	谨慎选择代收行	托收行应选择在付款地的联行或关系密切、资产雄厚、信誉良好的银行作为代收行，最好不由进口人指定，防止其擅自放单或操作不规范造成出口商损失。出口商应事先在当地找好代理人，以便在出口货物遭到拒付时，由自己的国外机构或代理人代办货物的存仓、保险、转售或运回等手续，降低货物损失。代理人可以是与出口商关系较好的客户，也可以是代收行代理人的名称和权限须在托收申请书中明确列明
6	及时采取保全货物的措施	在托收出口业务中，出口方须关心货物的安全，直到对方付清货款为止。当买方拒绝付款赎单时，必须尽快委托目的港代理人、代收行代为提货、存仓、保管或处理货物，对易腐变质的货物尤须如此。根据托收的国际惯例，如果付款人拒绝付款赎单，除非事先约定，银行无义务代为提货、存仓和保管货物
7	采用国际保理	国际保理对出口商的好处如下 （1）出口商在签订合同之前，就对进口商的资信情况有了足够的了解，大大降低了出口的盲目性和出现买方坏账的可能性 （2）货物发出后，出口商将应收款转让给了保理商，由保理商承担全部的买方信用风险，免除了出口商的后顾之忧。如果进口商在付款到期日后 90 天尚未付款，保理公司即认为进口商已无偿付能力，无须出口商提供任何证明，即给予付款
8	采用出口信用保险	出口信用保险对出口商的好处如下 （1）出口企业在货物出运前，可通过信用保险公司提供的免费资信调查服务，了解进口商的资信情况。在开拓海外市场时，选择更有利的买方，大大降低了出口成交的盲目性和发生坏账的可能性 （2）出口企业通过投保出口信用保险，将其无法左右的收汇风险事先转嫁给信用保险公司，确保了预期效益和正常经营

（二）托收业务项下进口商的防范措施

（1）通过各种途径了解出口方的资信情况，对于经营管理好、信誉状况良好、销售收入多的客户可以比较放心地与其进行业务往来，而对于那些存在不良记录的公司要分外小心，防止其有诈骗行为。

（2）在付款赎单的方式下，要认真研究对方寄来的单据，发现单据中可疑要素就不能进行赎单，以防止出口方货物质量和虚假单据的问题。虚假单据的判断依据主要有：单的货物描述是否与合同一致；单单之间的内容是否存在矛盾；船公司是否可疑，等等。

（3）在部分付款托收的条件下，尽量减小预付款的比例，把该种风险降到最低，不至于因为出口方收到预付款而不发货使自己遭受大的损失。尤其是合同金额较大、预付款项较多的，一定要尽量降低预付款的比例，把这方面的风险降到最低。

07
第七章

外贸企业外汇
风险防范

【导言】

外汇风险无处不在，其大小在一定程度上取决于企业经营管理活动。当汇率波动十分剧烈、企业面临较大外汇风险时，如果企业能够对汇率的未来趋势进行正确预测，并采取一系列规避外汇风险的有效措施，就可以免遭或降低外汇风险所带来的损失。

第一节　外汇风险概述

一、外汇风险的种类与构成要素

外汇风险（Foreign Exchange Risk）是指在国际经济、贸易、金融活动中，由于未预料的汇率变动，致使以外币计价的资产（债权、权益）缩水或负债（债务、义务）增加。

（一）外汇风险的种类

外贸风险的种类如图 7-1 所示。

期限	财务管理	承担主体
·短期风险 ·长期风险	·交易风险 ·经济风险 ·会计风险（折算风险）	·银行 ·企业与个人 ·国家（外汇储备）

图 7-1　外汇风险的种类

外贸企业承担的外汇风险基本上可以分为交易风险、会计风险和经济风险，如图 7-2 所示。

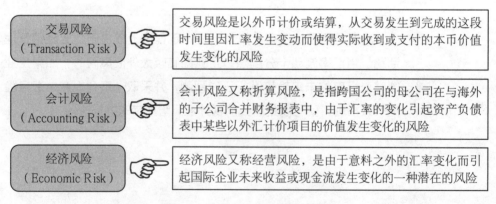

图 7-2　外贸企业承担的外汇风险

（二）外汇风险的构成要素

外汇风险由三个要素构成，即本币、外币和时间。

（1）本币是企业衡量经济活动效果的共同指标。

（2）外币是国际企业衡量对外贸易商品价值的经济指标。

（3）时间是构成外汇风险的主要要素。一般来说，时间越长意味着风险越大。也就是说，预期收到或支付的外汇，时间越长外汇风险越大。

二、外汇风险的识别与衡量

（一）交易风险的识别与衡量

在国际经济贸易中，贸易商无论是即期收付还是延期收付，都要经历一段时间，在此期间汇率的变化可能会给交易者带来损失，从而产生交易结算风险。这是目前外贸出口企业最常遇到的风险。例如：

某外贸企业出口价值为 10 万美元的商品，在签订合同时汇率为 USD=RMB6.40，进口商应付 10 万美元货款，该企业可收 64 万元人民币货款。若三个月后才付款，此时汇率为 USD=RMB6.30，则该企业结汇时的 10 万美元只能换回 63 万元人民币，其收入因美元下跌损失了 1 万元人民币。

交易风险作为外贸企业最常见，并能直接感受到的外汇风险，应该成为识别与衡量的重点。

1. 交易风险的具体表现

识别交易风险，外贸企业应从交易风险的具体表现加以分辨，具体如图 7-3 所示。

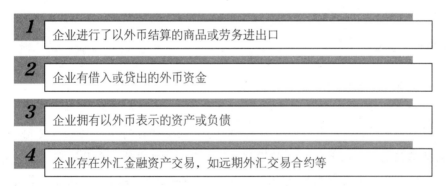

1 企业进行了以外币结算的商品或劳务进出口

2 企业有借入或贷出的外币资金

3 企业拥有以外币表示的资产或负债

4 企业存在外汇金融资产交易，如远期外汇交易合约等

图 7-3　交易风险的具体表现

当外贸企业有图 7-3 所述业务交易之一时，即可认定外贸企业存在外汇交易风险的可能性。

2. 量化风险头寸

企业应从可能发生上述外汇交易风险的业务中，量化风险头寸，计算公式为：

风险净头寸 = 外汇流入 − 外汇流出

　　　　　 =（出口应收货款 − 进口应付货款）+（借入外汇 − 贷出外汇）+

　　　　　 （外汇资产 − 外汇负债）+（买入外汇 − 卖出外汇）

如果风险净头寸为正，外币贬值（人民币升值），企业将面临亏损；如果风险净头寸为负，外币升值（人民币贬值），企业将面临亏损；风险净头寸为零，企业无外汇风险，具体如表7-1所示。

表 7-1　量化风险头寸

风险净头寸	汇率变动	交易风险
正风险净头寸	外币贬值	风险损失
	外币升值	风险收益
负风险净头寸	外币贬值	风险收益
	外币升值	风险损失

另外，根据风险净头寸，可求出外汇风险，计算公式为：

以本币计价的某种外币交易的亏损或盈利＝风险净头寸×人民币汇率的变动值

以上公式表明，企业在某一外币交易上的风险净头寸越大，或者人民币汇率的变动幅度越大，那企业潜在的亏损或盈余也越大。

上述公式在运用时，应注意各外汇项目的到期日是否匹配，若外汇项目的到期日不同，须经远期利率调整后加总。

某企业以外币进行的交易如下。

①出口应收货款：1个月到期的20 000美元；2个月到期的10 000美元。

②进口应付货款：1个月到期的10 000美元；2个月到期的12 000美元。

③为保值需要，买入的1个月远期5 000美元，卖出的2个月远期8 000美元。

该企业1个月到期的风险净头寸＝20 000-10 000+5 000＝15 000美元

该企业2个月到期的风险净头寸＝10 000-12 000-8 000＝-10 000美元

由于两笔风险净头寸的到期日不同，因此，企业汇总某一时间风险净头寸总值时，不能简单直接相加，必须考虑货币的时间价值，通过远期利率进行调整（假定利率不变）。现我们再假定1个月后1个月的远期利率水平为1%，则1个月到期的风险净头寸15 000美元再存1个月（距现在2个月）的价值变为15 150美元。

据此，该企业2个月后的风险净头寸＝15 150+（-10 000）＝5 150美元，计算结果表明，该企业的风险净头寸为正，表明该企业将在2个月期间面临人民币汇率变动的风险，企业应采取必要措施加以防范。

（二）会计风险的识别与衡量

外贸企业的会计风险，主要产生于外贸企业将以外币表示的资产负债折算为记账本位币的过程，是外贸企业财务报表账面数字上的损益，无实际意义。一般认为，识别会计风险，一要看外贸企业是否有外币交易，二要看外贸企业交易发生日与财务报表日的汇率是否发生了变动。

具体来讲，根据我国会计准则，在企业财务报表中按资产负债表日汇率折算的有关"外币计价的货币性项目"会承受外汇风险，货币性资产与货币性负债的差额为风险净头寸。净头寸为正数，若表示人民币升值，企业将受损；净头寸为负数，若表示人民币贬值，企业将受损。企业按"资产负债表日即期汇率折算后与初始确认时，或者前一资产负债表日即期汇率不同而产生的汇兑差额"，直接计入当期损益。因此，在《企业会计准则》明确了折算方法和损益记录方法的情况下，会计风险头寸的大小和汇兑损益的大小就很容易从企业现有财务资料中反映出来。

小提示

会计风险主要出现在企业编制的综合财务报表里，与实际发生的损益不同，它是一种折算、名义上的风险。所以，在一般情况下，会计风险可以不作为管理和控制的重点。

（三）经济风险的识别与衡量

经济风险是汇率变动对外贸企业未来收益和成本的影响，要比交易风险和会计风险更有深度和广度，影响期限也要超过交易风险和会计风险。因此，识别外贸企业是否面临外汇经济风险属于一种经济分析的过程。

外贸企业识别经济风险的方法都是从外贸企业管理的宏观角度，引用国外成熟的研究成果，预测一些经济变量的变动，通过回归外贸企业价值波动和汇率波动相关关系进行经济风险的衡量和管理。

第二节　外汇风险的防范措施

一、平衡受险头寸

当外贸企业持有的外币资产大于或小于外币负债，或者持有的外币资产与外币负债在金额上相等，但长短期限上不一致时，即产生受险头寸，外贸企业可通过对受险头寸进行平衡对冲来规避风险。

（一）债务平衡

外贸企业对已持有的或即将持有的外汇受险资产（负债）头寸进行同币种的债务融资，可实现受险资产与负债的配比，减少外贸企业受险头寸。一般而言，有两种债务平衡的方法，具体如图7-4所示。

 外贸企业有某种外币应收账款头寸，可以通过借入该种外币，建立新的债务，使借来的外币金额在偿还日（应与外币应收账款的收款日相同）的本息额与外币应收账款金额相同，抵销风险头寸

 外贸企业有某种外币应付账款头寸，可事先将闲置的本币现金或借入的本币兑换成外币存入银行，使新外币债权的到期日（与应付账款的偿还日相同）的本息额正好等于应付外币金额，通过债权、债务相抵，抵销风险头寸

图 7-4 债务平衡的方法

这种通过债务融资对外贸企业应收、应付账款进行管理的方法在理论上是可行的。不过，外贸企业出口业务"单多额小"，又缺乏抵押担保的手段，融资问题始终得不到根本解决，因此该方法在实际操作中难以实行。

（二）贸易平衡

若外贸企业在同一时期既有进口业务，又有出口业务，且两笔业务使用的货币相同、金额相同、收付期限相同，则外汇资金的受险头寸可完全抵销。当然，外贸企业每笔交易的应收应付货币完全平衡是很难实现的。比较可行的做法是外贸企业在贸易方式的选择上应更加灵活，将现有的单一进出口贸易与加工贸易、易货贸易和转口贸易等多种贸易方式结合起来，尽量做到进出平衡，降低外汇风险。

二、运用贸易条款规避或减缓外汇风险

贸易条款法是指企业在国际贸易中，利用合同中有关条件的订立来规避或减缓外汇风险。其中经常利用的条款主要有以下几个。

（一）货币保值条款——在合同中订立货币保值条款

买卖双方在交易谈判时，经过双方协商，在合同中订立适当的保值条款，以防止汇率多变的风险。货币保值条款的种类很多，并无固定模式，但无论采用何种保值方式，

只要合同双方同意，并可达到保值目的即可。常用的保值条款有图 7-5 所示的几种。

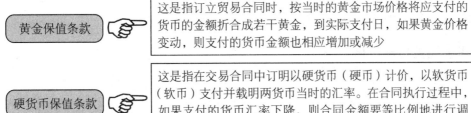

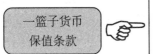

图 7-5 常用的保值条款

（二）选择有利的计价货币

外汇风险的大小与外币币种有着密切联系，交易中收付货币币种的不同，所承受的外汇风险会有所不同。

在国际金融市场上，货币有软、硬货币之分。硬货币是指货币汇率比较稳定，并且有上浮趋势的货币；软货币是指汇率不稳定，且有下浮趋势的货币。企业在交易过程中，选择合适的计价货币，也是防范外汇风险的重要方法。

以出口为主的外贸企业应选择合同履行期间相对于美元较为强势的货币进行计价结算，即所谓的"收硬付软"，就能在一定程度上冲抵人民币兑美元汇率波动带来的价值损失。

在汇率动荡时期，须兼顾双方利益，如可采用合同金额的一半用软币计价，另一半用硬币计价。当合同金额较大时，可选更多的币种搭配使用，这样的做法更容易使双方接受。一般选择可自由兑换货币，如美元、日元和欧元等。

企业在不能做到"出口用硬货币，进口用软货币"时，为避免汇率风险，可以采取其他保值工具，如远期外汇买卖、货币保值条款等。总之，企业的选择应该既有原则，又不失灵活性。

（三）提前或延期结汇法

提前或延期结汇法是指在国际收支中，企业通过预测支付货币汇率的变动趋势，提前或延迟收付外汇款项，来达到抵补外汇风险的目的。

如果企业预测计价货币汇率下浮，在进口方面，要推迟对外订货，或允许出口商延期付款、推迟交货；在出口方面，要尽早签订合同，答应进口商提前交货或要求进口商提前付款，这样就可以避免外汇风险。

如果企业预测计价货币汇率将上浮，做法则与上述相反。不过，在使用这种方法时，往往会遇到一定的困难，不一定能够取得对方的配合。

（四）调整贸易价格

商品价格是买卖双方都关心的敏感问题，仅靠出口提价或进口降价防范汇率风险往往不能成功。货值较大的合同，可以争取订立价格调整条款，把汇率变动的风险考虑进去，以避免外汇风险。

（1）在签约时，先规定一个初步价格，再将计价货币在签约日的汇率固定下来写进合同，将来汇率变化时，再同比例调整相应的单价。这实际上类似于远期和期权交易，提前锁定了汇率，将汇率变动的风险计入价格，无论汇率如何变动，出口外贸企业的人民币总收入将不变。

（2）在签约时，规定一个基准价格和基准汇率，并确定日后汇率波动幅度、价格调整方法以及双方分担的比率。计算公式为：

$$调整后价格=原价格×（新汇率+汇率波动幅度×分担比率）÷新汇率$$

（五）多种货币法

多种货币法是指在进出口贸易中，以多种货币作为计价结算的货币，使各种货币汇率变动的风险互相抵消。常用的方法有：

（1）软硬货币结合法，即贸易额一半用软货币计价，一半以硬货币计价；

（2）特别提款权法，但特别提款权只是一种记账符号，其价值是以多种货币的价值加权平均计算的，所以价值较为稳定，进出口贸易时可以以特别提款权作为计价货币来达到保值的目的。

三、运用进出口贸易结合来规避风险

运用进出口贸易结合来规避风险的方法包括对销贸易法和进出口自动抛补法两种。

（一）对销贸易法

对销贸易法是指把进口贸易与出口贸易联系起来进行货物交换的贸易方法，有图7-6所示三种方法。

 清算协定贸易 ☞ 这是指双方约定在一段时间内，双方的贸易往来和非贸易往来都用同一种货币计价，每笔交易的数额只在账面上划拨，到规定期限才清算。这种贸易方式，交易额的大部分都可以相互轧抵，只有差额部分需用现汇支付，外汇风险很小

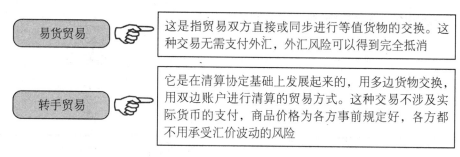

图7-6　对销贸易法的类别

（二）进出口自动抛补法

进出口自动抛补法就是某经济主体从事出口贸易同时又进行进口贸易时，要尽量用同种货币计价结算，并设法调整收付时间，使进口外汇头寸轧抵出口外汇头寸，实现外汇风险的自动抛补。

四、利用国际信贷形式转嫁风险

企业在中长期收付中可以利用国际信贷形式，一方面获得资金融通，另一方面转嫁外汇风险，主要有表7-2所示的四种方式。

表7-2　国际信贷形式

序号	形式	说明
1	出口信贷	出口信贷是国际贸易中最常用的资金融通形式，由出口方银行直接或间接地向进口商或出口商提供贷款，以促进本国商品的出口，前者为买方信贷，后者为卖方信贷。买方信贷使出口商即时收到货款，直接避免了可能产生的外汇风险；卖方信贷使得出口商对银行的负债与出口商对进口商的债权轧平，从而将风险转嫁给银行或抵消了
2	借款法	与出口信贷不同的是，借款法是出口商在与银行没有任何有关进出口贸易协议的情况下，如果存在一笔远期外汇收入或债权，可以向银行借进一笔与远期收入相同金额、相同期限、相同货币的贷款，构成一笔债务，以达到融通资金、防止外汇风险和改变外汇风险时间结构的一种方法
3	"福费廷"业务	"福费廷"业务是指在延期付款的大型设备交易中，出口商开列以进口商为付款人的中长期汇票，经一流的银行担保和进口商承兑后，出售给出口地银行或贴现公司，取得扣除贴息和其他费用后的金额。由于"福费廷"对出票人无追索权，出口商在办理此项业务后，就把外汇风险和进口商拒付的风险转嫁给了银行或贴现公司
4	国际保理业务	国际保理业务是指在国际贸易中，出口商既争取不到进口商银行开立信用证收取货款，又对收款无把握，即以贴现的方式把进口商应付的货款的单证转卖给保付代理商，得到应收货款的80%～90%，其余部分到期收进，由于出口商提前拿到大部分货款，可以降低外汇风险

五、借助各种金融衍生工具锁定汇率

外贸企业要想完全锁定汇率，需要借助于各种金融衍生工具的使用。锁定汇率的措施具体如表7-3所示。

表7-3　锁定汇率的措施

序号	措施类别	具体说明
1	远期结售汇	（1）远期结售汇只适用于人民币与外币的远期交易。它是指外汇指定银行与客户协商签订远期结售汇协议，约定未来办理结汇或售汇的外币币种、金额、汇率和期限。到期时，即按照该远期结售汇协议约定的币种、金额、期限、汇率办理结售汇业务 （2）由于远期结售汇把汇率的时间结构从将来转移到当前，事先约定了将来某一日向银行办理结汇或售汇业务的汇率，因此这种方法能够完全消除外汇风险
2	掉期业务	（1）人民币与外币掉期业务是指按一种期限买入或卖出一定数额的某种货币的同时，再按另一种期限卖出或买入相同数额的同种外币的外汇交易 （2）一笔掉期交易是由两笔不同期限的外汇交易组成的，买卖的货币币种相同且金额相等，但交割的期限不同，交割方向相反 （3）由于买卖交易的币种与金额相同，持有外币的净头寸未变，改变的只是交易者持有外汇的时间结构，因而可以避免因时间不同造成的汇率变动的风险
3	外汇期货	（1）外汇期货交易是在期货交易所内，交易双方通过公开竞价达成在将来规定的日期、地点、价格，买进或卖出规定数量外汇的合约交易 （2）外汇期货交易期货合约是在未来特定的日期交割货币的一种标准化合约，每个合约根据货币种类的不同拥有标准（固定）的金额 （3）外汇期货交易是一种标准化的远期外汇交易，交易时必须严格按照期货市场关于货币种类、交易金额、交割日期等统一的标准化规定进行，成交后需交纳一定的保证金，买进卖出还需支付少量的手续费
4	外汇期权	（1）简单讲外汇期权交易是在约定的期限内，交易双方以约定的汇率和数量进行外汇购买权或出售权的买卖交易 （2）在进行外汇期权交易时，买卖双方要签订期权合约。与前几种交易方式的不同之处在于，外汇期权的买方买到的是一种购买或出售某种外汇的权利，而不是义务，而且期权买方可根据汇率的变动与自己的预期是否一致决定是否行使这一权利 （3）期权买方可以在汇率变动对自己有利时，按约定的汇率和数量行使其购买或出售外汇的权利，履行合约。若不想行使该项权利时，可以放弃期权，不履行合约。获取期权的一方必须付出相应的代价，这个代价被称为期权费用 （4）相反，期权卖方将期权的行使权卖给买方后，在期权交易中，无权利可言，只有义务。当期权买方按约定行使购买（出售）外汇的期权时，期权卖方必须出售（购买）外汇，当期权买方放弃行使权，则期权卖方可获得期权费用的补偿

08

第八章

贸易壁垒
风险防范

【导言】

贸易壁垒又称贸易障碍，是指外国或地区的政府实施或支持实施的具有阻碍和扭曲贸易效果的贸易政策和措施。贸易壁垒是对国外商品劳务交换所设置的人为限制，主要是指一国对外国商品劳务进口所实行的各种限制措施。

第一节　技术性贸易壁垒防范

在外贸企业当中，特别是中小型外贸企业，其产品往往技术水平较低，容易遇到技术贸易壁垒方面的风险。发达国家和地区可能会利用技术贸易壁垒来限制外贸企业向其他国家或地区出口商品。

一、技术性贸易壁垒的概念

技术性贸易壁垒（Technical Barriers to Trade，TBT），又叫贸易技术性壁垒、技术壁垒，是指技术性贸易措施对其他国家或区域组织的商品、服务和投资进入该国或该区域市场造成的阻碍。

技术性贸易措施是 WTO 成员为实现保护安全、健康、环保和反欺诈等合法目标而采取的技术法规、标准、合格评定程序、动植物检验检疫和食品安全措施的统称。

技术性贸易措施阻碍了贸易的正常进行，构成不必要的障碍时，技术性贸易措施就成为技术性贸易壁垒。

二、对我国出口贸易影响较大的技术性贸易措施

（一）RoHS 和 WEEE

RoHS 是欧盟 2006 年 7 月 1 日正式实施的一项强制性标准，其全称是《关于限制在电子电气设备中使用某些有害成分的指令》。它主要用于规范电子电气产品的材料及工艺标准，目的在于消除电机电子产品中的铅、汞、镉、六价铬、多溴联苯和多溴联苯醚 6 项物质。WEEE 是欧盟议会及欧盟委员会于 2003 年 2 月 13 日在其官方公报上发布的，全称是《废旧电子电气设备指令》。

RoHS 和 WEEE 规定纳入有害物质限制管理和报废回收管理的有十大类 102 种产品，前七类产品都是我国主要的出口电器产品，包括大型、小型家用电器，信息和通信设备，消费类产品，照明设备，电气电子工具，玩具，休闲和运动设备，医用设备（被植入或被感染的产品除外），监测和控制仪器，自动售卖机。

（二）REACH

REACH 是欧盟规章《化学品注册、评估、许可和限制》的简称，是欧盟于 2007

年 6 月 1 日起实施的化学品监管体系。该指令主要有注册、评估、授权、限制等几大项内容。任何商品都必须有一个列明化学成分的登记档案，并说明制造商如何使用这些化学成分以及毒性评估报告。所有信息将会输入一个数据库，由欧洲化学品局来管理。

该机构将评估每一个档案，根据对几个因素的评估，化学品可能会被禁止使用或者需要经过批准后才能使用。REACH 比 RoHS 涉及的范围要宽得多，它会影响从采矿业到纺织服装、轻工、机电等几乎所有行业的产品及制造工序。

（三）《肯定列表制度》

《肯定列表制度》是日本为加强食品（包括可食用农产品，下同）中农业化学品（包括农药、兽药和饲料添加剂，下同）残留管理而制定的一项新制度。该制度要求：食品中农业化学品含量不得超过最大残留限量标准；对于未制订最大残留限量标准的农业化学品，其在食品中的含量不得超过"一律标准"，即 0.01mg/kg。该制度于 2006 年 5 月 29 日起执行，涉及 302 种食品、799 种农业化学品和 54782 个限量标准，限量标准的苛刻和检测费用的高昂，直接影响我国 6000 多家出口企业、货值达 800 亿美元的对日出口。

三、技术性贸易壁垒的特点

技术性贸易壁垒具有图 8-1 所示特点。

广泛性	☞	TBT 涉及的产品广，包括初级产品、所有的中间产品和工业制成品。TBT 影响的过程全，包括生产、加工、包装、运输和消费整个产品的生命周期。TBT 所涉及的领域宽，包括有形商品、金融、信息等服务贸易及环境保护等各个领域。技术性贸易壁垒措施的表现形式多样，包括法律、法令、规定等各个方面
双重性	☞	技术性贸易壁垒往往借保护国家安全、防止欺诈行为、保护人的安全和健康、保护动植物的生命和健康、保护环境等"五个正当目标"名义，行贸易壁垒之实，有形式上的合法/合理性和实际上的不合法/不合理性
隐蔽性	☞	技术性贸易措施表面上看对所有国家一视同仁，无明显的歧视和不合理；技术性贸易措施是广泛地利用安全、卫生及环境标准等限制进口，有欺骗性；技术性贸易措施涉及的面广，科技水平不高的国家难以发现
灵活性	☞	技术性贸易措施不须经过立法程序，只须经过行政程序，相对便捷；在各国政府的精心设计下，措施名目繁多，灵活易变

图 8-1 技术性贸易壁垒的特点

技术性贸易壁垒涉及的多是技术法规、标准及国内政策法规，技术性强，适用范围广，评定程序更加复杂

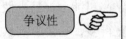

由于各国在维护人类健康、安全及生活环境等方面价值观的不同，各国工业化程度和科技发展水平不同，各国制定的技术法规和标准也不尽相同，对外贸易中都坚持自己的技术标准和法规，易引起争议，且难协调

图 8-1　技术性贸易壁垒的特点

四、技术性贸易壁垒的表现

技术性贸易壁垒的构成及表现形式，具体内容如表 8-1 所示。

表 8-1　技术性贸易壁垒的构成及表现形式

序号	类别	说明
1	技术标准与法规	技术标准是指经公认机构批准的、非强制执行的、供通用或重复使用的产品或相关工艺和生产方法的规则、指南或特性的文件技术，法规是必须强制执行的有关产品特性或者相关工艺和生产方法。质量方面，欧盟规定进口商品必须符合 ISO 9000 国际质量标准体系
2	合格评定程序	合格评定程序一般由认证、认可和相互承认组成，影响较大的是第三方认证。一般是由第三方对某一事物、行为或活动的本质或特征，经当事人提出的文件或实物审核后给予的证明，通常被称为"第三方认证"
3	包装和标签要求	近些年发达国家相继采取措施，发展绿色包装，主要有 （1）以立法的形式禁止使用某些材料，如含有铅、汞等成分的包装材料，没有达到特定的循环比例的包装材料，不能再利用的包装等。例如，丹麦以保护环境为名，要求所有进口的啤酒、矿泉水、软性饮料一律使用可再装的容器，否则拒绝进口 （2）税收优惠或处罚，即对生产和使用包装材料的厂家，根据其生产包装的原材料或使用的包装中是否全部或部分使用可以再循环的包装材料而给予免税、低税优惠或征收较高的税赋，以鼓励使用可再生的资源。欧盟对纺织品等进口产品还要求加贴生态标签，目前最为流行的生态标签 OeKo-Tex Standard 100（生态纺织品标准 100），是纺织品进入欧洲市场的通行证
4	产品检疫检验制度	动植物检疫措施是指为保护人类、动植物的生命或健康而采取的动物卫生和植物卫生措施。检疫的商品分为法定检验商品和临时检验商品。受此最大影响的是食品和药品。由于各国环境和技术标准的指标水平和检验方法不同，以及对检验指标设计的任意性，而使环境和技术标准可能成为技术性贸易壁垒
5	绿色技术壁垒	绿色技术壁垒是发达国家假借保护环境、人类动植物的卫生、安全健康之名，对商品中的有害物质含量制定较高的指标，从而限制了商品的进口。1996 年 4 月，国际标准化组织（ISO）专门技术委员会正式公布了 ISO 14000 系列标准，对企业的清洁生产、产品生命周期评价、环境标志产品、企业环境管理体系加以审核，要求企业建立环境管理体系，这是一种自愿性标准。ISO 14000 成为企业进入国际市场的绿色技术壁

五、技术性贸易壁垒风险的防范

（一）提高标准意识，主动防范

出口企业的领导和相关部门应认真学习 WTO/TBT 的规定；对进口国关于技术标准方面的法律法规进行研究，掌握进口国相关的技术性贸易措施，避免盲目出口；了解标准，更新渠道，积极收集标准信息，通过国内外相关网站，尤其是关注各级质监、商检等部门的。

（二）外贸企业应坚持科技创新

无论是合法的技术性贸易壁垒还是非法的技术性贸易壁垒，其核心仍然是技术，关键是知识产权。技术性贸易壁垒的本质就是相关发达国家以自身的技术优势把其他技术不发达国家阻隔在外。突破技术性贸易壁垒的最根本的方法就是外贸企业也拥有大量的核心技术。

随着国际知识产权保护体系的完善，核心技术多以专利等知识产权形式表现出来。因此，外贸企业要提高自身的技术竞争力，应对技术性贸易壁垒，需要有一定数量和质量的专利。此外，外贸企业的专利战略与标准化战略密切相关，在"专利标准化"的趋势下，要求外贸企业把标准化战略与专利战略紧密地衔接起来。

外贸企业如何制定和实施专利战略呢？具体措施如图 8-2 所示。

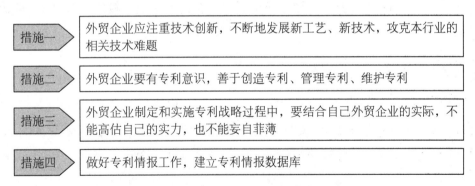

措施一	外贸企业应注重技术创新，不断地发展新工艺、新技术，攻克本行业的相关技术难题
措施二	外贸企业要有专利意识，善于创造专利、管理专利、维护专利
措施三	外贸企业制定和实施专利战略过程中，要结合自己外贸企业的实际，不能高估自己的实力，也不能妄自菲薄
措施四	做好专利情报工作，建立专利情报数据库

图 8-2　外贸企业制定专利战略的措施

外贸企业要善于把专利战略与标准战略结合起来，积极将专利融入技术标准之中。在以专利为形式的技术背景下，不但可以突破国外的技术性贸易壁垒的限制，而且可以增加在国际贸易中谈判的砝码。更重要的是，外贸区域也可以形成自己的有针对性的"技术壁垒"，以人之矛，攻人之盾。

（三）积极开展外贸企业和产品的认证认可工作

WTO 的《技术性贸易壁垒协议》规定：协议各成员确保制定或实行认证制度，

并不得有意给国际贸易设置障碍。若已有认证制度或区域认证制度时，协议的签字国就不要再建立与之相对立的国家认证制度。也就是说，各协议签约方必须建立符合国际认证制度的认证制度，各区域组织所建立的认证制度也不能与国际认证制度相对立。

企业要切实加强内部管理，按照国际通行规则，加大 ISO 9000、ISO 14000、TMS 等体系认证步伐。按照国外要求，在食品加工、水产品、蔬菜等外贸企业推行 HACCP（Hazard Analysis and Critical Point）计划，在机电外贸企业推广 UL（Underwriter Laboratories Inc.）、CE（Conformity European）等认证，争取更多的外贸企业和产品获得国外注册。

（四）积极采标，畅通贸易

国际标准反映了国际上先进的科技水平和发展趋势，代表着一定的质量水平和国外市场需求，出口企业按国际标准组织生产，其产品就会得到国际市场和同行的认可，使产品顺利走出国门。采用国际标准，消除贸易壁垒，畅通国际贸易，已成为国际社会普遍认同的基本原则。

（五）实施标准战略，掌控市场

企业若能参与国际技术标准的制定，可以在很大程度上让技术标准反映自己的技术状况，有利于自己的产品走向市场；而企业把具有自主知识产权的专利纳入国际标准，就会占领市场的制高点，主导、控制市场，获取丰厚的利润。

（六）利用规则，保护权益

我国是以发展中国家的身份加入 WTO 的，应积极展开外交行动，争取到相关的优惠待遇和发达国家的技术援助；对遭遇的歧视性技术壁垒，要依据 WTO 有关规定，借助行业的整合力量，联合通过外交途径与进口国进行谈判、起诉，保护合法权益。

（七）建立企业自身调研机制和信息体系

技术壁垒很大一部分是由于不了解国外的标准所致，所以对国外的标准加以研究和分析特别重要。对此，企业要认真研究发达国家的标准，有针对性地研究市场准入条件和相关程序，密切跟踪各国技术标准和法规的颁布执行情况。一方面，可以使商品避开技术性贸易壁垒顺利进入国外市场；另一方面，对于想扩大规模，走国际性、跨国性的企业，可以对战略部署提供一定信息。

企业要进一步建立和完善产品的进出口信息系统，全面、准确、完整、及时搜索、整理和分析各类产品的技术改进与创新、技术标准、环保标准与法规等方面的信息资料。

要有专人负责本行业产品的信息，跟踪国外的技术壁垒措施的最新情况，建立国外技术性壁垒信息中心和数据库。在获得国外最新信息的同时，充分利用《贸易技术壁垒协议》和《实施动植物卫生检疫措施协议》有关标准法规的国家级咨询中心，从中及时获得技术壁垒的信息。在此基础上，建立企业预警机制，充分考虑国外新出台的法规可能转变成的技术壁垒，若受到限制应及时选择规避。

第二节　绿色贸易壁垒

绿色壁垒（Green Barriers，简写为 GBs），也称为环境贸易壁垒（Environmental Tradebarriers，简写为 ETBs），是指为保护生态环境而直接或间接采取的限制，甚至禁止贸易的措施。绿色壁垒通常是进出口国为保护本国生态环境和公众健康而设置的各种保护措施、法规和标准等，也是对进出口贸易产生影响的一种技术性贸易壁垒。

一、绿色贸易壁垒的特点

绿色贸易壁垒有许多特点，具体如图 8-3 所示。

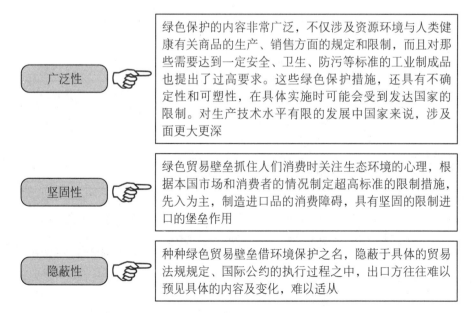

广泛性	☞	绿色保护的内容非常广泛，不仅涉及资源环境与人类健康有关商品的生产、销售方面的规定和限制，而且对那些需要达到一定安全、卫生、防污等标准的工业制成品也提出了过高要求。这些绿色保护措施，还具有不确定性和可塑性，在具体实施时可能会受到发达国家的限制。对生产技术水平有限的发展中国家来说，涉及面更大更深
坚固性	☞	绿色贸易壁垒抓住人们消费时关注生态环境的心理，根据本国市场和消费者的情况制定超高标准的限制措施，先入为主，制造进口品的消费障碍，具有坚固的限制进口的堡垒作用
隐蔽性	☞	种种绿色贸易壁垒借环境保护之名，隐蔽于具体的贸易法规规定、国际公约的执行过程之中，出口方往往难以预见具体的内容及变化，难以适从

图 8-3

较强的技术性	☞	即对产品的生产、使用、消费和处理过程的鉴定都包括较强的技术性成分
较大的灵活性	☞	由于各国的环保标准不统一,可选择的余地大
影响的严重性	☞	绿色壁垒一旦生效,其效应较关税壁垒往往有过之而无不及。而且这种措施容易从一个国家扩散到多个国家,产生连锁反应
争议性大	☞	由于涉及面广,标准又不统一,隐蔽性与合法性相互交织,往往容易产生分歧,难以协调

图 8-3 绿色贸易壁垒的特点

二、绿色贸易壁垒的表现形式

(一)法律表现形式

绿色贸易壁垒存在的法律形式表现为三个方面,如图 8-4 所示。

> **形式一** 国际环境保护公约中的环境壁垒

例如,《保护臭氧层维也纳公约》和《关于消耗臭氧层物质的蒙特利尔议定书》规定,发展中国家须停止生产和使用消耗臭氧层的物质。虽然考虑到发展中国家的实际情况,设定了一些宽限期和资金技术条款,但由于发展中国家科技水平大大低于发达国家,难以在短期内生产出符合公约规定的替代产品,相关产品的出口受到严重制约

> **形式二** 多边贸易协议中的环境壁垒

突出地表现在 WTO 允许成员方在遵守 WTO 有关规定的前提下,为达到保护某些自然资源或濒危物种的目的,采取适当的贸易限制措施

> **形式三** 国内法规则中的环境壁垒

不同国家国内法从商品的不同方面对进口采取限制措施,尤其是发达国家采取较为隐蔽的方法向发展中国家提出过高的要求,如商品的技术指标、商品生产方法、商品的包装等方面。环境保护与贸易保护的契合决定着绿色贸易壁垒的应用较为广泛,不仅涉及制成品,还涉及中间产品;不仅涉及产品的质量,也涉及产品的加工生产方法以及产品的设计和消费处置过程

图 8-4 绿色贸易壁垒存在的法律形式

（二）广泛的表现形式

绿色贸易壁垒应用的广泛性，使绿色贸易壁垒的表现形式多种多样，具体如表8-2所示。

表8-2　绿色贸易壁垒的表现形式

序号	形式	具体说明
1	绿色关税制度	发达国家对一些污染环境和影响生态、可能对环境造成威胁及破坏的产品征收进口附加税，或者限制和禁止商品进口，甚至对其实行贸易制裁
2	绿色技术标准制度	通过立法手段，制定严格的强制性技术标准，限制国外商品进口。发达国家凭借自己的经济技术优势和垄断地位，不考虑或很少考虑发展中国家的实际情况，对进口产品不分国别一律采取非常严格的技术标准，事实上导致发展中国家产品被排斥在发达国家市场之外
3	绿色环境标志制度	绿色环境标志又称绿色标签，是环保产品的证明性商标。发展中国家产品为进入发达国家市场，必须提出申请，经批准取得绿色环境标志。目前已有40多个国家和地区推行绿色环境标志制度，并趋向于协调一致，相互承认，对发展中国家产品进入发达国家市场形成了巨大的障碍
4	绿色包装制度	发达国家制定了较高且比较完善的包装材料标准以及废弃物的回收、复用和再生等制度，是为了防止包装材料及其形成的包装废弃物给环境造成危害，结构不合理的包装容器可能损害使用者的健康而采取的环境保护措施。但某些过于严格的绿色包装措施，则可能妨碍发展中国家的对外贸易，引发贸易争端
5	绿色补贴制度	发达国家认为，如果一个国家内部采用比较宽松的环境标准，这些国家的产品就不必支付高昂的环境成本，与本国产品竞争时就具有明显的成本优势。其实质是政府在对企业及其产品提供消极的环境补贴，所以进口国基于保护环境和本国的利益而有权征收反补贴税
6	绿色卫生检疫制度	绿色卫生检疫制度是指国家有关部门为了确保人类及动植物免受污染物、毒素、微生物、添加剂等的影响，对产品进行全面的严格检查，防止超标产品进入国内市场。绿色卫生检疫制度影响最大的产品是药品和食品，为保障食品安全，许多国家采取了严格的检疫制度，有些国家通过立法建立了近似苛刻的检疫标准和措施，形成了实质上的贸易保护

三、应对绿色壁垒的措施

面对国外数量众多，不仅针对产品的终端，而且存在于整个生产经营多层次多环节的绿色壁垒，我国出口企业应调动一切积极因素，充分利用内外有利的条件，逐步消除不利影响，多方策划，积极有效地应对。

（一）开展绿色营销，提升产品的绿色竞争力

出口企业应该开展绿色营销，提升产品的绿色竞争力，主要措施如图8-5所示。

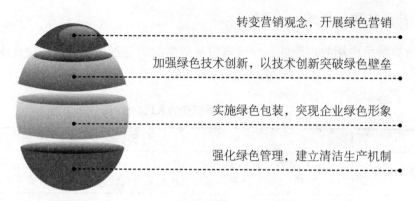

转变营销观念，开展绿色营销

加强绿色技术创新，以技术创新突破绿色壁垒

实施绿色包装，突现企业绿色形象

强化绿色管理，建立清洁生产机制

图 8-5　开展绿色营销的主要措施

1. 转变营销观念，开展绿色营销

绿色营销是指企业在经营战略制定、市场细分与目标市场选择、产品生产、定价分销和售后服务等过程中满足人们的绿色消费需求，履行环境保护的责任和义务，以达到自身利益与社会整体利益协调统一的经营活动。绿色营销是最具生命力和市场潜力的营销方法，顺应了"环保回归"的潮流，适应了环境与发展相协调的战略，有利于企业冲破绿色贸易壁垒，进入国际市场，扩大市场占有率。出口企业实施绿色营销时应针对营销组合的各个变量采取相应措施，如大力开发绿色产品、制定绿色价格、开拓绿色销售渠道等，以减少企业的成本投入，同时提高分销的效率。

2. 加强绿色技术创新，以技术创新突破绿色壁垒

绿色技术是指能减少环境污染，减少原材料、资源使用的技术、工艺和产品的总称。企业进行绿色技术创新，一方面要开发各种能节约原材料和能源，少用稀缺物资的产品，在生产过程中以及在使用后不危害或减少危害人体健康和生态环境的产品；另一方面进行绿色工艺的创新，在生产过程中广泛应用清洁工艺技术和末端治理技术。

3. 实施绿色包装，突现企业绿色形象

绿色包装是指无害的、少污染的、符合环保要求的、使用后可回收再利用或可以自然降解的包装物。ISO 14000 将环境管理纳入制度，要求"企业生产产品包括它们的包装不仅要重视效能，还要将环保的观念加上去"。与日俱增的包装废弃物已成为环境的重要污染源之一，在重视环保的世界氛围里，绿色包装越来越受到各国消费者的青睐。

4. 强化绿色管理，建立清洁生产机制

规范企业内部管理，建立清洁生产机制，不仅是为了适应国外市场的需要，更是争取国际市场入境销售的资格。实行绿色管理，就意味着将环保观念纳入企业经营理念，将污染控制策略由"末端处理"转向"源头控制"，即按国际标准或发达国家的先进标准，在生产、加工、储备、运输和销售整个过程，形成一套完整的无公害、无污染的环境管理体系。

永通集团积极寻求破解绿色壁垒

1998 年，绍兴钱清镇的永通集团有一批价值 100 万元的纺织品出口到欧洲。结果在检测中出了问题，进口商称布料里有一种化学成分对人体有害，要退货。于是，这批货又漂洋过海回到了国内，退货中转的各种费用超过布料本身的价格了。100 万元莫名其妙地打了水漂，企业上下都感到不可思议："布料是好的，颜色也是对路的，怎么会在染料上出问题？"

"一朝遭蛇咬，十年怕井绳"，按照当地其他企业的做法，该企业可能再也不敢冲欧洲市场了。但在广泛调查基础上摸清了缘由的企业负责人发现，绿色环保、对人体无害是一种世界潮流。如果这一关过不了，最终会被世界市场尤其是欧美高档市场淘汰。要抢占国际市场的制高点，必须强化产品的"绿色"意识。

痛定思痛，永通集团积极寻求破解绿色壁垒的方法。当初，国内化工行业还没有环保染料，永通就用国外的，尽管在大力开源节流之后，成本还是高了 30%，出口几乎无利可图，但是永通集团下定决心，要在世界市场上打响这张"绿色"牌。集团不仅将染料全部改为环保型产品，还斥资 200 多万元在企业内部建立了检测中心。

破解了绿色壁垒后的永通集团如同掌握了阿里巴巴"芝麻开门"的秘诀一样，顺利打开了欧洲市场，并牢牢占据了世界市场中的份额。这家曾名不见经传的民营企业，1999 年在全国印染行业中创下了产量、销售、出口三项全国冠军，外贸出口超过 1 亿美元，产品行销 75 个国家，其中，欧美国家占了 40%。2000 年前三个月，产品出口又比上年同期增长了 60%，让业内人士连连称奇。如今，随着国内环保染料价格的总体走低，永通集团的效益显著提高。

总经理李传海深有感触地说："绿色壁垒不可怕，关键是要图'破壁'。"

点评：

该集团为了提高产品质量在企业内部建立了检测中心。从一个企业的角度看，永通集团是有前瞻意识的。但从一个社会、一个国家的角度来看，如果每个企业都自己建立一个检测中心，这是极其不经济的。这也从一个侧面反映出，我国的检测技术还需加强。

对于我国一些纺织企业来讲，其环保意识还停留在污染的末端治理上，有些企业甚至对末端治理也不重视。而现在，在一些发达国家，治理已经从末端治理、生产过程污染预防这两个阶段，进入从产品设计到废弃回收利用再生的第三阶段。如果在绿色壁垒面前，停步不前或者等待观望，结局只能是死路一条。绍兴永通集团"吃亏"之后醒悟过来，走上了成功的道路，而对如今的企业来说，已经不能再把所有的行动放到教训之后，因为已经没有时间了。在这方面，政府、行业协会要加大宣传的力度，使企业建立清洁生产的观念，将环保贯彻到生产的每一个环节，并鼓励企业申请 ISO 14001 认证，从而取得进入国际市场的"绿色通行证"。

企业内部的检测中心已不能满足当前国际贸易的要求，企业生产的产品不仅要通过企业内部的检测关，还要通过企业外部的检测关，进一步提高对产品的要求。

（二）寻求良好的外部环境，争取政府支持和行业联合

1.充分借助政府的力量，维护企业的合法权益

政府在本国企业出口活动中起着重要作用。一方面体现在对企业采取的一系列鼓励和优惠措施，另一方面体现在为企业的国际市场开拓给予指导和帮助。我国出口企业一定要配合好环保外交战略，充分利用 WTO 机制创造良好的外部条件。积极寻求政府的技术、资金支持和特殊的环境补贴，合理构建我国的市场准入规则，寻求合理的保护，从而发展、提高自己。

2.积极利用联合策略，发挥集体效应

在企业的发展中，单靠某一个企业的力量难以形成有效的产业竞争优势。在提高我国企业的整体绿色技术标准的过程中，企业必须走联合之路，兼顾对内联合和对外联合。具体如图 8-6 所示。

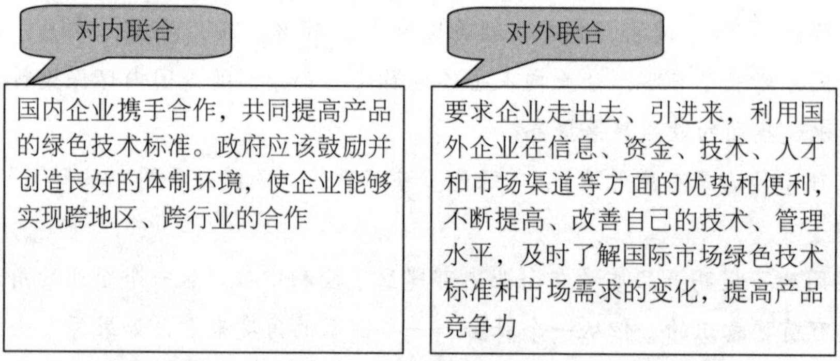

对内联合	对外联合
国内企业携手合作，共同提高产品的绿色技术标准。政府应该鼓励并创造良好的体制环境，使企业能够实现跨地区、跨行业的合作	要求企业走出去、引进来，利用国外企业在信息、资金、技术、人才和市场渠道等方面的优势和便利，不断提高、改善自己的技术、管理水平，及时了解国际市场绿色技术标准和市场需求的变化，提高产品竞争力

图 8-6　联合策略

第三节　社会壁垒

社会壁垒是指以劳动者劳动环境和生存权利为借口而采取的贸易保护措施。社会壁

垒由各种国际公约的社会条款（包括社会保障、劳动者待遇、劳动权利、劳动技术标准等条款）构成，它与公民权利和政治权利相辅相成。

一、社会壁垒的分类

社会壁垒的分类如表8-3所示。

表8-3 社会壁垒的分类

序号	分类	具体说明
1	社会责任国际标准体系（SA 8000）	该标准是一种基于国际劳工组织ILO宪章、联合国儿童权利公约、世界人权宣言制定的以保护劳动环境和条件、劳工权利等为主要内容的管理标准体系。它是全球首个道德规范国际标准，其宗旨是确保供应商所供应的产品符合社会责任标准的要求
2	道德壁垒	道德壁垒也称动物福利壁垒，是指为了使动物能够康乐而采取的一系列行为和给动物提供相应的外部条件。提倡动物福利的主要目的有两个方面：一是从以人为本的思想出发让动物更好地为人类服务；二是从人道主义出发改善动物的康乐程度，使动物尽可能免除不必要的痛苦。由此可见，动物福利的目的就是改善动物的生存状况，这也是社会文明的体现
3	民族感情壁垒	民族感情对贸易的健康发展有十分重要的影响。由于历史原因或者经济利益关系，如果两个国家的关系密切，则两者之间的贸易量就会很大，反之则会减少
4	政治壁垒	经济基础决定上层建筑，上层建筑反作用于经济基础。政治因素作为上层建筑对贸易有十分重要的影响，特别是西方国家的政权组织形式使得政治因素更容易形成贸易壁垒。例如，利益集团的院外活动游说对贸易政策就会产生很大的影响，使政府在制定贸易政策时会偏离国家整体福利最大化的目标

目前，在社会壁垒方面颇为引人注目的标准是SA 8000，该标准是从ISO 9000系统演绎而来，用以规范企业员工职业健康管理。通过认证的公司会获得证书，并有权在公司介绍手册和公司信笺顶部处印上SGS-ICS论证标志和CEPAA标志。此外，通过认证的公司还可以得到SA 8000证书的副本用于促销。欧洲在推行SA 8000上走在前列，美国紧随其后。欧美地区的采购商对该标准已相当熟悉。目前全球比较大的采购集团都非常青睐有SA 8000认证企业的产品，这迫使很多企业投入巨大人力、物力和财力去申请与维护这一认证体系，这无疑会大大增加成本。

SA 8000对我国产生的影响如图8-7所示。

 对外贸出口的影响 ☞ 我国产品的比较优势主要体现在较低的劳动力成本上，如果实行严格的劳工标准与企业社会责任标准，人力成本提高是无疑的

图8-7

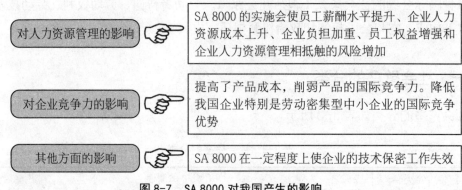

对人力资源管理的影响 👉 SA 8000 的实施会使员工薪酬水平提升、企业人力资源成本上升、企业负担加重、员工权益增强和企业人力资源管理相抵触的风险增加

对企业竞争力的影响 👉 提高了产品成本,削弱产品的国际竞争力。降低我国企业特别是劳动密集型中小企业的国际竞争优势

其他方面的影响 👉 SA 8000 在一定程度上使企业的技术保密工作失效

图 8-7　SA 8000 对我国产生的影响

二、企业应对社会壁垒的对策

外贸企业是社会壁垒的直接影响者。因此外贸企业的决策对减小社会壁垒的影响有着至关重要的意义。当前在应付社会壁垒方面,企业应该做到以下几个方面,如图 8-8 所示。

对策一 深入研究社会壁垒,制定相应的应对策略

(1)外贸行业应根据自己的行业特点研究本行业存在的社会壁垒,针对不同的社会壁垒采取相应的对策
(2)建立起完善而有效的监测体系、质量认证和市场准入制度,着力创造可持续发展的条件

对策二 积极参与认证,融入世界市场

(1)我国的出口企业要重视贸易对象国的产品认证要求,积极与国外认证机构合作,争取成为其代理
(2)应重视本行业劳工标准等信息的收集和分析工作
(3)要充分发挥国外代理商和当地人员便于收集信息的作用,及早发现问题并及时采取应对措施

对策三 积极开展社会营销

(1)企业有社会责任观念就会有目的、有计划地主动承担对员工、对消费者和对社区的社会责任。企业获得了良好的品牌形象和社会声誉,可以为企业做市场营销提供良好的条件
(2)出口企业可以通过社会嵌入,利用企业社会责任对企业营销战略进行创新

图 8-8　企业应对社会壁垒的对策

第四节　反补贴

反补贴是指一国政府或国际社会为了保护本国经济健康发展，维护公平竞争的秩序，或者为了国际贸易的自由发展，针对补贴行为采取必要的限制性措施。反补贴包括临时措施、承诺征收反补贴税。

其中，补贴是指一国政府或者任何公共机构向本国的生产者或者出口经营者提供的资金或财政上的优惠措施，包括现金补贴或者其他政策优惠待遇，使其产品在国际市场上较未享受补贴的同类产品处于更有利的竞争地位。

一、反补贴的特点

反补贴、反倾销和保障措施是 WTO 规定的三大贸易救济措施，属于合规性贸易壁垒。

与反倾销和保障措施相比，反补贴作为新型贸易壁垒对被调查国外贸出口和经济发展具有更大的影响，其特点如图 8-9 所示。

特点一　**反补贴的应诉主体为政府**

补贴是政府行为，反补贴的调查对象是政府的政策措施。反倾销和保障措施的威胁主要针对企业和特定行业，而反补贴则会影响被调查国的贸易和产业政策、宏观经济政策甚至总体经济战略

特点二　**反补贴的调查范围更广泛**

反倾销和保障措施仅涉及特定企业或产品，而反补贴的涉及面更加广泛，调查范围是可能接受政府补贴的企业的下游企业甚至整个产业链，影响更大

特点三　**反补贴的影响时间较长**

相对于反倾销和保障措施，反补贴对一国经济的影响更加广泛和持久。为应对反补贴调查，一国政府必须逐步调整相应的贸易和产业政策，这种调整将在长时间内对一国经济、政治、社会发展产生巨大影响

图 8-9

特点四	反补贴具有更强的连锁效应

在一成员方反补贴调查中被认定的补贴措施，可以直接被其他成员在反补贴调查中援引。在当前 WTO 的其他成员对反补贴是否适用非市场经济国家这一原则模糊不清时，美国的判例可能会产生很强的连锁效应

图 8-9　反补贴的特点

二、反补贴的种类

（一）临时措施

临时措施是为顺利进行继续调查而采取的预防性措施，也是进口国调查机关反补贴决定是否最终征收反补贴税的前序性非正式措施。调查机关采取临时性措施，表明其对补贴的存在和补贴进口产品给国内产业造成的损害已经有了初步肯定性的结论，但采取临时措施并不表明一定要采取最终的反补贴措施。

（二）承诺

承诺主体包括产品的原产国政府或出口国政府自愿承诺的情形一旦出现，则可以中止或终止调查，而不采取临时措施或征收反补贴税。反补贴调查中承诺的形式不仅限于价格上的承诺，还包括补贴的取消或限制等情况。

（三）反补贴税征收

反补贴税征收是指调查机关在仲裁时最终确定征收反补贴税。如果反补贴调查最终裁定存在补贴和产业损害，调查机关便可决定对所补贴进口产品征收反补贴税，反补贴税不得超过经确认而存在的补贴额。反补贴税的执行期限只能以抵消补贴所造成的损害所必需的时间为准，执行期限不得长于五年。如调查机关通过调查确认有"充分理由"，可适当延长期限。

三、建立和完善反补贴的应诉机制

建立和完善反补贴的应诉机制主要表现在以下几个方面。

（一）积极应对反补贴调查

反补贴调查不仅涉及接受补贴的企业，还包括众多政府部门。所以，应对反补贴调查需要政府各部门、政府和企业之间开展有效协作。政府各部门之间的合作与协调对应诉成败起关键作用。政府各部门需要明确应对反补贴调查的职责，建立有效的跨部门协调机制，保证沟通与协作。

（二）逐步调整出口补贴政策

各级政府应根据 WTO《补贴与反补贴措施协定》和美国反补贴税法的规定，有针对性地调整现有的出口补贴政策。

WTO 把政府对企业的补贴分为禁止性补贴、可申诉补贴和不可申诉补贴。政府应逐步取消禁止性补贴，减少可申诉补贴，增加不可申诉补贴。例如，可取消对具体企业、产业的税收优惠政策，取消生产环节优惠政策，取消地方性外商投资优惠政策；增加对出口企业研发活动的补贴，特别是高科技企业的研发活动，增加对我国中西部地区的补贴。

（三）普及反补贴知识，培养专业人才

虽然我国企业在应对反倾销方面已积累丰富经验，但在应对反补贴诉讼上，从政府到企业，都缺乏经验和专业人才，具体应做好以下两方面的工作，如图 8-10 所示。

相关政府部门和企业要通过培训尽快熟悉 WTO 的反补贴规则，了解欧盟、美国等国家的反补贴法及相关案例。补贴和反补贴知识的普及可使政府避免不当补贴行为，使企业熟悉反补贴应诉程序，做好应对反补贴调查的准备。除 WTO 的反补贴规则外，政府和企业还必须掌握我国的补贴政策和实施情况，防止外国企业提出不正当的反补贴诉讼

培养一批既熟悉 WTO 反补贴规则和反补贴应诉程序，又了解我国政策法律的专门人才。可在高校中设立相关专业以及对政府、企业相关人员进行培训，为应对反补贴诉讼做好人才储备

图 8-10 应对反补贴诉讼应做的工作

（四）制定和完善我国的反补贴立法

我国的反补贴立法起步较晚。2001 年，我国依据 WTO 反补贴规则颁布了《中华人民共和国反补贴条例》（以下简称《反补贴条例》）。之后，我国又出台了一系列反补贴的法律法规，从程序上对反补贴调查做出了详细规范。制定和完善我国的反补贴立法应从两个层面入手，具体如图 8-11 所示。

政府层面

政府应根据 WTO 的反补贴规则完善我国的反补贴立法，改进在立法层次、补贴分类、司法审查制度、特殊行业规定等方面的不足，使之与 WTO 规则保持一致

企业层面

企业在积极进行反补贴应诉的同时，应合理运用 WTO 的贸易救济措施和我国的反补贴法维护企业正当利益，这样既可以抵制外国产品的不公平竞争，又可以增加应对国外反补贴调查的经验

图 8-11 制定和完善我国反补贴立法的两个层面

（五）鼓励国内企业进行对外投资

从长期看，为应对不断升级的贸易壁垒，企业可通过对外投资规避各类关税和非关税贸易壁垒，促进我国产业结构优化。我国的纺织、服装等制造业已纷纷开始在境外开展加工贸易，以有效绕过反倾销等国际贸易壁垒，提高国际市场占有率。

我国首起农产品反补贴案

根据《反补贴条例》的规定，商务部应国内产业代表中国畜牧业协会的申请，于2009年9月27日发布公告，对原产于美国的进口白羽肉鸡产品进行反补贴立案调查，涉案金额超过7亿美元；产品范围界定为白羽肉鸡产品，从美国进口的白羽肉鸡产品数量占我国总进口量的70%以上。立案后，美国政府、美国禽蛋品出口协会以及35家美国白羽肉鸡生产商、出口商登记应诉。2010年4月28日，我国商务部发布了《关于白羽肉鸡产品反补贴调查初裁的公告》。商务部对被调查产品是否存在补贴和补贴金额、被调查产品是否对中国国内白羽肉鸡产业造成损害和损害程度以及补贴与损害之间的因果关系进行了调查。根据调查结果，商务部依据《反补贴条例》第二十五条规定做出初裁认定，在本案调查期内，原产于美国的进口白羽肉鸡产品存在补贴，中国国内白羽肉鸡产业受到了实质损害，而且补贴与实质损害之间存在因果关系。美国应诉公司被裁定3.8%至11.2%不等的从价补贴率，未应诉公司从价补贴率为31.4%。国务院关税税则委员会根据商务部的建议做出决定，自本公告列明之日起，采用临时反补贴税保证金的形式对原产于美国的进口白羽肉鸡产品实施临时反补贴措施。

第五节　倾销和反倾销风险

近年来，世界反倾销浪潮不断高涨，我国产品在国外遭受反倾销的案件不断增多，我国成为国际反倾销的最大受害者。外贸企业应当认清国内外形势，以平常心态积极应对，在补充短板、苦练内功的同时，与其他企业通力合作。

一、倾销与反倾销的定义

（一）倾销的构成

所谓倾销，就是指一国的产品以低于正常价值的价格进入另一国市场的行为。构成倾销须具备三个基本条件，具体如图 8-12 所示。

倾销对本国同类产品工业造成了严重损害或实质损害，或形成了实质损害的威胁，或实质阻碍某项新兴工业的建立

外国商品的低价倾销是造成损害的原因，两者之间必须具有必然的因果关系。任何进口商在决定对倾销的进口商品征收反倾销税时，必须以充分的证据证明倾销进口商品与进口商工业损害之间存在客观的因果关系

来自外国的进口产品以低于正常价值（一般是指相同产品在出口国正常贸易中用于消费时的国内销售价格）的价格在本国市场销售

图 8-12　构成倾销的三个基本条件

如果相关国内工业只是由于自身的技术、设备、工艺、信誉等原因而造成产品积压或生产下降，则这些损害与倾销商品无因果关系，因而也就不能对倾销的进口商品征收反倾销税。

（二）反倾销的定义

反倾销是指进口国主管当局根据受到损害的国内工业的申诉，按照一定的法律程序对以低于正常价值的价格在进口国进行销售的，并对进口国生产相似产品的产业造成法定损害的外国产品，进行立案、调查和处理的过程和措施。

反倾销最初只是以保护国内产业不会遭到破坏为目的的，并不被普遍采用，只有当国外产品有意破坏本国市场和生产时，才能采取这种措施。

二、做好应对反倾销的基础工作

（一）加强对有关国家反倾销法规的了解

中小企业应全面认识世界贸易组织反倾销协议，加强对有关国家反倾销法规的了解。

由于世贸组织反倾销协议是成员国之间反倾销的主要依据，因此，中小企业必须首先全面了解世贸组织反倾销协议和各国反倾销法规，以在应诉时有备无患。

（二）建立和健全完备的信息情报资料系统

中小企业应加强内部管理，按照国际标准建立和健全完备的信息情报资料系统。同时，主动收集国外相关行业的市场动态信息是中小企业应对国外反倾销的基础。

当前应该着重做好两个方面工作。

（1）要按照国际标准健全管理制度、商务档案，包括公司的各种协议合同、商务信函、收支票据等。这样，一旦发生反倾销诉讼，企业就能在较短的时间内备齐所需资料。

（2）因为判断倾销行为是否存在的要素之一是看损害是否存在，即被调查产品是否给进口国同类产品的国内产业造成实质性损害、实质性损害威胁或对进口国国内产业的建立造成实质性阻碍。因此，应诉企业平时就要注意收集国外市场商情相关资料，为企业进行无损害抗辩时提供证据。

三、积极预防反倾销

（一）灵活运用价格竞争策略，确定适当的出口价格

对于传统产品或技术上已经成熟的产品、产业，发达国家没有采用价格竞争手段，而主要采取服务、质量及对外投资等非价格手段。但是，相当一段时期内，大多数中小企业主要还是依靠价格竞争手段，这就需要中小企业灵活运用价格竞争策略。在具体操作中注意图 8-13 所示的四点事项。

根据目标市场的价格状况及时调整出口价格，使其与进口国国内市场同类产品价格相当或略低一点。因为国际反倾销法律将进口倾销幅度不超过 2% 视为"可忽略不计"，不足以发起反倾销调查，所以千万不能大幅度低价出口。在出口商品数量达到一定的比重后，应当在适当增加数量的基础上，努力提高质量、增加花色品种、改进包装装潢、提高售后服务质量，并根据市场情况及时调高售价。即使数量较小的商品，价格也不能压得太低

出口价格不能明显低于国内市场同类产品的价格水平。因为国内价格是为确定倾销而进行比较的因素之一，特别是现在欧盟和澳大利亚等国家和地区有条件地将我国看作市场经济或"过渡经济"国家的情况下，国内价格更将成为比较的因素

在确定出口价格时，与进口商商定将一般计在进口商头上的无形要素费用划入出口价格，这些费用包括：为最终客户提供售后服务费，在当地的营销、知识产权、电脑、运输等费用

树立大局观念，服从有关行业商会或协会协调，避免对外低价竞销，否则极易招来反倾销调查

图 8-13　运用价格策略的注意事项

（二）制定正确的市场发展战略，把握开拓市场的节奏，避免产品集中

中小企业应该根据自身的实际情况，制定长远的市场发展战略，积极开发其他的新兴市场。即使企业一时无法立即分散产品到其他新兴市场，也应该避免对某一特定区域集中销售的情况。从西方反倾销实践来看，对某国的某一商品进口增长过快，最容易引起该国国内同类产品竞争者的指控。

（三）加强与政府、行业协会的协作

中小企业应该积极主动与政府、行业协会建立良好的沟通渠道，以保证信息互通，在应对反倾销中掌握主动权。

（四）听到反倾销的风声时及时应对

另外，如果出口企业在出口过程中听到对方有反倾销的风声，应当特别小心，可能对方正在为提出反倾销而准备有关证据（主要是确定倾销的证据），因此出口企业要注意调整出口战略，同时可以采取图 8-14 所示的措施。

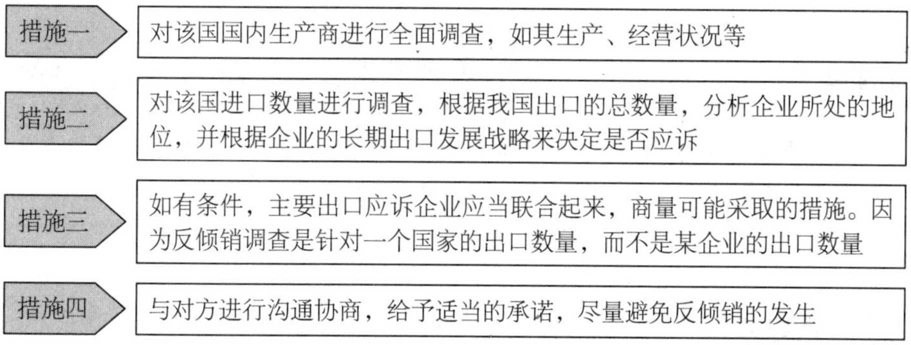

措施一	对该国国内生产商进行全面调查，如其生产、经营状况等
措施二	对该国进口数量进行调查，根据我国出口的总数量，分析企业所处的地位，并根据企业的长期出口发展战略来决定是否应诉
措施三	如有条件，主要出口应诉企业应当联合起来，商量可能采取的措施。因为反倾销调查是针对一个国家的出口数量，而不是某企业的出口数量
措施四	与对方进行沟通协商，给予适当的承诺，尽量避免反倾销的发生

图 8-14　听到反倾销风声时的应对措施

四、应诉环节要快并积极主动

反倾销案并不可怕，虽然其程序烦琐、费用大，但出口企业若应诉得力，则有可能柳暗花明；不应诉，则会从此深陷困境，再恢复市场就非常难。

（一）主动积极应诉，运用世贸组织争端解决机制，据理力争

1. 反应要快

反应快是应诉反倾销的基础。因为许多国家的反倾销法案都规定了应诉的期限，尤其是从调查公告到初裁，通常只有 40 天的时间。留给企业回答几百页的问卷调查的时间，也只有几个星期。反倾销案件发生以后，企业应快速做好应对的准备工作。

只要超出了应诉时间，就视为自动放弃，起诉国同样会对这些企业采取高关税，很多应诉反倾销失败的企业就是输在了"起跑线"上。所以，反倾销案件发生以后，最重要的就是要正确认识反倾销及其后果，积极应诉，避免国外反倾销措施的滥用。

2. 相关的中小企业要团结协作、集体作战

反倾销立案后，相关的中小企业要团结协作、集体作战。反倾销调查是一个行政程序，各国实施反倾销调查的目的不是追究有关当事方的责任，而是限制其今后的"倾销"

行为。反倾销针对的是一类产品，而不是一个企业，因此涉案企业最忌讳的是自动弃权，这意味着放弃了市场。对于这些隔岸观火、一告就溜的企业，起诉国会根据其掌握的材料做出裁决，必输无疑。由于起诉国很重视应诉企业在产业中的代表性，因此群体应诉往往能起到良好的作用。况且，如果是整个产业集体应诉，还可以大大削减诉讼的经费。

3. 要积极配合反倾销调查

被诉企业要积极配合反倾销调查，争取最大限度的抗辩机会，具体体现在以下方面。

（1）认真、准确地填写调查问卷，做到有问必答。

（2）要配合反倾销案件的听证会及实地核查，充分重视反倾销调查的时限性，在规定的时间内参加应诉、积极答辩。

小提示

面对量大、面广且极为专业的问题，企业需要在有限的时间里准备，完整地填写，并请专业人士把关，以防在答卷中让对方抓住把柄，导致"千里之堤，溃于蚁穴"。

（二）聘请好律师

企业进行反倾销应诉，必须聘请好的律师，并由其代理进行诉讼。企业需要的律师有两种：一种是国内律师，负责协助企业进行应诉前的准备；另一种是国外律师，负责在进口国协助企业应诉。选择国外律师相对复杂，但是更为重要。中小企业一旦接到反倾销调查的通知，应该尽快着手选择律师，选择国外律师一般考虑以下几点。

（1）律师代理反倾销案的经验。

（2）代理"非市场经济国家"和中国反倾销案件的经验。

（3）对涉诉产品的了解程度。

（4）代理本案的律师的情况。

（5）代理费用。

（6）对中国的政治态度。

（7）与其国反倾销当局关系如何。

（8）是否了解中国国情。

小提示

企业最好找代理过有关中国或"非市场经济"案子的律师，而不必一味追求律师事务所的大小与名气。

（三）注意与同业企业协同作战

被发起反倾销调查的往往涉及一国或多国的一种或一类产品，有时会涉及许多企业。按照我国的有关规定，必须参加应诉的企业有两类：一类是在外国反倾销法规定期间，向指控国家或地区出口（包括转口）被诉产品的有外贸经营权的企业；另一类是生产出口产品的企业。

在国内，所有这些应诉人主要的有关信息来源是相关商会或协会在《国际商报》上发布的通知，但是有些企业，尤其是中小企业并不全部知道有关事项。所以，涉案中小企业应该在律师的协助下，积极与其他涉案企业沟通，督促其立即向地方外经贸委和其他机构登记报名，并告知各应诉人指定专人协助反倾销调查工作。特别是当被诉产品涉及许多企业时，则需要多个企业共同组成协调小组。这就要求所有应诉企业联合起来共同作战，这样既是应诉反倾销的程序要求，又有助于集中财力、物力、人力，优化组合形成应诉合力。

五、建立反倾销调查预警机制

反倾销调查通常有一段时间，如美国某一行业对外国产品提出反倾销调查前，需要半年到一年的时间准备有关申诉材料。在此过程中，外贸企业多少能获得一些消息或对方有意发出的试探性信号。因此外贸企业应当保持敏感性，建立并利用好反倾销预警机制。此外，要加强与中国驻美商务机构或律师事务所的联系，跟踪该国反倾销动向同样很重要。一旦发现有关市场有反倾销的动态或趋势时，及时减少出口数量，提高出口价格，必要时可以与美国相关企业直接沟通，使双方的矛盾在协商的气氛下解决。

欧盟对中国节能灯发起调查，厦门东林挑头应诉

2002 年 11 月，欧盟再次对中国厦门东林电子、浙江阳光、厦门利胜电光源等 10 家节能灯企业提出反倾销复查通知，厦门东林电子有限公司挑头应诉。

这是继 2000 年 5 月，由欧洲飞利浦、欧斯朗等三家节能灯巨头联合发起将中国节能灯企业告上反倾销法庭，指控中国节能灯不符合绿色照明标准和政府补贴企业以不正常的低价手段占领 42% 欧洲市场，并造成欧盟公司重大亏损后的又一次反倾销调查。

到底谁该反思

东林公司董事长贾强告诉采访的记者，东林公司将积极配合此次复审调查。针对欧盟三家公司的指责，贾强认为，欧斯朗公司提出的"定价时看起来较少考虑经济问题而较多考虑获取外汇，导致了中国资源的浪费并损害了欧盟生产者的利益"的指控并不成立。国内目前的节能照明企业多为民营企业，并未得到政府的优惠补贴，是完全取得市场经济地位的企业；民营企业要生存和发展，不可能因套汇而损失经济效益。此外，国产节能灯在国内的售价不仅低于以前的出口价格，也大大低于欧洲价格。这也说明国内企业没有低价倾销。

对于欧斯朗公司的做法，贾强和江苏仪信万象照明公司经理陈生教也有一番分析。当时欧斯朗公司在欧盟的市场份额在40%左右，是行业内的巨无霸。欧斯朗、飞利浦及通用三家公司在华设立的独资或合资企业生产的产品占中国45%以上的市场份额。欧斯朗公司是否想借反倾销之名行独霸市场之实，不得而知，但其一方面阻止中国产品进入欧盟市场，另一方面又在中国大规模营销，应该引起照明行业的警觉。

针对欧斯朗公司的指责，国际商界人士发表了自己的看法。第一位站出来声援中国企业的荷兰节能灯进口商 ANTONLOHUIS 先生在致欧盟委员会的公开信中认为，欧洲节能灯价格下降的主要原因不是中国产品的进入，而是由于该专利保护期已过，专利持有人操纵价格获取暴利已经成为过去，中国工厂得以大量生产从而有效降低成本。他认为，欧盟的生产厂商应该提高生产效率，而不是向欧盟委员会寻求保护。

为什么是厦门

对于东林公司此番积极应诉，有关专业人士评价，如果说两年前，东林公司参与调查未果，还是因为对于游戏规则不熟悉，民营企业存在管理不完善、财务制度不明晰的"硬伤"的话，那么东林公司今天的从容应对，则是得益于国际市场的磨炼，得益于厦门独特的地缘环境造就的竞争优势。

相比之前在彩电应诉案中"出尽风头"的厦华，在此次反倾销调查中排名靠后的厦门东林年产值尚不足5000万元。但是厦门经济特区熏陶出来的国际竞争意识和按游戏规则办事、积极维护自身权益的国际市场意识，使东林必然要奋力抗争。

在节能灯应诉事件中，厦门市政府的外向意识和服务意识在引导企业大胆走出去时发挥了重要作用。为鼓励企业积极参与国际市场竞争，厦门市政府专门建立了反倾销损害调查基金，用于补助企业在反倾销调查过程中的调查费和诉讼费。2002年，厦门成立了我国第一批反倾销咨询中心，作为企业应对反倾销调查的顾问，其主要为企业提供专家咨询和决策依据。

促使东林公司奋起应诉的还有彩电业的前车之鉴。发生这次事件的10年前，当欧盟第二次对中国及其他国家的大屏幕彩电提出反倾销调查时，在第一次应诉中失利的厦华集团和其他企业一样选择了放弃。事实证明，放弃一次，等于放弃了企业自身的发展机会。这不仅给厦华，而且也给彩电行业带来了15年远离欧洲市场的后果。而形成鲜明对照的是，韩国三星等厂家由于参加了调查，结果改为正常税率。

草甘膦反倾销：中国 vs 阿根廷

【概要】

2003—2004 年，我国的彩电、家具、虾等大宗出口商品相继在美国遭遇反倾销调查，对我国很多产品的出口前景形成了空前的压力。就在我方当事企业与美方调查机构艰难对垒之际，我国在阿根廷被立案调查的草甘膦一案有了重大突破。2004 年 2 月 4 日，阿根廷政府正式宣布终止对中国草甘膦反倾销案的调查，并不对中国产草甘膦征收反倾销税。

【案情】

企业奋起应诉

2001 年 11 月，美国孟山都公司与当地合伙企业阿塔诺尔公司联合向阿根廷对外贸易委员会提出申诉，指控中国草甘膦以低于正常价值的价格在阿根廷销售，对其造成了损害。

2002 年 4 月，阿根廷政府对中国产草甘膦正式立案进行反倾销调查，调查期限为 2000 年 8 月 1 日至 2002 年 3 月 31 日，为期一年零 7 个月。这是继 2001 年 9 月巴西对我草甘膦进行反倾销调查以来第二个对我同类产品提起反倾销调查的南美国家。

2002 年 5 月，中国五矿化工进出口商会组织我方涉案企业召开应诉会。当时面临的形势不容乐观。我方企业和商会对阿根廷的反倾销法律体系并不了解，应诉前景殊难预料。但如果不应诉，则很有可能使我国草甘膦全部退出阿根廷市场，而阿根廷是我国草甘膦的重要出口市场。据我国海关统计，2002 年我国对全球出口草甘膦 2.67 亿美元，其中对阿根廷出口 3426 万美元。

最后我方三家主要的对阿根廷出口企业——浙江新安化工集团股份有限公司、镇江江南化工厂和中化上海进出口公司同时决定奋起应诉。在以后近两年的时间里，这三家企业为中国的草甘膦行业与阿方进行了顽强的抗争，直到最后胜诉。

2003 年 1 月，阿根廷反倾销调查机构——阿工业、商业及矿业部对本案做出初裁，宣布因无法判定中国是否属于市场经济国家，也尚未搜集到足够的证据证明中国的草甘膦在阿有倾销行为，以及未能确定阿同类行业是否蒙受损害，因此决定"继续对中国的草甘膦进行反倾销调查，但暂不采取反倾销措施"。

2003 年 5 月，阿根廷国际贸易委员会就本案主持召开产业损害听证会，我镇江江南化工厂代表及代理律师和浙江新安化工集团股份有限公司在当地聘请的律师到会。针对本案的焦点，即中国的市场经济地位问题，我应诉企业进行了积极的抗辩。

2004 年 2 月 4 日，阿根廷政府对本案做出终裁，宣布终止对中国草甘膦反倾销案的调查，并不对中国产草甘膦征收反倾销税。至此，本案以我方胜诉告终。

【分析】

草甘膦一案的胜诉有着多方面的因素。在我方顽强的抗争下，同时鉴于本案发生的时间正是我国签署加入WTO协议的第一年，阿根廷政府由于法律认定方面的原因，在涉及我"非市场经济地位"问题上采取了软化的立场，最终放弃了替代国转而接受了中国企业的"正常价值"，构成本案进展的关键拐点。但是，本案胜诉更是一个漂亮的团队协作的成功案例，这个团队包括企业、律师、商会、政府和我驻阿使馆经商处，各自发挥作用，从而对最终结果产生了积极影响。可以说，为了打赢这场官司，我们调动了一切可资调动的资源。本案对其他产品或行业应诉国外反倾销调查有着重要的借鉴意义。

第六节　美国"337调查"的风险

一、"337调查"的定义

"337调查"是指美国国际贸易委员会（United States International Trade Commission，USITC）根据美国《1930年关税法》（*Tariff Act of 1930*）第337节（简称"337条款"）及相关修正案进行的调查，禁止的是一切不公平竞争行为或向美国出口产品中的任何不公平贸易行为。

这种不公平行为具体是指：产品以不正当竞争的方式或不公平的行为进入美国，或产品的所有权人、进口商、代理人以不公平的方式在美国市场上销售该产品，并对美国相关产业造成实质损害或损害威胁，或阻碍美国相关产业的建立，或压制、操纵美国的商业和贸易，或侵犯合法有效的美国商标和专利权，或侵犯了集成电路芯片布图设计专有权，或侵犯了美国法律保护的其他设计权，并且美国存在相关产业或相关产业正在建立中。

二、"337调查"的对象

根据美国法律规定，"337条款"调查的是一般不正当贸易和有关知识产权的不正当贸易。也就是说，"337调查"的对象为进口产品侵犯美国知识产权的行为以及进口贸易中的其他不公平竞争。

（一）一般不正当贸易

一般不正当贸易的法律构成要件有以下两个方面。

（1）美国存在相关产业，或该产业正在建立中。

（2）损害达到了一定程度，即损害或实质损害美国的相关产业，或阻止美国相关产业的建立，或压制、操纵美国的商业和贸易。

（二）知识产权的不正当贸易

知识产权方面的不正当贸易的法律构成要件包括以下两个方面。

（1）进口产品侵犯了美国的专利权、著作权、商标权等专有权。

（2）美国存在相关产业或相关产业正在筹建中。

实践中涉及侵犯美国知识产权的"337调查"大部分都是针对专利或商标侵权行为的，少数调查还涉及版权、工业设计以及集成电路布图设计侵权行为等。其他形式的不公平竞争包括侵犯商业秘密、假冒经营、虚假广告、违反反垄断法等。

三、"337调查"的主要程序

"337调查"包括申请、立案、应诉、听证前会议、取证、听证会、行政法官初裁、委员会复议并终裁、总统审议。如果任何一方当事人对USITC的裁决结果不服，可以向美国联邦巡回上诉法院提起上诉。

根据美国《1930年关税法》第337节的规定，美国国际贸易委员会应在"尽早的、可行的时间内"完成一项"337调查"并做出裁决。实践中，美国国际贸易委员会一般在12~15个月结束调查，复杂案件可能会延长至18个月。

四、"337调查"的特点

从近年"337调查"的实际案件来看，绝大多数案件都涉及知识产权，而非一般的不公平贸易行为。"337调查"具有图8-15所示特点。

特点一 ▷ 国际贸易委员会不需要属地管辖权，而在法院进行诉讼则需要以属地管辖权为前提

特点二 ▷ 打击面更广。"337调查"在裁定时有权颁布"普遍排除令"，企业一旦"应诉缺席"或败诉，法官所做出的裁决可全面禁止某类产品进口，无须列举所有侵权人即可有效防止所有侵权产品的进口

特点三 ▷ 程序耗时相对较短、救济措施相对较快，实质性程序仅9个月。起诉方有备而来，但应诉方却猝不及防。应诉方须在有限时间内，准备几乎是生产经营的所有资料

图 8-15

| 特点四 | 美国国际贸易委员会做出的例行保护令可以保护双方当事人的商业秘密不被公开，行政法官具备专利法、商标法及技术领域的经验及知识 |
| 特点五 | "337调查"后，即使被告人胜诉，也没有经济赔偿 |

图 8-15 "337调查"的特点

五、企业如何防范"337调查"

国内被诉企业往往止步于程序和高昂的代价，接受调查应诉率在20%左右，胜诉的更少。败诉的企业被发排除令，从而失去美国市场，并受到欧美市场的普遍排斥，令涉案企业，甚至产业大伤元气。"337调查"已不仅是一场法律诉讼，更被企业视作一种市场化手段，用来进行市场竞争。事实上，除了美国企业，日本、韩国和欧洲公司也常常以此在美国市场打击竞争对手，中国企业应尽快转变观念，了解国际市场的游戏规则，以变被动为主动。因此企业要积极应对、防范可能发生的"337调查"，具体措施如表8-4所示。

表 8-4 防范"337调查"的措施

序号	措施	具体说明
1	树立专利风险意识	充分了解、熟悉海外专利制度和规则，特别是出口产品的目的地和转运地的专利制度和规则
2	要设置自己的专利预警机制，争取做到未雨绸缪	在技术研发之时，就必须想到打官司之日。平时要对原始资料进行整理和积累
3	掌握核心知识产权	企业不仅要在国内申请发明专利，还要到主要消费国，特别是美国申请国际专利。这样，一旦因竞争原因被对手侵犯知识产权为名起诉，专利将成为有力的反击武器
4	要组建强有力的应诉团队	要注意选择有经验的专利律师，好的律师是成功的基础

美国爱普生公司对我国墨盒产品进行"337调查"的案例

我国是全球打印耗材的主要生产基地，全球90%以上的色带、70%～80%的兼容墨盒、30%的兼容激光鼓粉盒组件都是在中国制造。

在国内墨盒市场，爱普生和佳能等品牌技术壁垒相对较低，国产兼容墨盒在这些品牌的市场占有率已经接近50%，原装厂只占40%左右。但惠普、利盟等品牌由于技术门槛相对较高，国内墨盒厂商的占有率只有20%左右。

我国墨盒90%出口海外市场，其中50%销往美国，"337调查"无疑对我国墨盒企业是一个沉重打击。

一、调查阶段

1. 爱普生公司提出"337调查"申请

2006年2月17日，美国爱普生公司及其日本子公司向美国国际贸易委员会（ITC）提出申请，指控24家美国及国外企业对美出口和在美销售的墨盒产品侵犯了其九项关于喷墨打印机墨盒的专利，要求对其启动337调查。申请人在申请书中要求ITC发布普遍排除令或者针对被申请公司发布有限排除令，并停止侵权公司在美国境内与侵权产品有关的进口、销售、分销、营销等行为。在24家被申请人中包括两家中国公司，分别是珠海九星图片公司和珠海格力磁电公司。

2. 广东省应对措施

针对此事，广东省商业联合会反倾销及"337调查"法律援助中心于2006年3月3日召开紧急协调会，12家墨盒生产企业负责人赴会。中国墨盒生产量前十位的企业来了八家。

但是，面对来势汹涌的"337调查"，国内的墨盒企业并没有团结一心，集中力量抵御外敌。由于应诉费用过高，涉及的厂家太多，而且各厂家的规模又不一样，很难协调各方的利益，因此许多企业都放弃了应诉。

3. ITC通过临时排除令

2006年7月26日，美国国际贸易委员会判决，没有应诉的中国企业的产品统一停止销往美国，并审批通过了爱普生申请的临时排除令。最初在爱普生"337调查"名单上列有24家企业，只有中国纳斯达公司以及德国的一家企业应诉，其他公司全部退出美国市场（60天内生效）。

4. ITC发布初审裁决

2007年4月7日，美国国际贸易委员会（ITC）发布初审裁决，宣布精工爱普生的11项专利全部有效，认定包括珠海纳斯达在内的24家公司所出售的墨盒产品中，有超过1000种型号的墨盒侵犯了爱普生的专利。

二、布什签署普遍排除令过程

1. 纳思达积极应诉

涉及其中的珠海纳思达当时立即做出回应，开始向美国联邦法院提请上诉。"337墨盒专利案"也由此演化为爱普生和纳思达两个企业之间的直接较量。

纳思达是一家年销售额约10亿元的中国耗材厂商，其生产的通用墨盒产品占到美国通用墨盒市场的30%。

纳思达在向ITC提交的应诉文件中，对每一项爱普生指控的侵权专利都做出了详细的未侵权解释。事实上，在ITC初裁之前，ITC已经就13项专利指控做出认定，最终，在初裁之前只认定了1项专利可能涉嫌侵权，这就是关键的爱普生"917专利"。

爱普生"917专利"是一项关于墨盒内芯片在墨盒的排列位置的专利，具体描述是成中心线对称双列排布，而在纳思达的专利中，这一描述是非对称性双曲线排列。不过，爱普生针对自己的专利做出了一个扩大化的解释。

2. 爱普生专利无效风波

对此，美国专利商标局发布公告判定，日本爱普生在美国申请的053号专利无效。

一周之后，其在美国申请的917号专利同样被打回。由于专利的新颖性不够以及界定的范围过宽，爱普生被要求在一定期限内重新定义其专利。

该判定直接扭转了"普遍排除令"的命运。由于爱普生专利被判无效，针对24家墨盒企业的"普遍排除令"也失去了其成立的专利基础。

3. 布什签订普遍排除令

美国时间2007年12月21日，美国总统小布什依据相关法律通过了美国国际贸易委员会（ITC）两个月以前就"纳思达侵犯爱普生墨盒专利案"做出的终审判决。至此，纳思达电子科技有限公司等24家被告所出售的墨盒产品侵犯爱普生公司专利的事实被最终认定。涉案的11项爱普生专利均被认定有效，这些分别来自美国、韩国、德国以及中国的企业所生产的侵权墨盒被禁止出现在美国市场。与此同时，法庭根据此案发出的"普遍排除令"，更意味着所有对本案所涉爱普生专利构成侵犯的墨盒产品，不管是否涉及此案，都无法出口和销售到美国。

三、案例分析

（一）ITC终审判决不利我方的原因

1. 未能积极应诉

（1）由于应诉费用过高，涉及的厂家太多，而且各厂家的规模又不一样，很难协调各方的利益，因此许多企业都放弃了应诉。

（2）应诉时间太长。应诉所需的高额费用和长达几年的时间，让中国企业望而却步。

（3）行业规模较小。中国打印机耗材行业的力量较小，抗风险能力较弱。

2. 我国耗材企业缺乏自己的专利

核心专利掌握在跨国原装耗材巨头手中，由于中国企业应诉的证据不足，因此陷入受制于人的被动局面。

3. 应诉胜率不高

反倾销与"337条款"措施有以下不同。

（1）采取措施的门槛更低。反倾销要证明倾销的存在，还要证明损害的存在，同时证明倾销是损害的一个原因，采取措施的理由才能够成立；而"337条款"只需证明进口产品存在知识产权侵权、仿冒情况，无需证明存在产业和伤害的事实，就可以获得禁止有关的进口等保护措施。

（2）没有微量进口的豁免。反倾销有2%以下倾销率和3%以下进口量的豁免规则，而"337条款"没有此种豁免，哪怕是样品，也可以采取措施。

（3）措施力度更强。反倾销以加税作为救济手段，而337条款最终可能导致普遍排除令，进口商即使肯承担加税的成本，也不能进口。

（4）实施范围更广。反倾销只是对特定税号产品实施措施，而337条款不仅对被诉产品实施措施，而且可以对其相关及下游产品实施措施。

（5）打击面更宽。反倾销应诉后有些企业取得较好个别税率而继续保持出口，而在337条款实施后，不仅证实侵权的企业被逐出美国市场，而且所有来自中国和其他国家的同类产品也被禁止。

（6）实施无期限。反倾销措施一般以五年为限，而"337条款"只能待专利失效才可能解禁。商标等就可能无限期了。

4. 与我国事件的戏剧性巧合

此前，中国国家知识产权局专利复审委员会发出了第8296号"无效宣告专利请求审查决定书"，宣布日本精工爱普生株式会社在中国获得的专利号为19951178008的发明专利无效。据了解，中国国家知识产权局专利复审委员会发出"无效宣告请求审查决定书"之后，如果3个月内日本精工爱普生株式会社没有提出异议，该专利即将无效，也就意味着在中国境内的全球墨盒生产企业可以无偿使用有关技术。

（二）ITC终审判决对我国墨盒生产企业的影响

（1）墨盒出口美国受阻。

（2）墨盒产品价格下降、墨盒行业洗牌。

（3）通用墨盒生产厂转向再生墨盒生产。以龙头企业天威为例，主要从事的是再生硒鼓和再生墨盒的生产，靠从原装打印机企业得到的"授权"模式维持生存。

（4）自主创新成为企业发展的首要任务。

四、案例总结

从国家的角度而言，应当构建健全的知识产权行政管理体系，引导本国企业尊重知识产权、保护知识产权，从而保障本国企业的合法权益。

国家和行业要多渠道、多方式地帮助、指导本国企业应对"337调查"等贸易壁垒手段。

企业应注意防止使用他人已注册专利。

企业对于面临的知识产权纠纷，要积极应对，及早搜集证据。

参考文献

[1] 赵永秀. 外贸新手上岗手册 [M]. 北京：中国时代经济出版社，2012.

[2] 徐俊，赵永秀. 跟我学外贸业务 [M]. 广州：广东经济出版社，2011.

[3] 徐俊，赵永秀. 跟我学外贸采购 [M]. 广州：广东经济出版社，2011.

[4] 徐俊，赵永秀. 跟我学外贸跟单 [M]. 广州：广东经济出版社，2011.

[5] 徐俊，赵永秀. 跟我学外贸单证 [M]. 广州：广东经济出版社，2011.

[6] 韩军. 一本书学会外贸跟单（实战强化版）[M]. 北京：人民邮电出版社，2013.

[7] 邹建华. 国际商务谈判业务与技巧 [M]. 广州：中山大学出版社，1996.

[8] 廖瑛，肖曼君. 实用外贸英语函电 [M]. 武汉：华中理工大学出版社，1996.

[9] 贺昆. 外贸业务员手册 [M]. 北京：中国市场出版社，2005.

[10] 李广泰，杨访梅. 接单与跟单实操细节 [M]. 广州：广东经济出版社，2006.

[11] 谢国娥. 海关报关实务 [M]. 上海：华东理工大学出版社，2004.

[12] 李东. 外贸与业务跟单实操细节 [M]. 广州：广东经济出版社，2007.

[13] 苏宗祥. 国际结算 [M]. 北京：中国金融出版社，1997.

[14] 王莉. 中小企业外贸一本通 [M]. 广州：广东经济出版社，2006.

[15] 梁琦. 国际结算 [M]. 北京：高等教育出版社，2005.

[16] 余心之，徐美荣. 新编外贸单证实务 [M]. 北京：对外经济贸易大学出版社，2006.

[17] 梁朝瑞，梁松. 外贸出口制单实务 [M]. 北京：对外经济贸易大学出版社，2003.

[18] 兰天. 外贸英语函电 [M]. 大连：东北财经大学出版社，2006.

[19] 陈晓峰. 企业国际贸易法律风险管理与防范策略 [M]. 北京：法律出版社，2009.

[20] 蒋琪. 国际货物贸易法律风险与防范判例精解 [M]. 北京：对外经贸大学出版社，2012.

[21] 邓旭，陈晶莹. 国际贸易术语解释与国际货物买卖合同 [M]. 北京：经济管理出版社，2012.

[22] 卓小苏. 国际贸易风险与防范 [M]. 北京：中国纺织出版社，2007.

[23] 上海财经大学自由贸易区研究院，上海发展研究院. 中国（上海）自由贸易试验区与国际经济合作 [M]. 上海：上海财经大学出版社，2013.

[24] 包咏赞，朱仕友. 外商验厂通过手册 [M]. 北京：人民邮电出版社，2008.

[25] 中国出口退税咨询网. 外贸企业出口退税操作手册（手把手教你快速学会外贸企业出口退税操作方法）[M]. 北京：中国海关出版社，2011.

[26] 中国出口退税咨询网. 生产企业免抵退税从入门到精通 [M]. 北京：中国海关出版社，2010.

[27] 鲁桐，等. 中国企业海外市场进入模式研究 [M]. 北京：经济管理出版社，2007.

[28] 刘建丽. 中国制造业企业海外市场进入模式选择 [M]. 北京：经济管理出版社，2009.

[29] 谢洪忠. 淘金亚太海外市场 [M]. 北京：经济科学出版社，2012.

[30] 魏华颖. 国际外派人力资源管理 [M]. 北京：经济管理出版社，2012.

[31] 王吉鹏. 外派机构与人员的管理——人力资源管理实战经典系列 [M]. 北京：中国劳动社会保障出版社，2008.

[32] 周燕华. 社会资本视角：中国跨国公司员工外派适应与绩效研究 [M]. 北京：经济管理出版社，2012.

[33] 姜秀珍. 中国跨国企业外派人员回任管理 [M]. 上海：华东理工大学出版社，2011.

[34] 毛海波. 国际展会知识产权保护研究 [M]. 上海：上海人民出版社，2013.

[35] 史蒂文斯. 展会的组织管理与营销 [M]. 孙小珂，等译. 沈阳：辽宁科学技术出版社，2007.

[36] 王重和. 国际会展实务精讲 [M]. 北京：中国海关出版社，2011.

[37] 张丽芳.《国际贸易术语解释通则 2020》主要修订解读 [J]. 对外经贸，2020（01）：44-46.

[38] 吴仁波. 出口方选用 D 组贸易术语的风险及其防范 [J]. 对外经贸实务，2009（04）：58-59.

[39] 周双燕. 交货方式与贸易术语的关系分析和判定 [J]. 对外经贸实务，2019（06）：59-62.

[40] 楼前飞. D 组贸易术语在外贸实践中的应用及注意事项 [J]. 对外经贸实务，2019（07）：58-61.

[41] 李晓龙. 空运贸易条件下 D 组贸易术语实际的适用性分析 [J]. 对外经贸实务，2018（03）：61-63.